▲《游春图》局部 (见图3-7)

◄《溪山行旅图》(见图3-32)

▼《千里江山图》局部 (见图3-31)

▲《韩熙载夜宴图》局部（见图3-29）

▲《祭侄文稿》（见图4-1）

▲《黄州寒食诗帖》（见图4-8）

▲《日出·印象》(见图3-37)

▲《向日葵》(见图3-38)

▲《蒙娜丽莎》(见图3-35)

▲《读书仕女图》(见图3-15)

▲春秋时期莲鹤方壶（见图5-4）

▲汉代长信宫灯（见图5-23）

▲北宋汝窑莲花温碗（见图5-7）

大学美育

陈沛捷　黄斌斌　吴樱子　主编

清华大学出版社
北　京

内 容 简 介

本书旨在培养大学生的人文精神与审美能力。全书以基础性、通俗性、经典性为原则，精选古今中外文学、美术、设计、音乐、舞蹈、戏剧等优秀作品，借助一个个生动的案例来引导大学生获得审美体验，让经典文化引领大学生的精神追求，从而提高大学生的文化品位和审美素养，助力培养复合型的创新人才。

本书是为适应美育发展新趋势和新需要而编写的大学美育课程教材，既可作为大学公共课教材，也可作为大学生的课外读物。

图书在版编目(CIP)数据

大学美育 / 陈沛捷，黄斌斌，吴樱子主编. —北京：清华大学出版社，2022.8
ISBN 978-7-302-61345-9

Ⅰ. ①大… Ⅱ. ①陈… ②黄… ③吴… Ⅲ. ①美育—高等学校—教材 Ⅳ. ①G40-014

中国版本图书馆 CIP 数据核字(2022)第 124212 号

责任编辑：王 定
装帧设计：孔祥峰
责任校对：马遥遥
责任印制：丛怀宇

出版发行：清华大学出版社
网 址：http://www.tup.com.cn，http://www.wqbook.com
地 址：北京清华大学学研大厦 A 座 邮 编：100084
社 总 机：010-83470000 邮 购：010-62786544
投稿与读者服务：010-62776969，c-service@tup.tsinghua.edu.cn
质 量 反 馈：010-62772015，zhiliang@tup.tsinghua.edu.cn
印 装 者：北京嘉实印刷有限公司
经 销：全国新华书店
开 本：185mm×260mm **印 张**：16.75 **插 页**：2 **字 数**：407 千字
版 次：2022 年 8 月第 1 版 **印 次**：2022 年 8 月第 1 次印刷
定 价：59.80 元

产品编号：085979-01

编 委 会

序言

美是纯洁道德、丰富精神的重要源泉。美育是审美教育、情操教育、心灵教育，也是丰富想象力和培养创新意识的教育，能提升审美素养、陶冶情操、温润心灵、激发创新创造活力。党的十八大以来，习近平总书记高度重视学校美育工作。2018 年 9 月 10 日，习近平总书记在全国教育大会上对学校美育工作提出明确要求："要全面加强和改进学校美育，坚持以美育人、以文化人，提高学生审美和人文素养。"2020 年 10 月，中共中央办公厅、国务院办公厅印发《关于全面加强和改进新时代学校美育工作的意见》，以习近平新时代中国特色社会主义思想为指导，全面贯彻党的教育方针，坚持社会主义办学方向，以立德树人为根本，以社会主义核心价值观为引领，以提高学生审美和人文素养为目标，弘扬中华美育精神，以美育人、以美化人、以美培元，把美育纳入各级各类学校人才培养全过程，贯穿学校教育各学段，培养德智体美劳全面发展的社会主义建设者和接班人。2021 年 4 月 19 日上午，习近平总书记考察清华大学美术学院时指出，美术、艺术、科学、技术相辅相成、相互促进、相得益彰。要发挥美术在服务经济社会发展中的重要作用，把更多美术元素、艺术元素应用到城乡规划建设中，增强城乡审美韵味、文化品位，把美术成果更好服务于人民群众的高品质生活需求。要增强文化自信，以美为媒，加强国际文化交流。

美育与德育、智育、体育、劳育相辅相成、相互促进，是新时代人才培养的重要途径。在大学阶段，随着大学生的自我意识的确立、情感世界的完善、知识面的扩大，大学生对审美的需求也日益提升。因此，在教育层面上，在高校中开展美育，有助于促进大学生的形象思维能力与逻辑思维能力的协调发展，有助于大学生人格的升华，有助于大学生形成和谐、健全的人格。另外，在文化层面上，美育还可以帮助大学生深入了解民族文化遗产，理解民族文化精髓，增强民族自豪感，有助于培育大学生的民族精神和树立民族信仰。

美感的培养需要文化知识作为基础。如果没有知识的积淀，就容易产生审美偏见。例如有的人看到中国的水墨画，会觉得色彩单一，题材沉闷，这源于他对中国画了解不深，当了解了中国画的哲学精神、表现意境和骨法用笔之后，他又会对中国绘画爱不释手。因此，美感的培养与人的学识是密切相关的。在高校开设"大学美育"课程，不仅仅是纯粹的美学理论知识的普及，更重要的是艺术教育与人文美育的融合。简单来说，"大学美育"课程要介绍最优秀的人类艺术经典，讲解它们的历史文化、审美特征、鉴赏手段和表现技法，教材内容要扎根中国、融通中外，体现国家和民族的基本价值观，让经典文化艺术引领学生的精神追求。

要提高学生的审美水平和人文素养，首先要寻找到美的基准，先认识哪些是真正的美。正是基于这种思考，我们组织文学艺术类的骨干教师，编写了这本《大学美育》教材。由于美育涉及范围比较广，又是高校的通识课，因此，本书以基础性、通俗性、经典性为原则，精选文学、美术、设计、音乐、舞蹈、戏剧等优秀作品，将历史上著名的艺术经典作品共同纳入整个课程体系，通过美的引导，使学生对人类的人文艺术有一个整体的认识，培养一种大艺术观。

美育是通过文艺作品或在其他生命体验中激发情感，获得审美体验，提升情感境界与精神境界。因此，在内容的取材上，本书更加注重精选具有普遍美育价值的作品，以唤起人们的共识，引起共鸣，进而产生情感，最终达到自我完善的美育目的。因此，在编撰体例上，除了第一章“美育概述”外，其余各章均设计成“发展历程”“审美特征”“名作赏析”三大板块，大学生从视觉、听觉两方面来感知大量的优秀作品，实现对美的认知。此外，本书还设置了 12 个“人文艺术主题”，旨在借助某件艺术作品，揭示人生所面临的哲学主题，诸如“爱情”“自由”“幸福”“苦难”“家国情怀”等，通过这些人文艺术主题的阐述，提升课程的文化品位，使读者对人生产生更加深刻的思考，完成对美的升华。

本书由陈沛捷、黄斌斌、吴樱子担任主编，林妮妮、林佳颖、黄翔、耿昭寰、谢越、林晓华、郑璇、古宜弦、许晓虹担任副主编，其中，陈沛捷编写第一章和第五章，黄斌斌编写第三章和第六章，林佳颖编写第二章，黄翔编写第四章，耿昭寰编写第七章，谢越编写第八章，吴樱子编写第九章，林晓华编写第十章，郑璇编写第十一章，林妮妮编写第十二章，古宜弦编写第十三章，全书由许晓虹负责统稿。本书在编写过程中参考了国内外大量的著作和文献，在此对相关作者表示衷心的感谢。

由于本书内容涉及面广，要将其很好地贯穿起来难度较大，加之创作时间仓促，不足之处在所难免，恳请专家、学者和广大读者多提宝贵意见。

本书提供教学课件、思考练习参考答案，读者可扫码下载。此外，本书还提供一些视频素材，读者可在对应章节扫码学习欣赏。

教学课件

思考练习参考答案

编　者

2022 年 5 月

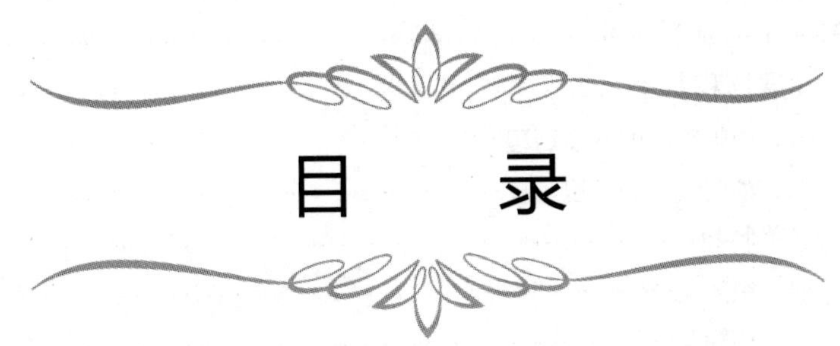

目　录

第一章　美育概述……1

第一节　美是什么……1

第二节　美育的目的与意义……2

第三节　美育与艺术教育……3

第四节　美育的发展脉络……4

一、中国古典美学的发展……5

二、中国近现代美育的发展……7

三、西方古典美学的发展……9

四、西方近现代美育的发展……12

第五节　艺术审美的类型……13

一、语言艺术之美……13

二、造型艺术之美……13

三、表演艺术之美……14

四、综合艺术之美……15

思考练习……16

第二章　文学之美……17

第一节　发展历程……18

一、中国文学发展概况……18

二、外国文学发展概况……23

第二节　审美特征……28

一、语言与修辞开创的艺术空间……28

二、表情与共情建构的审美体验……28

三、想象与联想创造的多维世界……29

四、人物与情节演绎的生命剧场……30

第三节　名作赏析……30

思考练习……37

第三章 绘画之美……39
第一节 发展历程……40
一、中国绘画的发展历程……40
二、外国绘画的发展历程……46
第二节 审美特征……50
一、空间美……50
二、构图美……51
三、造型美……51
四、色彩美……51
五、意境美……52
第三节 名作赏析……52
思考练习……58
第四章 书法之美……59
第一节 发展历程……60
一、先秦、秦代时期……60
二、两汉时期……61
三、魏晋南北朝时期……62
四、隋唐五代时期……64
五、宋辽金时期……65
六、元代时期……66
七、明代时期……67
八、清代时期……68
第二节 审美特征……69
一、“形质”与“神采”……69
二、书法评论中“品”的确立……69
三、“五合”和“五乖”……70
四、“四宁四毋”说……70
第三节 名作赏析……70
思考练习……74
第五章 器物之美……75
第一节 发展历程……76
一、中国器物的发展历程……76
二、外国器物的发展历程……82
第二节 审美特征……87
一、生活美……87
二、科学美……87
三、功能美……88

四、造型美……88
五、装饰美……89
第三节 名作赏析……89
思考练习……96

第六章 摄影之美……97
第一节 发展历程……98
一、中国摄影的发展概况……98
二、外国摄影发展概况……99
第二节 审美特征……102
一、构图美……103
二、用光美……104
三、影调美……104
四、色调美……104
第三节 名作赏析……105
思考练习……113

第七章 设计之美……115
第一节 发展历程……116
一、中国设计发展历程……116
二、外国设计发展历程……120
第二节 审美特征……124
一、设计作品艺术美的基本要素……125
二、设计作品的类别……128
第三节 名作赏析……128
思考练习……133

第八章 服饰之美……135
第一节 发展历程……135
一、中国服饰发展历程……136
二、外国服饰发展历程……145
第二节 审美特征……149
一、服装的整体美……150
二、服装的动态美……150
三、服装的主题美……151
四、服装的艺术美……152
五、服装的材料与技艺美……153
第三节 名作赏析……154
思考练习……157

第九章 声乐之美……159
第一节 发展历程……161
一、中国声乐发展历程……161
二、外国声乐发展历程……165
第二节 审美特征……168
一、声乐作品艺术美的基本要素……169
二、声乐作品的类别……169
三、声乐作品的欣赏方法……169
第三节 名作赏析……171
思考练习……176
第十章 器乐之美……177
第一节 发展历程……178
一、中国器乐的发展历程……178
二、外国器乐的发展历程……182
第二节 审美特征……188
一、旋律美……188
二、音色美……189
三、结构美……190
四、形式美……190
五、体裁美……191
六、意境美……192
第三节 名作赏析……192
思考练习……198
第十一章 舞蹈之美……201
第一节 发展历程……202
一、中国舞蹈的发展……202
二、外国舞蹈的发展历程……206
第二节 审美特征……209
一、动作美……209
二、抒情美……209
三、节奏美……209
四、虚拟美……209
五、造型美……210
第三节 名作赏析……210
思考练习……215

第十二章 戏剧之美 …… 217
第一节 发展历程 …… 218
一、中国戏曲的发展历程 …… 218
二、外国歌剧的发展历程 …… 221
第二节 审美特征 …… 223
一、中国戏曲的审美特征 …… 223
二、外国歌剧的审美特征 …… 224
第三节 名作赏析 …… 225
思考练习 …… 233

第十三章 影视之美 …… 235
第一节 发展历程 …… 236
一、电影的产生和发展 …… 236
二、电视的产生和发展 …… 241
第二节 审美特征 …… 242
一、电影艺术的审美特征 …… 242
二、电视艺术的审美特征 …… 243
第三节 名作赏析 …… 244
思考练习 …… 249

参考文献 …… 251

第一章　美育概述

人可以分为两种，一种是情趣丰富的，对于许多事物都觉得有趣味，而且到处寻求享受这种趣味。一种是情趣干枯的，对于许多事物都觉得没有趣味，也不去寻求趣味，只终日拼命和蝇蛆在一块儿争温饱。后者是俗人，前者就是艺术家。情趣愈丰富，生活也愈美满，所谓人生的艺术化就是人生的情趣化。①

——朱光潜

【学习目标】

1. 认识美育的重要性；
2. 初步了解中西方美学与美育的发展脉络；
3. 学会用审美的眼光认识生活。

美是什么？这是一个古老的话题，也是一个学习美育首先要思考的问题。自古以来，中国人就有爱美的传统，俗话说，“爱美之心，人皆有之”，当孔子听到了心仪的音乐，都会“闻韶音三月不知肉味”。这种物我两忘的情境，就是美所带来的欢愉。美虽不是我们这个时代所独创的，但是却是我们这个时代所需要的。我们努力推广美育，就是因为21世纪不仅是信息时代、智能时代、图像时代，它更是有美感的时代。在当今全球化的大背景下，认识美、鉴赏美、创造美成为一种核心竞争力。

第一节　美是什么

古希腊哲学家柏拉图曾试图给“美”下一个永恒、完整的定义：“美是有用的”“美是恰当的”“美乃视觉和听觉所生的快感”等。一次次对美的界定，乍看恰当，再品又觉片面，经反复推敲又一再推翻，周而复始，柏拉图最终找不出准确的语言来定义“美”，只能无奈地概括：“美是难的。”

有人说，美是飘洒在三月里的江南烟雨，美是高挂在夜空中的一弯弦月，美是回荡在密

① 朱光潜. 谈美[M]. 上海：华东师范大学出版社，2012.

林中的几声鸟鸣，美是跳跃在海面上的一抹斜阳，美是让人感到心灵共鸣的艺术作品。这些意象表明，美就存在于自然界，存在于现实生活中。我们回首过往，细心阅读历代先贤著作时，不难发现古人也喜欢追求生活的雅趣，踏雪寻梅、泛舟采莲、月下独酌、闻鸡起舞、寒江独钓等都呈现出一种诗意的审美体验，古人将生活审美化，绽放出独特的生命光彩，获得深层的生命安慰。

在现实生活中，我们常常会接触很多与“美”有关的词语，如“优美”“秀美”“刚美”“花容月貌”“梨花带雨”“仙姿玉色”等，都是形容美的状态。那么，如何对美进行区分呢？一般情况下，我们将美的形态划分为自然美、社会美与艺术美。

自然美是指自然事物和现象所表现出来的美，如山高水长、闲花野草、日月星辰、风雨雷电等所呈现的美。自然美一般不具有鲜明的阶级性、民族性、时代性，可以成为全人类共同的审美对象。例如西湖、黄山、牡丹等自然美的对象就更多地超越阶级、民族、时代，为古今中外人们所共同喜爱和欣赏。

社会美是社会事物和现象所表现出来的美，如国家所提倡的“五讲”“四美”“三热爱”就是这种美的具体化。社会美的对象一般随着阶级、民族、时代的不同而产生较大的差异。比如，旧社会一些陈规陋习所形成的“三寸金莲”之类的所谓“美”，就随着女性解放时代的到来而被废止，成为历史上一种丑的陈迹。

艺术美是艺术作品所表现出来的美，如绘画、音乐、戏曲、工艺美术等艺术作品就是艺术美的载体。艺术美是艺术家和艺术创作者依据自己的世界观、价值观、审美观，采用一定的艺术材料、艺术技法，根据自然和社会的素材与题材而精心创作的高级形态的美。艺术美来源于自然美和社会美，又高于它们，艺术美是对自然美和社会美的提炼与概括，是美的高级形态。

第二节 美育的目的与意义

美学家潘知常认为，人有幸到人世间走一遭，不懂得欣赏美是一种遗憾。不懂得欣赏美，眼睛就是黑白相机，美育教学可以让它变成彩色相机，使其看到美丽的、五彩缤纷的世界。为什么把美育提到如此的高度？因为当今全球化的大趋势下，如何判断美、认识美、追求美及创造美，已经成为一个人的核心竞争力，成为一种人格的象征。

当代的物质文化高度发达，是历史上任何一个时期都不能比拟的。在物质充盈的时代，社会往往充满各种能够给人带来短期快感的物质文化，比如刺激人们感官体验的游戏、挑战人们味蕾体验的美食、带给人们娱乐享受的视频等，如果人们不能加以克制，就会沉迷于此，甚至丧失自我。20 世纪 60 年代，心理学家沃尔特•米歇尔对多名 4～6 岁的孩子做了一个实验，告诉孩子们现在有一些果汁软糖可以分给他们吃，但是实验员要出去 20 分钟，如果能够坚持在这 20 分钟之内不吃糖，那么等实验员回来可以分到两块糖。这是一个关于欲望和自我控制、即时满足和延迟满足的实验，实验结果是有一部分孩子顺利完成了挑战，得到了回报；有一部分孩子抵制不了糖果的诱惑，在实验员离开的时候迫不及待地享用了糖果。对这组孩子跟踪研究 12 年之后，研究员发现那些能够抵制糖果诱惑的孩子长大后都有着较强的社会竞争力和自信心，能够更好地面对生活的挫折和压力，勇敢地迎接挑战。而那些抵制不住诱惑的孩子长大后往往缺乏自信，脾气暴躁，一遇到挫折就会心烦意乱，且生活没有目标，得过且过。这个实验的核心问题就是应如何认知这些糖果。在现实生活中，充斥着很多能够带来短暂快感的美，那是一种及时享乐之美，我们视为流俗之美，是假美；而有些美能够深入灵魂，那是一种通向性灵之美，我们视为高尚之美，是真美。美育的价值，就在于给人们提供一个感受真美的环境，让人们认识真美，摒弃假美，树立正确的人生观、价值观。

1793 年，德国思想家席勒出版了《审美教育书简》，书中首次提出了美育的概念，这也是人类第一次对美育的特征和作用进行系统的阐述，他主张美育是人类实现自由和幸福的途径。在学术界，美育又被称为审美教育或者美感教育，是指培养人们健康的审美观，发展人鉴赏美和创造美的能力的教育。

美育的目的，不仅仅是引导人们去爱美、追求美，还要帮助人们了解什么是真正的美、高尚的美，要用美的规律去美化人们的心灵，提升人们的精神境界。所以，首先，美育是关于人类自身美化的科学。其次，美育也承担着重要的社会功能，它能够改进人们的生活方式，培育深厚的民族情感。犹如孟子所说："穷则独善其身，达则兼善天下。"如果美育能得到普及，那么人类也将获得一个更有温情的精神家园。因此，本书将美育的目的划分成三个层次：第一层是美化人生；第二层是改进生活；第三层是改良社会。

美育的意义，在于塑造完美人格，在于人类身心的和谐发展，在于使人的精神达到一个更高的境界。因此，美育也是情操教育和心灵教育，它不仅能提升人的审美素养，还能潜移默化地影响人的情感、趣味、气质、胸襟，激励人的精神，温润人的心灵。在高等院校中开展美育，有助于大学生人格得到升华，形成和谐、健全的人格结构，还可以帮助大学生深入了解民族文化遗产，理解民族文化精髓，增强民族自豪感，有助于培育大学生的民族精神和时代精神。

第三节　美育与艺术教育

众所周知，美育和艺术教育有着密切联系，很多人常常把美育等同于艺术教育，其实两者并非等同的关系，而是交叉的关系。总体来说，美育是以培养学生的审美能力、审美意识为主要目的的教育行为。一方面，美育的研究范畴比艺术教育要宽，比如美育不仅包括艺术，还涉及文学、景观美育等内容，这些都是美育的重要组成部分；另一方面，美育也并不能完全涵盖艺术教育，如艺术史中有部分经典名作，它们的经典之处并不在于其审美价值，而在于其所代表的思想或文化方面的价值。例如西方美术史中记录了这样一个事件：1917 年，在美国的一次公开展览中，杜尚直接将一个小便池现成品送去博物馆展览，并将该作品命名为《泉》，这个事件引起了当时评论界的哗然。杜尚解释说这是对现成品能否成为艺术品的发问。显然，这件作品本身不具备美感，事件也不具有任何美育的意义，但是，这件作品却因其所代表的超前观念成为 20 世纪最富影响力的艺术作品之一。因此，我们要清楚地认识到，并不是所有的艺术教育都是美育，只有发掘艺术教育中的审美因素，才能称得上美育。

美育比艺术教育更强调感性特征。席勒在《审美教育书简》中将美育视为解决现代化进程中造成的人性分裂的主要途径。他认为现代化进程使人远离自然，人类感性方面的潜能受到压制，长此以往会造成人类生存和发展的危机。所以，重视美育能够使人类理性与感性的力量达到平衡，促进人的全面发展。因此，感性教育是美育的主要特征。美育就是帮助人们通过文艺作品或在其他生命体验中激发情感，获得审美体验，提升情感境界与精神境界。文学、绘画、工艺美术、舞蹈、戏剧等作品都包含激发人类情感的元素，这些“以情为本”的教育都是实施美育的主要手段，因此，美育的内涵比艺术教育更加丰富。我们可以将美育的实施途径概括为：通过自然或其他文艺作品激发情感，获得审美体验，提升精神境界，实现美育目标。

艺术教育是目前实施美育最有效的途径之一。美育，简单概括就是“多看美的东西，多听好听的声音”，但是实施起来却很难。因为现实生活中提供的美育环境极为有限，只有通过艺术教育实施美育，才是最便利、最快捷的方式。通过艺术教育，能够使每一个学生获得审美体验，激发学生的审美兴趣和能力，进而提升他们的审美和人文素养。因此，艺术教育是美育的基础，如果没有艺术教育，那么美育就是空谈。上好美育课，关键在于借助艺术熏陶引导学生进行情感的投入，如果课堂教学是机械式的、重复性的，那么也就丧失了美育的意义。例如，一些参加美术高考的考生为了在考试中取得更好的成绩，在不理解艺术原理的情况下，使劲背诵“三大面”“五大调”，刻意模仿老师的绘画技巧，这些做法就违背了美育的特点。再比如，现在很多社会机构经常引导孩子参加钢琴考级，但是如果孩子只是为了达到父母的要求，心里缺乏对音乐的理解，即使把音符都弹准了，节奏都把握对了，考级都通过了，其水平也只能停留在“技术”层面，谈不上学习艺术，更谈不上美育。因此，美育不仅是教会学生获得艺术知识与技能，更是一门感性教育，只有引导学生将艺术情感内化于心，才能完全实现美育的培养目标。

现阶段，我国各高校正全面加强美育的普及工作，并将美育课程纳入人才培养方案，要求每位学生须修满学校规定的公共艺术课程学分方能毕业，美育课程已成为每位大学生的公共必修课。应该强调的是，公共美育的培养目标并不是将学生培养成专业的艺术类人才，而是以通识美育为主，通过介绍经典文艺名作，使学生掌握艺术知识和技能，培养学生的艺术兴趣和艺术理解力。近年来，通识美育课程越来越受重视，它精选文学、美术、设计、音乐、舞蹈、戏剧等作品，将经典名篇名作共同装进美育课程体系的“大筐子”，并面向全校师生开设一门“大学美育”公共课程，这种做法不仅破解了很多院校的美育工作长期空缺或被弱化的难点，还一揽子解决了学校艺术教育没有“着落”的窘境，成为当前我国教育改革的一大亮点。

第四节　美育的发展脉络

历史上，中西方都涌现出很多美学家、思想家、艺术家，他们不断地提出问题，又不断地解决这些问题，如“美是什么”“美的作用是什么”“美有哪些等级与层次”“如何获得真正的美感”等，其实这些问题都没有标准答案，但是先贤们都在不断地思考，逐渐发展出了中西方不同的美育体系。

一、中国古典美学的发展

中国的古典美学，是以“天人合一”为内在的精神追求，是一种生命安顿之学，思考的是人与自然、个体与社会的和谐统一的关系，强调的是生命的体验或超越。美学家叶朗先生将中国古典美学按其本身的逻辑发展分为以下三个阶段。

（一）中国古典美学的发端——先秦、两汉

先秦时期是我国由奴隶制向封建制过渡的时代，是一个社会大变动的时代，是一个产生新的经济、新的人物、新的思想的时代。民众开始抵制商周时期产生的宗教神学，旧有的统治观念纷纷瓦解，呈现出思想解放、百家争鸣的局面。这样一种社会条件，使得先秦时期成为中国美学史上的第一个黄金时代。

儒家美学以孔子为奠基人，经孟子、荀子、《易传》与《乐记》的创作者及董仲舒、王充等人的发扬而获得不断的丰富和发展。孔子的文艺思想主要是通过对《诗经》的评论而展开的，他认为修炼人的道德修养须经历“兴于诗，立于礼，成于乐”的审美途径，经过诗、礼、乐的洗礼，才能获得“可以兴、可以观、可以群、可以怨”的艺术功能，可见孔子特别重视艺术的社会作用。孔子的思想兼备“用之则行，舍之则藏”的处世原则，既有道德的忧患意识，又有审美的超越意识，因此在几千年的历史沿革中能担当华夏民族精神文化的中坚。

此外，从历史的影响来看，老子、《易传》《管子》(四篇)和庄子等的思想也在中国古典美学系统中占有一席之地。例如庄子学派特别将孔子“道不行，乘桴浮于海”中表现出的平和豁达的意念发扬开来，对后世美学产生了深远的影响。此外，中国古典美学几项重要的学说，如意象说、气韵说、意境说等美学思想也发源于此。这些成就均为中国古典美学的发展奠定了基础。

汉代美学具有承前启后的过渡性特点。汉代儒学最大的特点是强调“天人合一”“天人感应”的目的论，其最主要代表人物是董仲舒。董仲舒在《春秋繁露》中把儒家的学术与阴阳五行的思想糅合起来，创立了阴阳五行学说，为中国古代艺术提供了一个大宇宙观，影响极为深远。而《淮南子》则综合儒道两家的思想，提出了“自然无为而无不为”的观点，倡导人与自然和谐发展，以自然为审美对象，描述了气势宏大的自然之美，以人为审美主体，描写了人与自然体道合一的审美追求。《乐记》则以音乐为言说对象，认为音乐的和谐可以“与天地同和”“通伦理”和“与政通”。这些思想均对魏晋玄风的兴起与文艺美学的自觉起着重要的启示作用。

（二）中国古典美学的展开——魏晋南北朝至明代

魏晋南北朝时期是一个政治大动乱的时代。随着汉帝国的瓦解，儒家所主张的伦理教化思想受到了严重的冲击，人们开始追求个体的价值与生命的意义，因此，伴随着思想解放，魏晋南北朝出现了“人的觉醒”与“文的自觉”。这种社会背景促使魏晋南北朝时期成为中国美学史上的第二个黄金时代。

魏晋南北朝时期的美学注重个体生命的审美表达，且带有强烈的贵族化取向。士人受玄学的影响深刻，在动荡的社会环境中，寻求虚无、及时享乐，并以“秀骨清相”自居，重视身体的修饰与举止，热衷于围棋、清谈、饮酒等生活方式，率真的表象之下隐藏着他们的审美态度。魏晋文人最核心的成就就是提出了“清”“秀”“神”“俊”的审美标准，在艺术中，着重表现自己的思想与人格，而不是追求文字的雕琢。例如陶渊明的诗、顾恺之的画、王羲之的字等，都绽放出一种“初发芙蓉，自然可爱”之美。

唐朝的建立结束了中国历史上三百多年的动乱，政绩显赫的贞观之治、开元之治，为唐朝的全面繁荣奠定了雄厚的经济基础。唐朝的统治者对儒释道的发展采取兼收并蓄的态度，这种宽容与开阔的心态成就了唐代思想最主要的特色。

有唐一代，诗歌盛行。陈子昂的辽阔深远、李白的豪放自然、杜甫的沉郁顿挫、白居易的通俗质朴都对民间社会产生了深远的影响。因此，唐代的诗歌美学也有了长足的发展，其中最核心的就是意境说。司空图在《诗品二十四则》中概括了二十四种诗歌的境界和风格，论述了诗歌意境的美学本质，是对唐代诗歌的一种较为全面的总结。

在绘画美学中，张璪在《画境》里提出了“外师造化，中得心源”，明确了现实是创作的根源，认为艺术家应该师法自然，这种理论带有朴素的唯物主义色彩；在音乐美学中，杜佑(杜甫的祖父)在《改定乐章论》中提出：“夫心生于人心，心惨则音衰，心舒则音和”，强调了主观情感对音乐的决定性作用；在书法美学中，孙过庭在《书谱》概括了书体“违而不犯，和而不同”的审美特点；在舞蹈美学中，平列在《舞赋》中用形象、生动的语言概括了舞蹈的审美功能，从纤腰起舞到流风回雪，从人体美到韵律美，都揭示了舞蹈的美学特征。

宋元时期，社会的包容性逐步增大，形成了以市民为中心的世俗审美心态，开始追求通俗、简约、平易的艺术风格。苏轼以“平淡”为“文”的最高境界，认为“大凡为文当使气象峥嵘，五色绚烂，渐老渐熟，乃造平淡”。欧阳修主张诗文“古淡而有真味”，纵观宋代的文艺作品，如诗歌、绘画、工艺美术等，都以平淡为美，以质朴取胜，很少有繁缛的装饰，这种平淡，实为一种超越雕润的美学风格，是一种炉火纯青的美学境界。此外，在宋代理学的影响下，美学界秉持重理轻文、重理轻情、重道轻器的态度，整体的造物观呈现一种严谨、温厚、笃实的现象，杜绝了奇技淫巧艺术品的产生。

与以往相比，宋元时期的美学理论充满了思辨性，已经形成了规模完备的美学理论体系。严羽的《沧浪诗话》提倡以禅喻诗，强调诗歌艺术“别材”与“别趣”的特殊性，并指出获得美感的途径，即“妙悟”，认为诉诸审美直觉(妙悟)的就是艺术，而诉诸理性思维(理路)的并非艺术；郭熙在《林泉高致》中提出了“可行可望可游可居”的山水画境，并用“高远、深远、平远”来描述山水画的意境；黄休复在《益州名画录》中将画分为“逸”“神”“妙”“能”四格，其中以逸品为最高，是指超脱世俗的精神境界，逸品到了元四家才发展完成，如倪瓒所说，“逸笔草草”是为了“写胸中逸气”，这充分展示了逸品的美学内涵。

明代后期，社会中出现了资本主义萌芽，城市市民阶层日益壮大，与此相适应，出现了“天崩地解”的思想解放潮流。王阳明的心学代替了宋代的理学主张，有力地冲击着教条主义美学和复古主义美学，在当时形成了一股个性解放的思潮。李贽的“童心说”、汤显祖的“唯情说”、公安派的“性灵说”等极力追求个性解放，在艺术上重视自然、自我，成为明代中叶以后的审美思想的主流。另外，明代的实学思想比以往更加繁荣，市民意识的觉醒，使得生产劳动更加注重功能美学与设计匠思，戏剧小说也更加重视通俗性与逻辑性。在园林美学中，计成认为园林美学的标准无非“精”“巧”二字。精在体量适中，巧在借景生情，因此，园林建造有法无规，个人的想法比技术更为重要。

(三) 中国古典美学的总结——清代

清朝时期是中国美学史上第三个黄金时代，这是中国古典美学的总结时期，出现了王夫之的美学体系和叶燮的美学体系，它们是中国古典美学的高峰。王夫之是儒家美学最后的大师，他反对司空图、严羽将美归为心灵主体的趋势，明确地将美归为客体。他认为美是客观的，但是美感却是主观的，并非所有的人都能把握客观的美，只有做到心物交融、情景合一，“景者情之景，情者景之情”，才能获得审美体验。叶燮则看到了艺术与哲学的相通之处，他认为“文章者，所以表天地万物之情状也”，文学艺术家的任务就是见常人之不可见，言常人之不能言，把握常人无法把握之事，而实现这种目标，需要依靠艺术家本人的才、胆、识、力，才能“表天地万物之情状”。

这一时期石涛的《画语录》，直指艺术的本源，认为“一画者，众有之本，万象之根”。石涛认为在太古时代，一片混沌，没有物象，没有法则，然而混沌一旦被打破，法则就开始诞生。法则从哪里来？法则从“一画”而来，这是最简单、最朴素的符号。有一，就会有二，有二就会有万象，人们应该抓住事物的根本，重视“一画”，重视万物的本质，因此，石涛的美学带有深刻的本体论思想。

刘熙载的《艺概》也带有强烈的辩证法思想，他认为世界“强弱相成，刚柔相形”，因此要处理好艺术创作中的种种矛盾关系，如真实与玄幻、结实与空灵、按实肖像与凭虚构象等，这些理论从某种程度上被认为是中国古典美学的总结性形态。

二、中国近现代美育的发展

一百年前，中国社会发生了巨大的变革，新旧文化交替，中西方文化碰撞，王国维、蔡元培、陶行知、丰子恺、吕澂、汪亚尘、吴俊升、舒新城等一批进步人士在社会变革的关键时期，极力推广及倡导美育，以期振兴中华，在民国时期兴起了一股具有启蒙性质的美育思潮，为美育的实施与普及做了多方面的探索。

王国维首先从西方引进了“美育”这个概念，并把美育作为培养“完全之人物”的重要组成部分。王国维在《论教育之宗旨》一文中指出，“教育之事分为三部：智育、德育(即意育)、美育(即情育)是也”。他说：“三者并行而得渐达真善美之理想，又加以身体之训练，斯得为完全之人物，而教育之能事毕矣。”由此说明，王国维认为“完全之人物”的教育，就是德育、智育、美育、体育四育并行的教育。

蔡元培进一步发展了王国维的美育思想，他在 1912 年就任中华民国南京临时政府教育总长，在他的力倡下，美育第一次以国家法令的形式列入了国家的教育宗旨之中。蔡元培终生将美育看作人格完善的重要手段，在 1917 年北京神州学会上，他发表了《以美育代宗教》的演讲，从哲学心理学的角度论述了宗教与美育关系的演变历史。蔡元培认为“以美育代宗教”是社会发展和科学进步的历史必然，这为当时人们摆脱封建迷信，破除人我之见，起到了积极的作用。当然，蔡元培的美育思想不仅只有理论，他还亲力亲为，创办了音乐传习所和画法研究会，身体力行地为民众勾勒出了完整的美育普及之路。他认为传播美育不能仅仅依靠课堂，还应着力改造外在的客观环境，使得人人享受美育的权利。

“普及社会的，有公开的美术馆或博物院，中间陈列品，或由私人捐赠，或用公款购置，都是非常珍贵的。……市中大道，不但分行植树，并且间以花畦，逐次移植应时的花。几条大道的交叉点，必设广场，有大树，有喷泉，有花坛，有雕刻品……所以不论哪一种人，都时时刻刻有接触美术的机会。”

在蔡元培构建的理想化的世界中，美是无处不在的。他认为改变生活环境，让周边的一切均含有美的观感，是进行美育的最快途径。

在蔡元培的倡导下，美育成为中国 20 世纪 20 年代以后一种重要的社会思潮。一批在欧美和日本留学的学者受到美育文化的感召，纷纷选择回国，投入我国的美育建设中，如音乐界的萧友梅、丰子恺，戏剧界的洪深、赵太侔、余上沅，美术界的林风眠、徐悲鸿等，都是这个时期的杰出代表。

到了 20 世纪 30 年代，由于民族矛盾和阶级矛盾相互交织，中国美育思想带有浓厚的政治色彩，但是美育思想的影响仍有余热。陶行知在教育理念中力倡“知行合一”，他认为教育事业本身就是美育，教育不仅是整个生活的教育，而且是健康、科学、艺术、劳动与民主组成之和谐的生活，把“和谐”作为教育的最高理想。

主张“中西并成”的美术教育家汪亚尘认为，要让民众养成鉴赏艺术的习惯，得到真正的艺术趣味，不仅要让学生接触到艺术课程，还要将艺术教育渗透到各科的教育中，他在 1931 年提出了“艺术与实用联合”的理念，强化了艺术课程与其他课程的有机结合。

丰子恺是一位通晓文学、绘画、音律的教育家，他认为艺术教育的主要目的是“感化其美而陶冶高尚”，他反对一切不自然的、滑稽的图画音乐，反对以教会学生“会画”“会唱”为最高目的的艺术教学。在他的教育思想里，艺术教育是美的教育，是情的教育，其目的不是将学生都培养成画家与音乐家，而是教导学生如何做一个情感饱满且有趣味的人，因此，丰子恺认为人格与精神的养成才是艺术教育的最终归属。

中国近代美育思想是沿着“救国先救人，救人先救心，救心必须去欲，去欲要靠美育”思路立论的。这个时期的美育思想是特定时期文化精神的体现，这些思想既有闪光点，也有许多的历史局限性，如夸大美育的社会功能，常常将美育与德育相混淆等。但从总体来说，民国时期，美育在教育领域的独立地位得到了确立，美育与社会改造被联系起来，这些思想成果都有着积极的现实意义。

中华人民共和国成立以来，我国的美育发展取得了令人瞩目的成绩，其发展历程划分为三个阶段。

(1) 美育的复苏阶段。1949 年 12 月，我国召开的第一次全国教育大会，提出了“建设新教育要以老解放区教育经验为基础，吸收旧教育某些有用的经验，特别要借鉴苏联教育建设先进经验”的基本方针。在这个时期，我国新建一批专业的艺术院校，专门培养艺术类的专业人才，但在苏联模式的影响下，学科分割的现象日益严重，许多综合大学原有的艺术教育机构都被撤销或合并，致使美育教学大多集中在专业的艺术院校中。因此，在新中国早期的美育复苏阶段，除个别专业院校外，我国美育总体设施简陋，师资队伍不健全，普及力度也较小。

(2) 美育方针的形成阶段。1999 年 6 月，党中央和国务院召开了第三次全国教育工作会议，发布了《关于深化教育改革全面推进素质教育的决定》，指出“美育不仅能陶冶情操、提高素养，而且有助于开发智力，对于促进学生全面发展具有不可替代的作用”。第三次全国教育工作会议明确地将“美育”写进党的教育方针，并指出：“要尽快改变学校美育工作薄弱的状况，将美育融入学校教育的全过程。”

(3) 美育的全面发展阶段。2015 年 9 月，国务院下发了《关于全面加强和改进学校美育工作的意见》，这是新中国成立以来，第一次以国务院名义下发关于美育与艺术教育的文件，意义十分重大。这个文件中将“改进学校美育工作”细化为四个部分十六条，并对学校的美育工作进行了具体指示和安排，是当前我国美育工作的行动指南，关乎每一个美育工作者未来的工作走向。可以说，在政府的高度重视下，现阶段我国迎来了美育发展的黄金时期，特别是十九大以来，我国美育资源的配置已经得到优化，管理机制进一步得到完善，各级各类学校也为学生开设了各类美育课程。2020 年 10 月，中共中央办公厅、国务院办公厅联合印发了《关于全面加强和改进新时代学校美育工作的意见》，标志着国家对美育的重视达到空前的高度，普及全民美育的愿景正一步步成为现实。目前，我国已经初步形成具有中国特色的现代化美育体系。

三、西方古典美学的发展

西方古典美学以古希腊文明与基督教文明为强大的精神动源。作为一种研究美的哲学，西方古典美学经历了美的研究、审美的研究、艺术的研究三个发展阶段，其中古希腊美学、康德美学与黑格尔美学是西方古典美学研究的三座高峰。相关的研究学者将西方古典美学的发展按其本身的逻辑分为如下三个阶段。

(一) 古希腊古罗马美学阶段

西方古典美学始于古希腊美学，其中毕达哥拉斯是西方美学的第一人。他将美视为一种科学，认为“美是数与数的和谐”，这是古希腊第一道美学命题。他认为“数”的原则就是万物的原则，自然界的和谐体现在宇宙天体的运行都要合乎“数”的比例，因此，在毕达哥拉斯的理念中，美学的任务就是发现自然界中所固有的“数的和谐”规律。比如最早用数的比例来表示不同音程的就是毕达哥拉斯学派，再就是著名的黄金分割比，即 0.618，这种“数的和谐”规律广泛应用于各种领域，如绘画、建筑、雕塑等，据称古希腊的雕塑家就是运用这种黄金分割比塑造了世界上最完美的人体雕塑。因此，毕达哥拉斯美学被视为“科学美学的源头”。

柏拉图被称为“美的先知”，他认为美学应该超越具体的客观事物去寻找美的本质，因此，他严格区分了“美的事物”与“美本身”两种概念，他认为美的事物千姿百态，但最核心的是寻找美的普遍形式。柏拉图提出了“美是理念”的概念，这种理念是一种客观存在的理念，是一种最高等级的理念，“一切美的事物都以它为源泉，有了它，一切美的事物才能成其为美”。柏拉图认为理念只存在于灵魂才能达到的地方，因此，要实现审美，把握理念，只有“假死”，即迷狂。他将迷狂分为三类：高级的迷狂是理智的迷狂，低级的迷狂是宗教的迷狂，而处于两者之间的迷狂就是灵感。这种“灵感说”发展为一种重要的文艺理论。总而言之，柏拉图在西方美学史上占有重要的位置，他第一次提出了美学的基本问题，确立了美学的研究方法，奠定了西方古典美学的基础。

亚里士多德被称为“欧洲美学思想的奠基人”，神学目的论是他的美学观念的基础，艺术模仿说是他的美学观念的核心。他认为宇宙万物都是神的艺术品，而人类是神最优秀的作品。人类的艺术作品必须是对神的直接模仿，才能契合神的目的，这样的作品才是美的。艺术家在创作作品时，需要思考神的要求和目的，才能创作出好的作品，所以往往“画家所画的人物应比原来的人更美”，这其实包含了艺术家对美的主观创造。因此，亚里士多德的模仿说实际是一种创造说。

古罗马的普罗提诺被认为是中世纪基督教神学美学的思想源头，他认为一切艺术都是为了表现心灵之美，而美的最高形式就是“太一”，“太一”就是精神本体，是一种至高无上的存在，而心智、灵魂、物质等均不同层次地分享着“太一”之美，艺术创造就是一种分享“太一”的行为。

(二) 中世纪美学阶段[①]

由于受到教会的控制，中世纪的美学思想基本上都是围绕神学而展开的。奥古斯丁的美学思想被称为柏拉图美学的神学版。他认为艺术起源于理性，并发展了美在世界、美在和谐、美在比例等美学理论，是西方基督教美学的开创者。

托马斯•阿奎那认为“凡是一眼见到就使人愉快的东西才叫做美”，他继承了亚里士多德模仿论的观点，认为艺术模仿自然，就是模仿上帝的作品。他认为人类最重要的是学会上帝创造的方法，因此，托马斯•阿奎那比以往的哲学家更重视艺术创造的方法论。

但丁的美学贡献是将中世纪神学美学变成了艺术实践，其思想的核心是宣布艺术作品的主题是人，从而使艺术创作的主题从神转向人，为近代人文美学的发展提供了理论支撑。

(三) 近代人文美学阶段

文艺复兴之后，西方的美学进入认识论的阶段。美学的思维范式从本体论转移到认识论，研究内容也从神转移到了人。近代人文美学阶段，学者们开启了对美学的科学探索，研究美的起因与构成，追寻人类综合的审美能力。

历史上第一部《美学》专著是鲍姆加登于1750年出版的，他首先提出了“美学”一词，该词来源于希腊语，即感性学。他认为美是主观的，美是感性认识的完善，因此，美是人的自我完善，是一种关于人的学问。

康德被称为“近代美学之父”，他最大的贡献是改变了美学的基本问题，由传统的“美是什么”转化为“审美是什么”，从而开启了近代审美心理学的先河。康德指出，审美是一种没有任何利害关系却又会产生愉快体验的活动，美感是唯一无利害的快感。康德解决了长期以来对美的认知标准问题。例如评价一朵含苞待放的花，凭什么说它是美的？审美中有几何学

① 易中天. 美学讲稿[M]. 上海：上海文艺出版社，2019.

里面那样的公理吗？没有。那么，是否可以认定审美是没有标准的，审美只是个人主观的一种趣味？康德对此提出了自己的创见，他认为审美是有标准的，但是这个标准既不是客观的，也不是主观的，审美是“超功利非概念无目的的主观普遍性”。一朵含苞待放的花，是一种人人都从心里认同的普遍性的美，因此，美感具有普遍性，证明美感的方法就是和他人的共鸣。

克罗奇是直觉主义美学的重要代表，同时他也是一名艺术家。他的核心观点就是“审美即直觉”。他认为艺术家在观照万物的时候，不要靠感觉，而要靠直觉，即艺术家在观看的时候，要依靠直觉把握对象，并诉诸主观的表现、科学的创造。例如印象派的画家就是依靠直觉感受到了肉眼无法看到的色彩。

西方美学史上对审美心理学影响最大的学说就是“移情说”。移情是指人通过自己的意识活动，将自己的主观情感加诸审美对象，使其具有一定的情感或审美色彩。最早提出“移情说”概念的是罗伯特·费舍尔，但是真正把“移情说”发展成为一门系统理论学说的则是立普斯。在立普斯的影响下，“移情说”成为20世纪初被普遍承认的美学理论。移情是艺术和审美中常见的现象，例如人们经常赋予天鹅“优美”，赋予荷花“高洁”，赋予竹子“虚心正直”，赋予熊猫“憨态可掬”，其实自然界的事物原本无所谓优美、高洁，竹子也并不懂得虚心，熊猫也不觉得自己憨态可掬，这些品性都是人类后来赋予它们的，是移情的结果。移情是一种“物我同一”的过程，是一种特殊的审美心理。

另外，心理学家布洛针对审美活动提出了“心理距离说”，他认为当主体和对象之间保持一种恰如其分的心理距离，且两者不存在利害关系时，才会产生出审美的心理。这种观点有一种通俗的表达，即距离产生美。距离是审美的前提，美丽的事物往往“遥远”而“陌生”，很多人对熟悉的事物往往觉得平常庸俗，对有距离的事物却感觉奇特、动人。布洛认为审美距离的把控要有尺度，有分寸，太近或者太远都不利于美感的产生。

弗洛伊德的精神分析在历史上饱受争议，却成为西方最重要的心理学流派之一。他认为无意识是人生命的本能，而艺术就是人类无意识的升华。他将艺术家视为疯子，认为艺术家能够通过作品宣泄那些被压抑的欲望、本能和情结，实现了自我的升华，而那些找不到宣泄出路的人只能沦为疯子。因此，艺术家和疯子仅仅只有一线之隔。弗洛伊德认为，艺术创作是一种无意识的行为，它不仅是艺术家本身的自我解放，也能为观众带来乐趣，因为观众通过鉴赏作品也能够跟随艺术家进入那种舒适、快乐、无意识的境界。

黑格尔是德国古典哲学巨匠，他以精密庞杂的哲学系统占据了西方古典哲学的制高点，黑格尔最伟大的功绩是改变了人类的世界观，让人们从孤立的、静止的、一成不变的世界观转化成联系的、运动的、变化发展的世界观。黑格尔认为，人类与动物的区别就是人类有自我意识，人类有观照自己、认识自己、思考自己的需要，因此，人类普遍需要艺术。他将古代艺术划分为象征型、古典型、浪漫型三种类型。艺术的第一个阶段是象征型，因为早期艺术的形式与内容都相对简单，而且往往艺术的形式大于内容。比如新石器时代的彩陶文化，我们能够感受到彩陶图案中的韵律之美，却不明白它的内容是什么。艺术的第二个阶段是古典型，这个阶段的特点就是内容与形式的完全统一。比如古希腊的神像雕塑，古希腊人认为神就是理想的人，只有从心灵到肉体，从五官到身材都比人类完美，才能称之为神，因此，古希腊雕塑家们按照美的理想，塑造了比现实人类更高大、更完美、更年轻的雕塑神像，这些神像堪称形式与内容的和谐统一。艺术的第三个阶段是浪漫型，这个阶段的特点就是内容大于形式，近代欧洲艺术的绘画、音乐和诗歌都比以往更注重人的内心世界，强调心灵的表现，而外在的形式和材料则变成次要的，不是这个时期艺术的本质性的东西。在黑格尔的艺术观中，人类的艺术门类从建筑、雕塑到绘画、音乐、诗歌，精神性越来越强，因此，黑格尔认为，艺术是“绝对理念的感性显现”，是时代精神的反映。艺术和其他事物一样，也具有一个发展过程，它的发展逻辑是从不平衡到平衡再到不平衡，而最终艺术也会解体，最后只有哲学才是人类精神的真正归宿。黑格尔的美学体系逻辑严谨，体系完整，但是他的论述思路却是头足倒置的，缺乏坚实的基础。近代马克思在黑格尔辩证法的基础上，以实践为理论基础，为美学的研究开辟了新的方向。

“美育”概念的提出始于1793年席勒所著的《审美教育书简》，席勒的贡献是伟大的，他第一次将美育的概念融入教育思想史，并做了详细而系统的整理与总结，使得审美教育形成独立的理论体系。他把审美教育视为实现人自由幸福的重要途径，体现着对人类生命本身的终极关怀。

四、西方近现代美育的发展

20世纪以来，西方的社会经济得到快速发展，由工业文明进入了后工业文明，教育领域相继出现了形态多样的教育理论与实践，美育也成为其中不可缺少的重要组成部分。

1945年，哈佛大学发布了著名的《自由社会中的通识教育》，即通识教育红皮书，规定每位学生必须修满16门课程，其中应包括3门艺术类课程。哈佛大学将艺术教育视为人文学科的主干部分，可见在通识教育的课程体系中，美育学科的比重较高，成为高校人文教育中不可缺少的一环。

“一战”以后，德国包豪斯设计学院的教学方法与教学理念对西方现代设计史的发展产生了深远的影响，包豪斯所提出的“艺术与工艺结合”的理念，使艺术不再处在于象牙塔的顶端，而是让艺术回到群众中去，在现代社会中思考艺术与工业、艺术与经济、艺术与生活之间的结合关系。在包豪斯的影响下，现代美育教学体制也开始思考强调学生的实际动手能力，让艺术教育更好地融入生活当中。

罗恩菲尔德是“二战”以后西方最重要的艺术教育家之一，他特别强调美育的作用，认为良好的美感培养是思想、感情、理解力表现的根基，如果一个人的成长过程中缺少美育，那么人格就会缺失。因此，艺术教育能够造就身心健全的人。早在1947年，罗恩菲尔德就提出公共艺术教育的目的是“提升人格”而不是“专业的训练”，较早地明确了公共艺术教育的性质。

1995年，美国的戈尔曼教授针对后工业时代出现的情感危机问题，出版了《情感智商》，提出了情商(EQ)与艺术教育的理论。他认为在后工业社会中，出现情感缺陷的家庭越来越多。当前，情感缺陷已经成为人类深层的社会危机，而美育就是解决情感问题的一种特殊方法。首先，艺术本身具有潜移默化的熏陶作用，能够使人提升心灵的认知层次。其次，艺术能够治疗人们的心灵创伤，能够使人们敞开心扉，释放人们内心的压力。因此，美育对解决情感问题有着极为特殊的意义。

第五节 艺术审美的类型

感受艺术之美是大学生拓宽艺术视野，提升审美情操的有效方法，艺术之美有多种表现形式，根据艺术类型的不同，可以将审美活动分为以下几类。

一、语言艺术之美

语言艺术是以语言为手段创造审美形象的一种艺术形式。通常情况下，语言艺术指代文学作品，包括小说、散文、诗歌等。由于语言是抽象的文字符号，它能够表现现实生活中的任何事物，但是却不能直接呈现事物本身，所以语言艺术有一定的特殊性。它的使用可不受时间、空间限制，随时随地都可开展语言艺术的审美活动，但是语言的非直观性决定了语言艺术审美必须由受众独立完成，因此，它需要受众综合阅读、思考、想象、理解等能力，才能完成整个审美活动，所以，语言艺术的审美是一种高级的审美。一般情况下，越优秀的文学作品越能够调动读者的想象力(见图 1-1)，比如中国古代很多优秀的诗歌作品就是通过简练的语言描绘了宏大的审美意象，彰显了语言艺术独特的魅力。

图1-1 许渊冲在《朗读者》舞台上朗诵诗歌

二、造型艺术之美

造型艺术是指借助特定的物质材料，创造二维或三维的静态视觉形象来反映社会生活或表现艺术家的思想情感。常见的造型艺术有绘画、建筑、雕塑、工艺等。由于造型艺术是通过特定的物质材料来塑造形象，因此，对造型艺术的审美，要求受众具有一定的艺术鉴赏能力。造型艺术的类别较为丰富，例如绘画的画种有国画(见图 1-2)、油画、版画、水彩画、漆画等，每个画种又有明确的细分，如版画又可以分为木版画、石版画、铜版画、丝网版画等，因此，在鉴赏中必须理解材料的表现特性才能达到造型艺术的审美目标。例如中国画讲究笔法、油画讲究色彩、版画讲究刀法、水彩画讲究水韵，雕塑讲究泥性，这些都是材料所赋予的表现特性。

造型艺术主要是由点、线、面、色彩、明暗、形体等形式因素所构成的视觉形象，造型艺术所具有的视觉直观性，是人们理解形式美的最好载体。通过造型艺术，人们可以察觉到形式美的主要特征，如均衡、对称、比例、节奏、韵律、变化、一致等。此外，不同的形式有着不同的情感色彩，如直线代表方刚，曲线代表柔美，色彩的冷暖、雕塑的阴阳也会产生不同的心理联想，这些审美特征都是造型艺术所具有的独特魅力。

图1-2　李可染的国画作品《万山红遍》

三、表演艺术之美

表演艺术是通过表演者的演唱、演奏及形态动作来演绎作品的艺术形式，并通过舞台表演来完成整套艺术过程。表演艺术一般指音乐演奏、舞蹈表演等。表演艺术往往能够同化受众，达到感情的交流和精神的共鸣，因此，表演艺术是与观众的关系最直接、最密切的艺术形式之一。许多著名的表演艺术家非常重视与观众的联系，他们把这种联系看作表演艺术取得成功的最重要保证。

表演艺术是一门创造性的审美活动，一般来说，音乐演奏能够最快打动人们的心弦，触动观众的情感；而舞蹈表演最能够调动人们的想象力，让人们在抽象的形体动作中感受独特的审美语境(见图 1-3)。一场优秀的表演艺术需要声、情、理三部分的完美配合才能表现出来。音乐和舞蹈是人类最早的艺术形式，它们对人的身心健康有着积极的影响。其中，理解音乐节奏的变化，感受形体动作的强弱，是鉴赏表演艺术的基础。

图1-3 邰丽华领舞《千手观音》

四、综合艺术之美

综合艺术是采用多种艺术手段塑造出综合性艺术形象的艺术形式，具有造型、表演、语言艺术等多种艺术的综合性特征，主要表现形式是电影、电视剧、戏剧等，图 1-4 所示为电影《我和我的祖国》海报。综合艺术通过多种艺术手段，将真实或虚拟的生活场景展示在观众面前，通过语言、动作等一系列形态给观众带来视觉或听觉的刺激，使人有身临其境之感。因此，综合艺术兼具了视觉与听觉、表现与再现、时间与空间等多种审美功能，它比单一的艺术形式更具有表现力和感染力。

图1-4 电影《我和我的祖国》海报

综合艺术是最富有现代感的艺术形式，它最适于表现现代人的思想感情，最贴近现实生活，是当今社会中影响力最大、影响面最广的艺术形式。由于综合艺术大多具有相对完整的故事情节，因此，叙事性是综合艺术最重要的艺术特征。综合艺术需要依赖曲折有致、引人入胜的故事情节，展示紧张、激烈、集中的矛盾冲突，使人们得到情感上的共鸣及“身临其境”的艺术享受。

思考练习

1. “美育”的概念是思想家(　　)在《审美教育书简》中提出来的。

A. 王国维　　B. 席勒

C. 托马斯·阿奎那　　D. 但丁

2. (　　)是目前实施美育最有效的途径。

A. 艺术教育　　B. 学习舞蹈　　C. 文学阅读　　D. 观看电影

3. 宋代(　　)提出了“大凡为文当使气象峥嵘，五色绚烂，渐老渐熟，乃造平淡”的美学观点。

A. 黄庭坚　　B. 宋徽宗　　C. 苏轼　　D. 王安石

4. 下列各项中，(　　)不是郭熙在《林泉高致》中提出的“三远”画境。

A. 低远　　B. 高远　　C. 深远　　D. 平远

5. (　　)首先从西方引进了“美育”这个概念，并把美育作为培养“完全之人物”的重要组成部分。

A. 王国维　　B. 梁启超　　C. 蔡元培　　D. 鲁迅

6. 首倡“美育代宗教”的人是(　　)。

A. 丰子恺　　B. 蔡元培　　C. 鲁迅　　D. 陈独秀

7. 在古希腊美学领域，(　　)被认为是西方美学的第一人。

A. 柏拉图　　B. 亚里士多德　　C. 苏格拉底　　D. 毕达哥拉斯

8. (　　)提出了“美是理念”的概念。

A. 柏拉图　　B. 亚里士多德　　C. 苏格拉底　　D. 毕达哥拉斯

9. (　　)真正把“移情说”发展成为一门系统理论学说。

A. 布洛　　B. 弗洛伊德　　C. 立普斯　　D. 黑格尔

10. (　　)提出公共艺术教育的目的是“提升人格”而不是“专业的训练”，较早地明确了公共艺术教育的性质。

A. 罗恩菲尔德　　B. 戈尔曼　　C.格罗皮乌斯　　D. 席勒

第二章　文学之美

文艺到了最高的境界，从理智方面说，对于人生世相必有深广的观照与彻底的了解；从情感方面说，对于人世悲欢好丑必有平等的真挚的同情。

——朱光潜

【学习目标】

1. 了解中西方文学的发展历程及规律；
2. 认识文学的审美特征；
3. 提升对文学作品的审美鉴别能力。

【人文艺术主题：超越时空——文学中的宇宙意识与人类共情】

水调歌头·明月几时有

【宋】苏轼

丙辰中秋，欢饮达旦，大醉，作此篇，兼怀子由。

明月几时有？把酒问青天。不知天上宫阙，今夕是何年。我欲乘风归去，又恐琼楼玉宇，高处不胜寒。起舞弄清影，何似在人间。

转朱阁，低绮户，照无眠。不应有恨，何事长向别时圆？人有悲欢离合，月有阴晴圆缺，此事古难全。但愿人长久，千里共婵娟。

在中国传统诗文中，“月”无疑是一个最能体现中国人时空观念的意象。无论是远隔千里，还是近在咫尺，对的皆是同一轮明月，在缺乏即时沟通手段的古代社会，月亮便成了人们寄托、抒发情感的一个象征，被赋予了超越时空的能力。也因此，月能够唤起人们阔大苍茫的宇宙意识和历史意识、悲壮雄浑的天问意识，提高人们的审美境界。苏轼的词《水调歌头·明月几时有》，便是最好的注脚。

1076 年的中秋，词人与胞弟苏辙分别已有七年。是夜明月当空，词人心潮起伏，乘酒兴正酣，以月起兴，做出了这首中秋词中的绝唱，把人世间的悲欢离合之情纳入对宇宙人生的哲理性追寻之中。

词的开篇，便充满阔大的时空感，从追溯明月的起源，再到对天宫时间的发问，将既向往天上又留恋人间的矛盾写得十分含蓄。下片由中秋的圆月联想到人间的离别，同时感念人生的离合无常。词人欲乘风归去，又恐高处不胜寒，矛盾纠结的情绪萦绕心中，抬头之间，看见这轮圆月，先是怨念月圆人不圆，忽然转念感悟月如人生、人生如月，阴晴变幻，都何尝有过长久的圆满？心绪由人情悲欢的感性转变为豁然开悟之后的理性，情思因月而生，也因月而悟。

因为豁然开悟，词人不复之前的纠结、低落与怨念，而将个体的离别之情上升为对人类的共情与祝福：“但愿人长久，千里共婵娟。”“但愿人长久”，是要突破时间的局限；“千里共婵娟”，是要打通空间的阻隔。人生难免遭遇别离，只要对方健在安好，那么即使远隔千里，也可以通过这轮普照世界的明月而超越时空的限制，实现精神上的交流。就这样，由个体的伤怀，转化为对一切经受着离别之苦的人表达的美好祝愿，也表现了作者对时间、空间及人生这样一些重大问题所持的态度，充分显示出词人精神境界的丰沛、博大。

词作通篇仿佛是与明月的对话，在对话中探讨着人生的意义，既有理趣，又有情趣，耐人寻味。词人并非完全超然地对待现实人事，而是从自然规律中感悟人生的意义，从而实现个人情感的自我调节，因此更能唤起读者的共鸣。也因此，尽管文字间有些许悲秋情怀的寥落，但因自然宛转、词境阔大、情意旷达，读来却并不缺乏引人向上的韵致，给人以积极的美学享受。

第一节　发展历程

推动文学发展、演进的历程，既有外部的因素，也有内部的因素。外部因素一般包括社会经济、政治制度、思想文化，以及地理环境等的影响。内部因素则要更为复杂，如民间文学与严肃文学的互动、各类文学体裁的互相影响和渗透、追求新变与回归复古之间的交替与碰撞。这些不同的因素，共同推动了文学的发展与演进。

一、中国文学发展概况①

(一) 上古时期

上古时期的第一个阶段是先秦。中国文学的各类体裁几乎都孕育于先秦时期，中国文学的思想基础也源自此时，儒道两家的思想奠定了此后两千多年中国文学家的思想基调及作品主题，同时，“诗言志”“法自然”等思想则影响了后世或注重文学社会功能，或注重创作审美价值的文学观念。先秦文学的形态，一方面是文史哲不分，那时还没有纯文学的散文；另一方面是诗乐舞结合，诗歌最初是和音乐、舞蹈结合在一起的。夏商时期的文化与文学呈现原始宗教的特征；自西周开始，中国进入理性文明阶段，敬礼重德的理性精神在文学中的

① 上古时期、中古时期、近古时期的分类方法引自袁行霈所著《中国文学史》(高等教育出版社，1999 年出版)。

体现为关注历史、社会与现实人生，在精神与风格上则呈现出和谐、典雅的特质；战国时代，社会的重大变革反映在文学领域是更加立足于现实，在风格上则突破了春秋时期温文尔雅的风尚，表现出独特的个性和强烈的激情。

中国在远古时代曾有过丰富的神话传说，但是由于年代久远，加上儒家的排斥，大部分在社会的发展过程中散失，幸存部分主要保存在《山海经》《楚辞•天问》《穆天子传》及汉代的《淮南子》等文献中。盘古开天、女娲造人、禹王治水、后羿射日等耳熟能详的神话传说，实际上记录了中华民族童年时代的幻想、抗争和足迹，反映了先民对苦难的深刻体验和忧患意识、对人类生命的珍视和关怀，以及与命运抗争的精神，这些无不影响着民族精神的深层结构，也为后世各类文学提供了永恒的素材和原型。

《诗经》是中国诗歌的光辉起点，描述了周朝的社会生活和文化形态，展现了周人的精神风貌和情感世界，奠定了我国诗歌面向现实的传统以及以抒情为主的基本美学特征。诗歌中广泛而深刻的现实性和思想性被称为“风雅精神”，与艺术表现上的比兴手法共同成为文学中的传统与典范。诗歌的另一个源头是战国时期的《楚辞》，楚文化特殊的美学特质，以及屈原卓越不群的人格情操，成就了光辉灿烂的楚辞文学。屈赋以错落的句式、奇瑰的词藻、奔放的想象，表现了作者的政治理想和人格情操，成为《诗经》以后的另一个诗歌成就高峰，以及美学上无可比拟的典范。屈原是中国第一位伟大的诗人，标志着中国诗歌从集体歌唱进入个人创作的时代。

我国散文的源头可追溯到甲骨卜辞，商周青铜铭文反映了早期记事文字由简至繁的发展，经由《尚书》和《春秋》的积累到《左传》《国语》《战国策》，体例趋于完善，叙述更富文学特质。《左传》是先秦史传散文中的顶峰之作，以极高超的表现技巧把中国叙事文推向成熟，对后世史传文学、散文和小说创作产生了深远的影响。在理性精神觉醒的背景下与百家争鸣的氛围中，说理散文以诸子散文的形式出现：《论语》以语录体的形式记述了孔子及其弟子的言行，言简意赅，富有韵味；《孟子》是语录体向专题论文的过渡，具有长于论辩、气势浩然的艺术特点；《庄子》的文章如行云流水，以丰富的寓言、奇诡的想象、飘逸的风格成为先秦说理散文的瑰宝；《荀子》中多为结构严谨、论说周详的专题论文，标志着先秦说理散文的完全成熟。

上古时期的第二个阶段是秦汉，以汉代文学为主体。汉代与先秦楚文化有着直接的渊源，汉代文学因此蕴藏着具有原始活力的浪漫奇幻色彩，西汉国力的强大也使汉代的艺术文化有着昂扬积极的精神格调和生命力量，生动活泼的音乐、绘画、雕塑、杂技兼收并蓄，汉代文学当然也不例外。楚汉浪漫主义成为先秦理性主义之后的又一个艺术传统。与政治上和思想上的大一统相适应，汉代文学追求巨丽之美，以夸扬铺张为风尚，而后逐渐形成格式化、凝重板滞的风格，汉赋便是这种审美风尚最突出的代表。诗歌方面，在《诗经》四言诗形式僵化、《楚辞》转化为赋的背景下，源自民间的乐府却呈现出新的姿态与活力，由此酝酿出中国诗歌的新节奏、新形式——五七言体。

赋是汉代文学最具代表性的文体，也是时代精神的体现。它介于诗歌和散文之间，是一种新兴的综合型文体，容量宏大，着意夸扬，力图展现汉代繁荣富强、充满活力自信、关注现实的图景，因此呈现出心胸开阔、气派雄沉的美学风格。枚乘的《七发》标志着汉赋的正式形成，司马相如的作品则是汉赋的最高成就，东汉张衡的《归田赋》开创了抒情小赋的先河。

散文方面，贾谊的《过秦论》是汉代政论散文的名篇；《史记》代表了古代历史散文的最高成就，司马迁旨在“究天人之际，通古今之变，成一家之言”，宏大壮阔的历史画面、意蕴深邃的叙事思路、沉郁的悲剧基调，以及复杂人格的多维描述，共同形成了《史记》雄深雅健的独特风格。《史记》也开辟了传记文学的新纪元，对后世传记文学、散文以及小说、戏剧都有极深远的影响。

诗歌方面，两汉乐府诗作为一种新的诗体，表现出旺盛的生命力，写出了那个时代的爱恨苦乐，以及对待生死的态度。东汉时，文人五言诗大量出现，《古诗十九首》以其对生命及其价值的重新发现、思索和形式上的趋于整饬，代表了其中的最高成就。这些衍变，也预示着一个文学自觉的时代即将到来。

(二) 中古时期

中古时期的第一个阶段从三国两晋到唐中叶，这是中国文学走向自觉并蔚为大观的时期。这个时期，诗占据着文坛的主导地位，五七言古体诗和五七言近体诗达到鼎盛；对文采的重视，使文诗化为骈文，赋演变为骈赋。“建安风骨”与“盛唐气象”被推举为古典诗歌的典范，受到后代的推崇和追慕。这一时期文学创作趋于个性化，作家独特的风格得以充分展现；玄学和佛学渗入文学，使文学呈现多姿多彩的新面貌，也促进了文学观念的多样化。

魏晋是中国历史的重大转折期，人的觉醒成为文艺的主题。这一时期战火连天、朝野动荡，文学中充满了对人生、生死的感慨，但却因人的觉醒而具有一定深度的积极感情(见图 2-1)。汉魏之际，以曹操、曹丕、曹植为中心的建安文学高扬政治理想、哀叹人生短暂，形成雄健深沉、慷慨悲凉的文学风格——“建安风骨”。魏晋之交，以嵇康和阮籍为代表的正始文学表达了对政治、人生的忧恐。西晋时，左思开创了借咏史以咏怀的道路，成为后世诗人效法的范式。东晋时，陶渊明沿袭魏晋诗歌的古朴作风，开创了田园诗，将“自然”提升为一种美的至境，创造了平和恬淡的艺术境界，成为魏晋南北朝时期成就最高的诗人。南朝时，谢灵运开创山水诗，影响一代诗风，使诗歌创作更加追求艺术形式的完善和华美。这是文学自觉的时代，不仅在文学创作积累了丰富的经验，文学理论也有极大的发展，以刘勰的《文心雕龙》最具代表性。此外，散文与小说的发展与兴盛，也为唐代文学的全面繁荣奠定了基础。南朝的青砖模印《竹林七贤与荣启期》如图 2-2 所示。

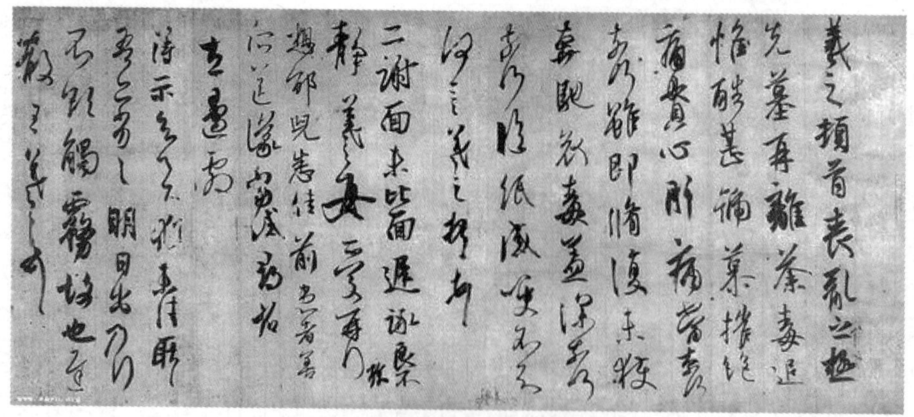

图2-1 《丧乱帖》(东晋 王羲之)

图2-2　竹林七贤与荣启期(南朝 青砖模印)

在魏晋南北朝文学的基础上，唐人以恢宏的胸怀气度与兼容并蓄的文化心态，合南北文学之长，创造了极为辉煌的唐代文学。诗是唐代文学的最高成就和标志。初唐诗歌沿袭齐梁余风，题材狭窄，格调纤弱。至初唐四杰时，诗风开始发生变化。稍后的陈子昂倡导复归风雅和魏晋风骨，对于唐诗的变革具有关键性的意义。开元年间迎来了盛唐之音：边塞诗人高适、岑参，把艰苦的边塞生活表现得壮丽无比、豪情慷慨；田园诗人王维、孟浩然，把山水田园的美描绘得优美、明朗、健康，让人神往；帝国的鼎盛、士人们对事功的向往使盛唐诗呈现出昂扬的情调、广阔的眼界和博大的气势，后人把这一时期笔力雄壮、气象浑厚的文学风格称为“盛唐气象”。李白是盛唐之音的最强音，他的诗以豪迈飘逸的风格、变幻莫测的想象以及清水芙蓉的美，在中国诗歌史上有不可更替的地位。正当唐诗发展到高峰，安史之乱成为唐代由盛转衰的分水岭，社会大变革引起了文学的变化：从盛唐到中唐，诗歌由浓重的理想色彩转为更多地呈现人间的艰辛和现实的思虑，杜甫则是衔接这一转变的伟大诗人。后人称杜甫是唐诗的集大成者，既指杜诗兼有各家之长，也指杜甫身上集中了忧国忧民等中国传统文化最重要的精神品质。他的诗歌将盛唐雄豪壮伟的气势纳入规范工整的形式中，为后人积累了极其丰富的经验，对后代诗人影响极大。

中古时期的第二阶段以“安史之乱”的爆发为起点，到南宋灭亡为止。韩愈、柳宗元引发古文运动，引起文学语言和文体的变革。诗歌在盛唐之后面临着盛极难继的局面，诗人们纷纷另辟蹊径。唐中叶以后曲子词迅速兴盛，到宋代蔚为大观。传奇的兴盛，标示着中国小说进入成熟的阶段。随着城市市民文化的发达，还出现了唐代“市人小说”和宋代“说话”。

安史之乱后，韩愈、柳宗元首倡古文、反对骈文，提倡文以载道，将改革文风与复兴儒学变为相辅相成的运动，引起文风、文体和文学语言的革新。北宋，欧阳修等人提倡继承韩愈的道统和文统，反对晚唐以来的不良文风，写了大量平易自然、有血有肉的散文，扫清了绮靡晦涩的文风，使散文走上了平易畅达、反映现实生活的道路，后世称此为“唐宋古文运动”，韩愈、柳宗元、欧阳修、曾巩、王安石、苏洵、苏轼、苏洵也被尊为“唐宋八大家”。

盛唐以后，诗人纷纷走向革新。以韩愈、孟郊、李贺为代表的韩孟诗派是中唐诗风大变的第一个诗人群体，其诗歌呈现出崇尚雄奇怪异的审美取向。刘禹锡的咏史怀古诗作，在中唐诗坛胜境独标。以白居易、元稹为代表的元白诗派重写实、尚通俗。中晚唐开始，诗歌开始注重日常生活及心境情绪的描写，李商隐的诗歌代表了这一倾向。至宋代，诗歌议论成分增加，重视反映社会现实、题材与风格通俗化的倾向继续发展，北宋小令和花间词应运而生，平淡之美成为宋代诗坛的整体性追求。黄庭坚作诗讲究法度、具有浓厚的文人色彩，在其影响下逐渐形成江西诗派；苏轼、杨万里、范成大、陆游等的诗作也各具特色，与江西诗派共同构成有别于唐音的宋调。

在唐诗发展繁荣的同时，中国诗歌出现了一种新的形式——词。词是诗与乐在隋唐时代以新的方式再度结合的产物，它始于梁，形成于唐，宋代达到极盛，代表着宋代文学的最高成就，与唐诗并峙成为中国古典文学的代称。人的心境情绪是晚唐以后艺术和美学的主题，与诗体相比，词长短不一的句型，适合更加具体地表现某一日常景色，从而更细致、纤巧地抒发某种情绪。晚唐五代，经由温庭筠、李煜、冯延巳等人的发展，词体确立了以小令为主、以柔情为题材、以柔美为追求的基本规范。北宋中期，柳永对词体进行全面革新，大力创作慢词，多婉约之作，将词引向世俗风情和自我抒情，对后代词人影响很大。与柳永同时的著名词人还有范仲淹、晏殊和欧阳修等。继柳永后，苏轼“以诗为词”，开拓词的题材与内容，开旷达与豪放之风，提高了词的文学地位，从根本上改变了词史的发展方向。北宋中后期的著名词人还有秦观、周邦彦等。南宋初期，李清照等南渡词人多写亡国之痛、乡关之思与身世之感，进一步扩大词体抒情言志的功能。南宋中期，辛弃疾大力开拓词境，独创“稼轩体”，确立了豪放一派，影响十分深远。他与陆游、陈亮等人将词的创作推向高峰，词获得与诗分庭抗礼的文学地位。同时期的姜夔被奉为雅词典范，自成一派。宋末，词坛发展不大，呈现多种词风的融合。

中古时期的第三个阶段从元代开始，延续到明代中叶。元代之后，叙事文学成为文学形式的主流。元代的文学以戏剧和散曲为代表，是我国文学史上一座重要的里程碑。元代社会的激烈变动，使得文坛的审美情趣发生巨大变化，元曲总体呈现出自然酣畅之美。明代流行的传奇是对元曲的继承与发展。

元代戏剧包括杂剧和南戏，其剧本创作的成就代表了当时文学的最高水平。我国戏剧的发展经历了漫长的时期：从先秦歌舞、汉魏百戏、隋唐戏弄，再发展至宋代院本，表演要素日臻完善。元初，在唐代变文、说唱诸宫调等体裁的启发下，结合多种艺术形式，逐渐发展为戏剧。由于宋金的南北对峙，戏剧分化为杂剧和南戏两大类型。由于元代儒生社会地位降低，纷纷进行通俗文学的创作，因此出现了关汉卿、王实甫、白朴、马致远等一批杰出的剧作家。马致远的《西厢记》代表了杂剧的最高水平，高明的《琵琶记》是元曲的殿军，又是明清传奇的开山之祖。元末明初出现了《三国演义》《水浒传》这两部长篇白话小说，预示着长篇小说时代即将到来。

(三) 近古时期

明代中期以后，与农业文明开始走向工业文明的历史潮流相适应，文学向世俗化、个性化、趣味化流动，与诗文等传统文体相比，通俗文体显得生机勃勃，其中小说最富有生命力。以戏曲、小说为代表的明清文学描绘的是广阔社会的世俗人情，但与汉代文学笔下充满自信的外部世界截然不同，充满了末世的感伤主义情调。

从明嘉靖初到鸦片战争是近古时期的第一个阶段。明中后期，叙事文学全面成熟，继《三国演义》《水浒传》之后，《西游记》等陆续问世，兴起了章回体通俗小说的热潮。汤显祖创作了以《牡丹亭》为代表的“临川四梦”，成为元杂剧之后的又一高峰。清代是古代文学的终结期，各类传统文体均有一定成就，但最突出的还是在小说领域，产生了《红楼梦》《聊斋志异》《儒林外史》《三侠五义》等小说史上的杰出作品。《红楼梦》以高超的艺术成就及深邃的思想意蕴成为我国小说的巅峰之作，在中国文学史上有崇高的地位和深远的影响。

近古时期的第二个阶段是从鸦片战争开始的。鸦片战争带来前古未有之变局，西方文化急剧涌入中国这片古老的土地，许多有识之士在探寻富国强兵道路的同时，也获得了新的文学灵感和创作理念，龚自珍、黄遵宪、梁启超便是其中的代表。救亡图存的认识和追求新变的理念成为这个阶段文学的思想基调。

(四) 现当代

1917 年的文学革命标志着古典文学的结束和现代文学的开始。中国现代文学的发展，是在中国社会内部发生历史性巨变的情况下，吸收外来文学使之民族化、继承民族传统使之现代化的过程。中国现代文学建立了话剧、新诗、现代小说、杂文、散文诗、报告文学等新的文学体裁。各个领域的早期开拓者，无论是小说领域的鲁迅、叶圣陶，诗歌领域的郭沫若、闻一多，还是散文领域的朱自清、冰心，以及戏剧领域的田汉、洪深，其创作都显示出现代化与民族化兼而有之的特征。而后沈从文、曹禺、老舍、萧红、张爱玲等人所创作的具有鲜明的民族风格与艺术个性的作品，标志着现代文学艺术的日趋成熟。

1949 年新中国成立以后，文学进入新的发展阶段。小说领域，莫言、王安忆、韩少功、张承志等作家以各自的视角表现了社会的不同层面；散文领域，张中行、史铁生、贾平凹、余秋雨等作家对人生与生命、社会与历史进行不同角度的思考和书写；诗歌领域，臧克家、余光中、北岛、顾城等诗人的诗篇各具特色；通俗文学领域，金庸的作品代表了武侠小说的最高水平，刘慈欣创作出中国科幻文学的里程碑之作，以小说为代表的网络文学的异军突起成为 21 世纪中国文学的一个突出现象。

二、外国文学发展概况

(一) 古代欧洲文学

古代欧洲文学是指从公元前 9 世纪左右起，到公元 5 世纪西罗马帝国灭亡时止的欧洲文学，包括古代希腊文学和古代罗马文学。这一时期的文学表达了古代希腊和罗马人对自然、人生及社会现象的原始认识，展现古代希腊人和古代罗马人战胜强敌、克服困难、向往自由、肯定世俗人生的生命活力，体现了人类“童年时代”朝气蓬勃、积极乐观的时代精神。

希腊文学是这一时期文学的主体。荷马时期主要的文学成就是希腊神话和荷马史诗。希腊神话作为欧洲艺术的源头，对古代希腊的各种艺术样式、罗马文学及文艺复兴时期以后的欧美文学，都产生了难以估量的影响。荷马史诗包括《伊利亚特》和《奥德修纪》两部史诗，是欧洲英雄史诗的典范作品，代表着古希腊文学的最高成就。城邦时期的《伊索寓言》富含哲理、短小精悍，开欧洲寓言的先河。戏剧是古希腊文学的重要组成部分，古典时期的三大悲剧家及其著作有埃斯库罗斯的《被缚的普罗米修斯》、索福克勒斯的《俄狄浦斯王》、欧里庇得斯的《美狄亚》，形成了具有原型意义的艺术典型。维吉尔的《埃涅阿斯纪》是欧洲最早、最伟大的文人史诗，被后世许多著名诗人奉为范本。

古代欧洲文学为后世许多重要文学体裁和艺术手法开了先河：创造出神话、史诗、抒情诗、哲理诗、寓言、悲剧、喜剧等文学样式，并交替使用浪漫主义、现实主义两种基本的艺术方法，为后代欧洲同类文学提供了最初的范例。柏拉图的“灵感说”、亚里士多德的“模仿说”等文艺观念，为后来的文学流派提供了理论基础，深刻影响了欧美各国文学。

(二) 中世纪文学

中世纪文学指从公元 5 世纪左右罗马帝国衰亡到 15 世纪文艺复兴约一千年里的欧洲文学，主要包括宗教文学、英雄史诗、骑士文学和城市文学等，以神的存在来解释宇宙、世界和人，是这一千年中社会变迁及文学作品最重要的思想基础。

宗教文学是中世纪占统治地位的文学，其内容是普及教义、歌颂上帝，数量庞大且种类繁多，但大多成就不高。意大利著名诗人但丁的《神曲》(见图 2-3)是一部宣扬通过信仰获得拯救的幻游文学，但百科全书式的描写、杰出的艺术成就，以及焕发的精神光芒，使它成为中世纪的伟大史诗。英雄史诗在这一时期极度繁荣，法国的《罗兰之歌》是其中最重要的作品之一。骑士文学是欧洲中世纪骑士制度的产物，也是中世纪欧洲特有的文学现象。城市文学主要描写市民的日常生活，表现市民的机智聪明，有强烈的现实性和乐观精神，如《列那狐的故事》。乔叟的《坎特伯雷故事集》是英国中世纪成就最高的市民文学，也是英语文学传统的奠基作之一，对后世西方文学产生了巨大的影响。

图2-3 《神曲·地狱篇》插图(意大利 波提切利)

(三) 文艺复兴时期文学

14 世纪至 17 世纪初，欧洲进入文艺复兴时期。这一时期文学的主流是人文主义文学，以复兴古希腊文学为口号，其核心是以人为中心，肯定人的价值和尊严，表现出蓬勃的革命朝气、满怀信心的乐观精神和巨大的创造性。

意大利是文艺复兴的发源地，意大利“诗歌之父”彼特拉克歌颂个人爱情的抒情诗《歌集》是开风气之作；薄伽丘的短篇小说集《十日谈》为欧洲近代短篇小说开了先河，对欧洲现实主义文学的发展产生巨大影响。法国拉伯雷的小说《巨人传》以夸张的艺术手法塑造了人文主义巨人的形象。西班牙的戏剧和小说成就突出，塞万提斯的代表作《堂吉诃德》标志着欧洲长篇小说进入新的阶段。英国文学的发展后来居上，多种文学样式全面繁荣，莎士比亚成为人文主义文学的集大成者，是人类戏剧史上里程碑式的人物，代表作有《罗密欧与朱丽叶》《哈姆雷特》《李尔王》《麦克白》《奥赛罗》《威尼斯商人》等，其作品代表了人文主义文学的最高成就。

(四) 17世纪文学

17 世纪，英国、法国爆发资产阶级革命，新旧交替的时代特点反映在文学上，体现为人文主义文学向启蒙主义文学的过渡。英国清教文学、法国古典主义文学和巴洛克文学代表了 17 世纪欧洲文学的主要成就。

弥尔顿是 17 世纪英国最杰出的诗人，其长诗《失乐园》与荷马的《荷马史诗》、但丁的《神曲》并称为西方三大诗歌。古典主义以笛卡儿的唯理主义为哲学基础，艺术上提倡模仿古代，创作规范十分严格。法国拉辛的作品是古典主义悲剧的典范，而莫里哀则把古典主义文学的发展推向高峰，他的喜剧运用了古典主义的美学理论，却又不受其束缚，被称为“严肃喜剧”，其代表作有《伪君子》《悭吝人》等。

(五) 18世纪文学

18 世纪正值社会转型时期，启蒙思想和启蒙文学应运而生。启蒙主义文学注重启蒙教诲功能，希望通过启蒙来照亮黑暗、开启民智，具有鲜明的意识形态色彩。哲理小说、正剧、哥特小说、感伤小说、现实主义小说等是 18 世纪的文学创作。

英国启蒙主义文学的主要成就是现实主义长篇小说。笛福是英国现实主义小说奠基人，代表作《鲁滨逊漂流记》开启了英国文学的写实传统；斯威夫特的长篇游记体讽刺小说《格列佛游记》开创了英国文学中的讽刺传统；菲尔丁的《汤姆•琼斯》代表 18 世纪英国现实主义小说的最高成就。法国启蒙文学开创了以哲理小说和正剧为代表的新型文学类型，孟德斯鸠的代表作《波斯人信札》开法国哲理小说的先河，伏尔泰的《老实人》、狄德罗的《拉摩的侄儿》、卢梭的《爱弥尔》等皆是哲理小说的代表作。德国方面，早期以民族文学为代表，莱辛“完成了德国文学的转变”，是德国民族文学的奠基人；中期的“狂飙突进”运动中，席勒创作了著名剧作《阴谋与爱情》，青年歌德的书信体小说《少年维特之烦恼》因写出当时知识青年的普遍心声而成为一部现象级著作；后期，以歌德和席勒为代表的作家对前期思想和创作进行反思，创立了德国古典文学。歌德是德国民族文学和古典文学最杰出的代表，他的诗剧《浮士德》(见图 2-4)取材于民间传说，以浮士德的思想发展为线索描写他探索人生要义的一生，表达了自强不息的进取精神和对人类的坚定信念。诗剧反映了人始终处于与外界的冲突中，失败和灾难无法避免，但人的行动决定自己的本质，因而体现出一种现代意义，成为世界文学史上里程碑式的作品。

图2-4 《浮士德》插图(德国 柯内留斯)

(六) 19世纪浪漫主义文学

19 世纪初，工业革命的完成促进了人类精神的解放，也引发了对异化现象的反思。法国大革命以后，启蒙理想的破灭引起普遍的失望情绪。德国古典主义哲学的浪漫主义思潮以及空想社会主义的出现，共同推动了浪漫主义思潮的流行。在文学上，浪漫主义偏重表现主观理想和个人感情，崇尚自然，推重民间文学，提出“回到中世纪”的口号。

英国浪漫主义文学的成就主要在诗歌领域，诞生了华兹华斯、拜伦、雪莱、济慈等著名诗人。法国方面，雨果是欧洲浪漫主义文学的集大成者，其小说《巴黎圣母院》《九三年》《悲惨世界》是浪漫主义小说的经典之作，对世界文学产生了重大影响。俄国著名的现实主义作家如普希金、果戈理等早年都是浪漫派，匈牙利的代表则有诗人裴多菲。美国浪漫主义文学的发展具有特殊意义，呈现出民族文学的成长过程：爱默生和梭罗最先提出浪漫主义的主张，梭罗的《瓦尔登湖》是美国浪漫主义文学的奠基之作；惠特曼的《草叶集》呈现出民族意识的觉醒，被誉为美国现代文学的开山之作；梅尔维尔的代表作《白鲸》是美国文学史上最杰出的小说之一。

(七) 19世纪现实主义文学及其他文学流派

19 世纪 30 年代以后，欧洲各国陆续实现现代民族国家的建构。浪漫主义的风云激荡逐渐被一种冷静审慎的精神所取代，欧洲现实主义文学开始形成。在追求客观分析的哲学理论和自然科学的影响下，现实主义文学注重描写的客观性、细节的准确性，强调塑造典型环境中的典型形象，长篇小说成为最主要的表现形式之一。

司汤达是法国现实主义文学的奠基人，代表作是《红与黑》；福楼拜创作了名著《包法利夫人》；巴尔扎克的作品代表了这一阶段法国现实主义文学的最高成就，其代表作《人间喜剧》深刻而全面地反映了 19 世纪上半叶的法国社会，在世界文学史上享有崇高的地位；莫泊桑以短篇小说《羊脂球》《项链》等著称于世。在英国，狄更斯代表了现实主义文学最高成就，其主要作品有《匹克威克外传》《雾都孤儿》《大卫•科波菲尔》《双城记》和《远大前程》等；哈代是 19 世纪后期现实主义的杰出代表，著有小说《德伯家的苔丝》。在俄国，现实主义文学取得极为辉煌的成就，诞生了果戈里、屠格涅夫、陀思妥耶夫斯基、托尔斯泰和契诃夫等名家及一系列名作。托尔斯泰的《战争与和平》是一部百科全书式的壮阔史诗，而《复活》则是托尔斯泰一生探索经历和思想的总结，成为现实主义文学的杰出代表作。德国海涅的诗歌、丹麦安徒生的童话及挪威易卜生的戏剧，都是这一时期杰出的文学成就。

19 世纪后期，欧洲现实主义文学继续深化发展，这一时期在法国兴起了自然主义、唯美主义、象征主义等文艺思潮。自然主义文学的基本出发点是追求不带任何粉饰的真实，左拉是自然主义的首创者，这一思潮后来传至欧美各国，产生了重要影响。唯美主义文学提倡“为艺术而艺术”，英国作家王尔德从理论上和创作上发展了唯美主义，使其成为一个重要流派。象征主义文学的艺术特征是通过某种物象，表征另一种物象或某种思想观念，从而挖掘人的精神世界；波德莱尔是象征派的先驱，梅特林克是象征派的重要作家。自然主义、唯美主义、象征主义等流派对于 19 世纪和 20 世纪的文学起着承上启下的作用。

(八) 20世纪文学

20 世纪上半期，西方社会在剧烈动荡和巨大变化中发展，社会生活呈现深刻的矛盾性，人们的精神世界遭遇转型期的困境。科学技术、人文思想的发展，社会思潮的演化，传统价值观的衰落和新思想、新理念的出现，凡此各种都改变了 20 世纪人类生活的面貌。这一时期的文学主要包括现实主义文学、社会主义现实主义文学、现代主义文学。

现实主义文学在新的时代仍然保持旺盛的生命力。英国作家萧伯纳开创了英国现代主义戏剧的新时代，代表作有《巴巴拉少校》。法国作家罗曼•罗兰的《名人传》旨在以英雄的伟大精神来改造当时欧洲的利己主义，鼓舞和勉励读者，代表作《约翰•克利斯朵夫》和《母与子》展现了当时社会历史的广阔画面，将错综复杂的社会关系内化成主人公对精神日臻完善的动力。美国作家海明威的《太阳照常升起》《永别了，武器》深刻揭示了第一次世界大战给青年一代造成的创伤和迷茫。奥地利作家茨威格是杰出的心理现实主义大师，以人物传记和中短篇小说著称于世。苏联帕斯捷尔纳克的《日瓦戈医生》以全新的角度表现了俄国两次革命和两次战争期间宏大历史的另一侧面。十月革命胜利后，苏联为社会主义现实主义文学的发展创造了条件。高尔基的《母亲》是社会主义现实主义文学的奠基之作，自传体三部曲展现了 19 世纪末俄国社会政治生活的历史画卷；苏联作家肖洛霍夫是社会主义现实主义文学的奠基人之一，代表作有《静静的顿河》。欧美现代主义文学是指思想上反传统、艺术上追求创新的 20 世纪西方诸文学流派的总称。美国艾略特的《荒原》是象征主义的名作；卡夫卡的《变形记》《城堡》是表现主义的杰作；普鲁斯特的《追忆似水年华》、福克纳的《喧哗与骚动》是意识流的经典文本。

20 世纪后半叶，西方社会进入相对稳定和繁荣的时期。对物质的追求和批判成为西方文学关注的问题，而意识形态的弱化使得人们有足够的空间关注和反思内部的问题，后现代等成为表现的焦点。

这一时期的现代主义文学，以存在主义文学和魔幻现实主义文学最为活跃，代表作家有萨特、马尔克斯等。后现代主义本质上是欧美对自身所处世界的一种描述，在文学上侧重表达世界的无意义性和人生的荒诞色彩，博尔赫斯是代表性作家。此外，俄罗斯的索尔仁尼琴是 20 世纪现实主义的杰出代表，捷克作家米兰•昆德拉的作品中饱含的哲理使他成为世界级文学家，《老人与海》是美国作家海明威晚年最杰出的代表作。

第二节　审美特征

文学是审美的意识形态，其本质是审美创造，文学的功能是传达人们的审美感受和体验，表现人们的审美理想。一部感人的文学作品往往从四个方面带动人们的审美情绪。

一、语言与修辞开创的艺术空间

文学是以语言文字为媒介的艺术。作家头脑中的审美意象，必须借助语言与修辞而清晰、定型并最终完成表达和传递。语言与修辞开创了文学的艺术空间，而形象美、音乐美是这一艺术空间的重要特征。

语言的形象美是文学突出的审美特征。在文学家的笔下，春天“万物生光辉”，秋日则“无边落木萧萧下”，即便是素以质朴著称的北朝民歌《敕勒歌》：“敕勒川，阴山下，天似穹庐，笼盖四野。天苍苍，野茫茫，风吹草低见牛羊。”也能在寥寥数笔间写出草原的辽阔苍茫和生机无限。文言简古而意繁，而白话文亦可有上佳的表现力：“虽然我一见便知道是闰土，但又不是我这记忆上的闰土了。他身材增加了一倍；先前的紫色的圆脸，已经变作灰黄，而且加上了很深的皱纹；眼睛也像他父亲一样，周围都肿得通红，这我知道，在海边种地的人，终日吹着海风，大抵是这样的。他头上是一顶破毡帽，身上只一件极薄的棉衣，浑身瑟缩着；手里提着一个纸包和一支长烟管，那手也不是我所记得的红活圆实的手，却又粗又笨而且开裂，像是松树皮了。”(鲁迅《少年闰土》)闰土贫困、艰难的生活借由外貌的点染来表达，让人读之心酸。抽象的文字经过巧妙的组合排列，形象地描绘出世界与人生的种种形态。

音乐美是构成文学语言美的另一要素。从源头而言，诗词天然蕴含音乐美。《蒹葭》一诗，四言句式节奏鲜明，偶句入韵朗朗上口，而双声叠词、重章叠句，又显得回环摇曳，节奏舒缓。这种一咏三叹、富音乐性的动态结构，不仅利于表现主人公的心灵历程，也契合了读者的审美心理，极具感染力。又如《荷塘月色》对叠字的广泛运用，如蓊蓊郁郁的树、曲曲折折的荷塘，深化了物态情貌的形象感，而且使文气舒展，给人音韵和谐的美感。文学家们通过句式、节奏、音节、押韵等方式，创造了文学语言或铿锵，或婉转的种种韵律美。

二、表情与共情建构的审美体验

文学作品是作家用个体化的语言艺术表现独特的心灵世界的作品，是一种“由一个心灵出发，去感动无数的心灵，去启发无数心灵的创作”(朱光潜《文学与人生》)。作家在创作时将所思所感寄托于具体的物象上，进而创造出一个艺术天地，而读者则在这个艺术天地里进行二次创作，在力图还原作者所见所感的同时，也渗入了自己的情感色彩。可以说，作家创作时的表情(表情达意)与读者阅读时的共情(感同身受)共同建构了文学的审美体验。

创作于东汉末的《古诗十九首》是中国古代抒情诗的典范，表达的情感多是人生共有的体验和感受，其中第一首抒写的是相思别离之苦：“行行重行行，与君生别离。相去万余里，各在天一涯。道路阻且长，会面安可知。胡马依北风，越鸟巢南枝。相去日已远，衣带日已缓。浮云蔽白日，游子不顾反。思君令人老，岁月忽已晚。弃捐勿复道，努力加餐饭。”诗的前大半描写相思之情，而后猛然发现“思君令人老，岁月忽已晚”消瘦、衰老的现实，如果不想放弃重逢的希望，那么唯一的指望就是暂时放下苦思，振作起来保重身体。然而对于饱经相思之苦的人来说，何尝容易！“努力加餐饭”看似平常，实则充满了在绝望中强自挣扎支撑的苦心。对于任何有过类似经历的人，这首诗所表达的情意都有永恒的真实性，能够引起广泛的共鸣。

这种审美体验，还体现在作家借由作品传递的精神力量与读者阅读后所受的心灵启发上。学者傅雷受少年经历与浪漫主义文学的影响，情绪曾异常痛苦：“神经亦复衰弱，不知如何遣此人生。”他先后游学到瑞士、比利时、意大利等国，但“均未能平复狂躁之情绪”。一个偶然的机会，傅雷读到了罗曼•罗兰的《贝多芬传》，“读罢不禁号啕大哭，如受神光烛照，顿获新生之力，自此奇迹般突然振作”。古往今来，这样因文学作品的精神力量而重获新生的例子举不胜举。

三、想象与联想创造的多维世界

文学的表现形式虽然不及其他艺术直观，但又可以说是最丰富、最具有想象力的，它能引发无限的遐想。文学能描绘出一幅美妙画面，表现出无限的空间，让人去构建自己的美学世界，这个美学世界不是单一、静止的，而是“连续的动作”(莱辛《拉奥孔》)，读者看得到画面，听得到声音，所以刘勰早就总结说，优秀的文学作品具有形象、听觉、味觉、嗅觉等多种维度的美：“视之则锦绘，听之则丝簧，味之则甘腴，佩之则芬芳。”(刘勰《文心雕龙•总术》)

“明月松间照，清泉石上流。竹喧归浣女，莲动下渔舟。”(王维《山居秋暝》)读者仿佛可以看到月光透过薄雾打在松林间，泉水从山间悄然流下，可以听到少女的欢笑，船桨划过河水，这是一个流动的空间。这种动态空间在文学中极为常见：“两岸的豆麦和河底的水草所发散出来的清香，夹杂在水气中扑面的吹来；月色便朦胧在这水气里。淡黑的起伏的连山，仿佛是踊跃的铁的兽脊似的，都远远的向船尾跑去了，但我却还以为船慢。他们换了四回手，渐望见依稀的赵庄，而且似乎听到歌吹了，还有几点火，料想便是戏台，但或者也许是渔火。”(鲁迅《社戏》)读者仿佛坐着小船，笼在水气草香里，不断穿越夜色下的河流与群山。这中间有味，有光，有色，有音，有时间，是文字和想象共同营造的三维世界。

想象所创造的多维世界更体现在小说作品之中。在《红楼梦》里，有着“宇宙级的时间尺度和空间尺度”，故事肇始于“几世几劫”以前的“大荒山无稽崖青埂峰下”，这是一个亿万年前的神话世界。整个叙事里存在着无数交叉演替的时空：空间维度上，有象征神话原型的太虚幻境，以及分别象征“幻象”的贾家与象征“现实”的甄家；时间维度上，有“几世几劫”以前的“女娲剩一石”与“木石前盟”，有极盛时的贾府与衰落后的贾府。《离骚》及中国的游仙诗里，有着人间与天界；但丁的《神曲》里，幻游了“地狱”“炼狱”及“天堂”三重境界。儿童文学中，想象是进入“仙境”“异世界”的通道；科幻小说中，想象是穿梭“四次元”“平等宇宙”的隧道。

文学的多维性更进一步地体现在文本的解读上。“一千个读者，有一千个哈姆雷特。”不同的思维方式、不同的人生阅历，决定了阅读体验的多维性。《老人与海》是一部无比简洁的作品，海明威用近乎白描的自然主义手法讲述了一个极为简单的故事，没有精雕细琢，也没有微妙深奥，但读者却可因着自己的联想进行不同的阐释，获得多角度、多层次的启发。在文学作品里，思想可以自由地打造无限复杂的美学世界，这就是文学的强大魅力，是其他艺术形式难以达到的效果。

四、人物与情节演绎的生命剧场

文学作品，尤其是戏剧小说，作为一种审美的艺术形式，在对社会进行审美观照时，需要以人物为主体，因此作家要创造出个性和共性相结合的艺术形象。另外，文学作品作为审美客体，是作家为人类生命体验、思索和追求创造出的一个形式。在小说中，作家通过典型人物在故事情节中的生命轨迹和情感体验，来表达和传递个人的生命体验。

在歌德歌剧《浮士德》中，主人公浮士德这位深居学术象牙塔中的老人，在面对即将朽坏的身躯时，非常懊丧，觉得人生仿佛还没有开始就要结束了。烦恼之余，魔鬼适时出现，引逗他出卖灵魂，以换取一个新的人生，重新体验所有过去为了知性而放弃的种种。由此，浮士德经历了书斋生活、爱情生活、政治生活、追求古典美和建功立业五个阶段。浮士德的生命体验，历经追求爱情、追求美，最后走向社会实践的道路。在这些体验中，浮士德所面对的难题——自然欲求和道德灵境、个人幸福与社会责任，其实是人类共同的难题，是个体在追寻人生的价值和意义时无法逃避的两难选择。在与墨菲斯托这一个“恶的化身”结为主仆相伴而行后，浮士德随时可能堕落为魔鬼的奴隶。幸而，浮士德具有不断追求、自强不息、勇于实践和自我否定的主要性格特征，这些最终使他免遭沉沦，并在最后实现了人生的价值和理想。作为一个象征性的艺术形象，浮士德被作为全人类命运的一个化身，即资产阶级上升时期先进知识分子的典型形象而加以塑造，而他所经历的这五个阶段则高度浓缩了从文艺复兴到 19 世纪初期欧洲资产阶级探索和奋斗的精神历程。

在文学作品创造的生命剧场中，典型人物在一系列的情节中经历了人生的种种体验，完成了他的人生选择和生命轨迹，而读者也在阅读中随着主人公的命运体验了一次次生命历程，突破了个体生命的局限性，丰富了对人生、社会、情感的体验和理解。这便是文学作品特殊的审美特征和美学魅力。

第三节　名作赏析

1.《诗经·蒹葭》

蒹葭苍苍，白露为霜。所谓伊人，在水一方。溯洄从之，道阻且长。溯游从之，宛在水中央。蒹葭萋萋，白露未晞。所谓伊人，在水之湄。溯洄从之，道阻且跻。溯游从之，宛在水中坻。蒹葭采采，白露未已。所谓伊人，在水之涘。溯洄从之，道阻且右。溯游从之，宛在水中沚。

本篇出自《诗经·秦风》，全诗共三章，以重章叠唱的形式和事实虚化的手法，创造了一个朦胧婉转、空灵多蕴的诗境。

诗中的“伊人”没有具体所指，使得此诗的解读历来多有争议，但诗意的虚泛却拓展了其艺术空间：以典型的秋季意象——苍茫的蒹葭、凉夜的白露，将读者引入一个朦胧且充满惆怅情调的时空，在这里，有可望难即(“在水一方”)的“理想”，有追求受阻(“溯洄从之，道阻且长”)的“困境”，有似得未得(“溯游从之，宛在水中央”)的“幻境”。在这个超越时空的心象中，读者体验到的，或许是因爱情经历唤醒的辗转反侧的情愫，或许是因执着理想而生的追求不懈的感叹。可以说，凡世间因受阻而难以达到的种种追求，都可因此诗的诗境引发共情。

中国诗歌讲究含蓄蕴藉，崇尚留白之美。此诗深得此中真意，具有广阔的审美想象空间，无愧于“最得风人深致”之誉。

2. 《离骚》(屈原)

《离骚》是楚辞文学的代表，以诗人自述身世遭遇、心志理想为中心，前半篇反复倾诉诗人对国家命运的关心，表达要求革新的愿望和坚持理想、绝不妥协的意志；后半篇通过神游天界、追求实现理想和失败后欲以身殉的陈述，反映诗人心灵的痛苦和纠结。诗人难以压抑的忧愤与激情，使得全诗如大河之奔流，浩浩荡荡，不见端绪。

诗中描写了人间和天上两个世界，展现了一个广阔、雄伟、瑰丽的背景，并借助诗人从人间到天界往返的情节，形成了这首长诗结构上的大开大合，其意境之悲壮阔美，是前无古人的。全诗以四句为一节，以“兮”字连接，若连若断，回环往复，极具韵律美。而香草美人象征手法的大量运用，不仅使诗歌长于韵味，也增加了全诗的视觉美。

《离骚》开创了中国文学史上的“骚体”诗歌形式，而诗中殉身无悔的执着和坚韧，也激励和影响了后世无数诗人。正如鲁迅先生在《汉文学史纲要》所述：“逸响伟辞，卓绝一世。后人惊其文采，相率仿效，以原楚产，故称‘楚辞’。较之于《诗》，则其言甚长，其思甚幻，其文甚丽，其旨甚明，凭心而言，不遵矩度。故后儒之服膺诗教者，或訾而绌之，然其影响于后来之文章，乃甚或在三百篇以上。”

3. 《逍遥游》(庄子)

《逍遥游》为先秦诸子散文名篇，庄子在文中提出一个超脱万物、无所依赖、绝对自由的精神境界，全文文思新奇，笔意恣肆，充满楚文化的浪漫主义色彩。

全文构思精巧，安排了设喻、阐理、表述三部分。在设喻中，将鹏与鷃两个形体悬殊的飞鸟进行对比，点明都它们都要靠风力才能飞翔于空中；顺势转入第二部分阐理上，从有己与无己对照入手，有己的高官贵人其实像鷃雀一般渺小可怜；第三部分为表述，通过尧、大瓠和大树的例子，强调要解除外在的各种界定，豁达忘我、无有所求才能达到无己、无功、无名的自由境界。

《逍遥游》自诞生以来，产生了极其广泛、深远的影响。从思想的角度，强调从宇宙的高度来把握人的存在，使人的精神从现实中升华，从自我中心的狭隘心境中超脱，为人们开辟了一条通往自由的人生之路，深刻影响了千百年来中国士大夫的思维方式和处世态度。从文学艺术的角度，“揽宇宙于一纸、包万物于一文”的《逍遥游》深刻影响了陶渊明、李白、苏轼、曹雪芹等一大批作家及其作品，同时也成为中国古代文艺批评理论的思想基石之一。

4. 《读山海经(其一)》(陶渊明)

孟夏草木长，绕屋树扶疏。众鸟欣有托，吾亦爱吾庐。既耕亦已种，时还读我书。穷巷隔深辙，颇回故人车。欢然酌春酒，摘我园中蔬。微雨从东来，好风与之俱。泛览周王传，流观山海图。俯仰终宇宙，不乐复何如！

在中国诗歌史上，陶诗曾被认为是“词语表现得最为简净，而含蕴却最为丰美”的一个极特殊的存在，而《读山海经(其一)》可谓这种风格的最佳注脚。此诗自然任真，舒缓有度，浅貌深衷，历来广受称誉。

全诗共十六句，一韵到底。开篇写孟夏草木长成，树荫笼绕村居，一派繁茂幽静，正是诗人与鸟群的乐土，“众鸟欣有托，吾亦爱吾庐”二句，平平道出，却饱含深情妙理。此时耕种既毕，收获尚早，炎夏昼长，正赖读书。刚待开卷，却闻得门前人语，原来虽处陋巷，故友知己亦时来相顾，不禁欣然而以春酒、园蔬待客。一时，微雨好风忽从东而至，吹散暑气，天地更是一片清明新鲜。于是，那放下的书又被诗人拿起——并非圣贤经传，而是适合闲读的游记、小说一类——《山海图》《周王传》，这种阅读无有功利，无有艰苦，而正是因这纯粹，让人无比闲适快然！陶诗之美，往往源自这种“无意”与“纯粹”，“采菊东篱下，悠然见南山”如此，此处亦是如此。这是诗人的人生态度，亦是美感诞生的基点。

“俯仰终宇宙，不乐复何如！”二句，是神来之笔。“生年不满百，常怀千岁忧”，慨叹人生短促是自东汉以来诗歌中常见的主题，这点在陶诗中也多有所见，但在此篇，诗人这种思索得到了和解。“俯仰终宇宙”妙在写出了“读山海经”的感觉，由于专注凝情，诗人仿佛进入书中世界，遨游大千，神交古今，生命在其中得到了极充沛的力量。这就是阅读之美，这就是陶诗之美。通读之下，真如前人所评：“此篇是渊明偶有所得，自然流出，所谓不见斧凿痕也。大约诗之妙以自然为造极。陶诗率近自然，而此首更令人不可思议，神妙极矣。”(温汝能《陶集汇评》)

5. 《春江花月夜》(张若虚)

春江潮水连海平，海上明月共潮生。滟滟随波千万里，何处春江无月明！江流宛转绕芳甸，月照花林皆似霰；空里流霜不觉飞，汀上白沙看不见。江天一色无纤尘，皎皎空中孤月轮。江畔何人初见月？江月何年初照人？人生代代无穷已，江月年年望相似。不知江月待何人，但见长江送流水。白云一片去悠悠，青枫浦上不胜愁。谁家今夜扁舟子？何处相思明月楼？可怜楼上月徘徊，应照离人妆镜台。玉户帘中卷不去，捣衣砧上拂还来。此时相望不相闻，愿逐月华流照君。鸿雁长飞光不度，鱼龙潜跃水成文。昨夜闲潭梦落花，可怜春半不还家。江水流春去欲尽，江潭落月复西斜。斜月沉沉藏海雾，碣石潇湘无限路。不知乘月几人归，落月摇情满江树。

《春江花月夜》沿用陈隋乐府旧题，却一洗六朝宫体的浓脂腻粉，意境空灵澄静，语言自然隽永，韵律宛转悠扬，极具审美意蕴。

品读此诗，犹如展开一幅幽美邈远、如梦似幻的春江月夜长卷。开篇四句以广角摄入全景，意象旷远，继而由远及近，将视角转向江畔的花林——月色与水气，交映成了一幅光波流动、惝恍迷离的影像。惝恍中，诗人的目光不自觉地移至上空，江天一色，偌大的天地间竟只嵌着一轮孤月，从这宁静寥廓之中，不禁升起强烈的个体生命意识，联想在极长久的时空里，人与江与月，只是不断上映着似永恒又变幻的情景："江畔何人初见月？江月何年初照人？人生代代无穷已，江月年年望相似。不知江月待何人，但见长江送流水。"诗人笔端一转，借着自带流动感的"白云"，由时空上的孤独感转至人生的离别，此情是如此绵长细腻，"此时相望不相闻，愿逐月华流照君"。然而诗人的愁绪没有愈演愈烈，而是在最后化为对远游者的共情："不知乘月几人归，落月摇情满江树"，留下一个光影交错、清幽邈远的镜头。

此诗写于初唐，诗中虽抒写离愁别绪，却不激烈、不愁苦，如同这个时代，带着青春的气息。它不是主题宏大的战争苦难、国仇家恨，亦非后世诗词中常见的人生抱负、个人遭遇，它似乎只是寻常的游子之思，却因其由自然之大美而陡然生起的宇宙意识，以及超越个体情感的人类同理心而具有超越时空的意蕴。是的，它不滞于物，不粘乎情，因而便如闻一多先生在《宫体诗的自赎》里所评，"这里一番神秘而又亲切的，如梦境的晤谈，有的是强烈的宇宙意识，被宇宙意识升华过的纯洁的爱情，又由爱情辐射出来的同情心，这是诗中的诗，顶峰上的顶峰。……向前替宫体诗赎清了百年的罪，因此，向后也就和另一个顶峰陈子昂分工合作，清除了盛唐的路——张若虚的功绩是无从估计的。"

6. 《登高》(杜甫)

风急天高猿啸哀，渚清沙白鸟飞回。无边落木萧萧下，不尽长江滚滚来。万里悲秋常作客，百年多病独登台。艰难苦恨繁霜鬓，潦倒新停浊酒杯。

《登高》是诗人于大历二年(767 年)在夔州(今重庆市)所作的一首七律。其时，安史之乱虽已结束，但唐朝国势依旧颓靡，时势动乱，诗人四处漂泊，最后来到夔州。这年秋天，他独自登上白帝城外的高台，极目远眺，百感交集。

首联以夔州特殊的环境——"风急""猿多"引入，秋日天高气爽，猎猎多风，诗人登上高处，峡中不断传来猿啸之声(重庆市奉节县秋景见图 2-5)。而江水洲渚，在水清沙白的背景上，点缀着迎风飞翔、不住回旋的鸟群。颔联承接上句低回之势，从空间的广度上展开：近处诸山，无边的木叶萧萧落下，远处天际，不尽的长江滚滚而来。"无边""不尽"，赋予了秋景无尽的时空感；"萧萧""滚滚"，使人如闻木叶窸窣之声，如见长江汹涌之状。在这广阔苍茫的时空中，个人是渺小的，无形中传达了韶光易逝、壮志难酬之感。此二联如同一幅极富层次的秋景图——这情景中有声音，有颜色；空间上有高远，有低近；声调上有高亢，有低回——共同创造了一个衰飒疏朗的意境。

前两联极力描景，直到颈联始抒情，从而使前面的意境有了落处。宋人罗大经《鹤林玉露》说："万里，地之远也；悲秋，时之惨凄也；作客，羁旅也；常作客，久旅也；百年，暮齿也；多病，衰疾也；台，高迥处也；独登台，无亲朋也。十四字之间含有八意，而对偶又极精确。"读来无限深沉悲凉。尾联低沉回落，写人生艰难，白发满头，自己却因病连借酒浇愁也不能了。前六句"飞扬震动"，到此处"软冷收之，而无限悲凉之意，溢于言外"(《诗薮》)。

图2-5　重庆市奉节县秋景

此诗用律精严，气象高浑博大，情感沉郁悲凉，诗气浑灏流转，创造了极为悲慨的艺术境界，后人评价极高，明代著名诗评家胡应麟推为古今七律第一。

7. 《红楼梦》(曹雪芹)

小说《红楼梦》以贾、史、王、薛四大家族的兴衰为背景，以贾府日常、闺阁闲情为脉络，描绘了一批才识卓越的闺阁女儿及其命运，是一部从各个角度展现中国古代社会世态百相以及人性美的史诗性著作。全书以“梦”始，以“梦”终，通篇蕴含出世思想，使小说渗透着人生如梦、世事无常的悲凉色彩。

《红楼梦》意蕴极其丰美多元。它的人物情节构成了一个历史的、生动的社会生活画面，极其真实、深刻地展现清前期的社会风貌和人情世态，这是其现实意蕴，“四大家族”由盛而衰的描述，以及贾宝玉为作者化身的设定，都属于这个层面。悲剧美是《红楼梦》特立于中国文学的一个重要原因，但这不仅体现在家族的兴衰或宝黛的爱情，更重要的是，曹雪芹在书中提出一种不见容于当时、必然要被毁灭的审美理想——追求有情，而整个故事就是“有情之天下”被吞噬的过程，从而因“美的毁灭”而呈现出悲剧性的审美意蕴。如果说前面两层意蕴具有时代性，那么《红楼梦》的文学永恒性更在于它富有诗意的哲学意蕴，书中处处浸透着作者刻骨铭心的人生体悟，以及对生命终极意义的思考。读《红楼梦》，会感受到其中对人的命运和有限生命的深层伤感，即便是极尽繁华之处，也充满了忧郁悲凉的情调，引导读者去体验整个人生的某种意味。

《红楼梦》有 120 回“程本”和 80 回“脂本”两大版本。“程本”版本中，前八十回与后四十回在思想旨意、宝黛性格、艺术风格上均存在巨大差异，一般认为前八十回代表了《红楼梦》的思想艺术成就，作者为曹雪芹，后四十回作者尚有争议。

8. 《沁园春·雪》(毛泽东)

北国风光，千里冰封，万里雪飘。望长城内外，惟余莽莽；大河上下，顿失滔滔。山舞银蛇，原驰蜡象，欲与天公试比高。须晴日，看红装素裹，分外妖娆。

江山如此多娇，引无数英雄竞折腰。惜秦皇汉武，略输文采；唐宗宋祖，稍逊风骚。一代天骄，成吉思汗，只识弯弓射大雕。俱往矣，数风流人物，还看今朝。

《沁园春·雪》是毛泽东最广为人知的词作。词的上片大笔挥洒，写北方雪景；下片纵横议论，评古今人物，浑融一体，气势磅礴，表现出伟大革命家非凡的精神世界。

“北国”三句，起笔不凡，气象宏伟。接着以“望”字领起下文城、河、山、原数语。大河，是中华民族的发祥地；长城，是中华民族雄伟创造力的象征，以此代入，使读者的民族历史感油然而生。大雪纷扬，长城内外浑然一色，辽阔无际。而平日的大河，“顿失滔滔”，可见雪势之骤、之猛。当时词人在陕北，这里地势颇具特色，无数山丘绵延起伏，与天相接(北国雪景见图 2-6)。因此，在大雪之日，仿佛“山舞银蛇，原驰蜡象，欲与天公试比高”。雪光闪烁，故谓“银蛇”；积雪凝重，故谓“蜡像”，使画面极具光感、质感。山，本无生命，由于词人心情激动，遂呈“驰”“舞”之势。这既是雪景的生动再现，也是心境的自然表露。而其中表现出对风景的那种“顿悟”，仿佛使人看到大自然中生命的光影。“须晴日”三句，设想天晴之后阳光普照，祖国河山如同佳人红装素纱，艳丽多娇。将山河比拟为绝色佳人，自然引入下片的“无数英雄竞折腰”，就此抒写热爱祖国之情，是继承了楚骚的传统。“惜”字领起的七句，以秦始皇等作为“无数英雄”的代表，可惜他们或“略输文采”，或“稍逊风骚”，不懂如何尽情表达对国土的热爱。“俱往矣”三句，将历史一笔带过，转向眼前新的时代，词人心中豪情万丈，不禁发出这一超越历史、傲视古今的宣言——这是何等的力量，何等的胸襟！“有第一等襟抱，第一等学识，斯有第一等真诗”(沈德潜)，在这首词中，词人体现了他不同寻常的时空观念和光明俊伟的精神世界，确不愧乎“千古绝唱”(柳亚子语)之评。

图2-6　北国雪景

9. 《天龙八部》(金庸)

小说《天龙八部》以宋哲宗时代为背景，通过宋、辽、大理、西夏、吐蕃等国之间的武林恩怨和民族矛盾，从哲学的高度对人生和社会进行审视与描写，展示了一幅波澜壮阔的时代画卷。小说书名源自佛经，象征着大千世界的芸芸众生，也暗藏着世间种种苦痛及终极的解脱之道。全书主旨为“无人不冤，有情皆孽”，结构宏伟，风格悲壮，堪称一部写尽人性、悲剧色彩浓厚的史诗式巨著。

作者怀着悲天悯人的创作心态，描绘了各色人物在命运操纵和欲望支配下的种种心态与情状，刻画了尘世众生的痛苦和悲哀。书中以段誉、乔峰、虚竹为代表的主要人物，似乎都有一种与生俱来的“悲剧命运”，他们一次次地奋进与抗争，却都不可避免地滑入命运的旋涡。作者将更深邃的目光投向广阔的历史时空，借助北宋末年这一特殊时期的民族文化冲突，将个人悲剧放置于时代大背景之中，使得个体命运在时代的动荡中显得更加无奈与悲凉，也对各民族之间永无休止的仇杀争斗流露出无比的痛心。尤为深刻的是，书中并不局限于“命运”给人造成的灾难与不幸，而是以尖锐的笔触直指人性，深刻地揭示“命运悲剧”的内在成因——“贪、嗔、痴”这三种被佛教称为“三毒”的人性因素，是书中众生痛苦不堪的“因”和“缘”，也是人生大悲剧的总根源。

学者孔庆东对此书评价极高：“这不是一部普通的武侠小说，而是一部中国的《战争与和平》，也是一部中国的《罪与罚》。”

10.《战争与和平》(俄 托尔斯泰)

《战争与和平》以1812年的俄国卫国战争为中心，以鲍尔康斯、别祖霍夫、罗斯托夫和库拉金四大贵族的经历为主线，以宏伟而不失细腻的手笔，描写了从沙皇到广大士兵、农民的社会各阶层的历史风貌，全景式地反映了俄国历时近20年的国家社会生活，深刻地表现了俄罗斯民族的特性，构成一部百科全书式的壮阔史诗。书中对人物心理乃至整个民族心理所做的洞察，体现了民心才能真正推动历史前进、决定历史命运这一历史规律，使作品具备了历史哲学的高度。

在俄国文学发展历史中，《战争与和平》是第一部具有全欧洲意义的小说，标志着俄国文学的崛起，正如俄国文学史家米尔斯基曾说：“这部作品同等程度地既属于俄国也属于欧洲，这在俄国文学中独一无二。”伟大的艺术作品常常具有超越国家、民族的意义，从这个意义上而言，该作不仅是一首宏伟的“俄国英雄史诗”，其实抒写的也是全人类的爱与恨、生与死、战与和。它是一部具有美学风范的人类史诗。

11.《海的女儿》(丹麦 安徒生)

《海的女儿》是一篇具有永恒美学意义的文学作品。安徒生用极具画面感和饱含深情的笔调，讲述了海公主小人鱼舍弃一切追求人类的爱，希望获得永恒灵魂的故事。虽然最终没能成为王子的新娘，但坚强、勇敢的小人鱼却并没有如巫婆所说一样化为泡沫消失，而是因其善良、崇高的心灵成为天空的女儿，获得了创造永恒灵魂的主动权。因而，与其说它是一篇爱情悲剧，毋宁说它是海的女儿坚毅追求崇高灵魂、升华生命层次的命运喜剧，在看似绝望的“结局”中带给读者向上的希望与生命力。在优美精致、如诗如画的童话外壳下，是一个源自爱与宗教、感动人心的精神内核：灵魂的秘密在于懂得爱，爱的真谛在于牺牲和付出。爱是人类最美好的感情，有了爱，才能拥有一个永生不灭的灵魂！

安徒生的童话虽然常常是感伤的，却是充满盼望的感伤——这种盼望赋予他的作品超乎时空的慰藉力量。

12. 《老人与海》(美 海明威)

《老人与海》讲述了这样一个故事：老渔夫圣地亚哥已经连续84天没有任何收获，在别人的嘲笑之下，他依然坚信会捕到大鱼。而后，经过三天精疲力竭的海上搏斗，老渔夫付出了沉重的代价，终于捕获了一条巨大的马林鱼，但在归途中却遭到一群鲨鱼的抢夺，到最后拖到岸上时只剩下一副鱼骨架子。最终他只好回家躺在床上，从梦中回味那往日美好的岁月。

海明威文笔简洁、明快、平实、有力，用自然主义的白描手法刻画出人物的内心活动。老渔夫这一人物形象是悲剧性的，但却有着尼采"超人"般的品质——沉着勇敢地面对死亡、泰然自若地接受失败，象征了人类不向命运低头、永不服输的勇士精神和积极向上的乐观人生态度。他身上表现了一种深沉而强烈的悲剧意识，展示了人类永恒的自我求证意识。

该作是20世纪欧洲文坛最具影响力的小说之一，是一部异常有力、无比简洁的作品，具有一种无可抗拒的美。

思考练习

1. 以下各项中，关于神话传说的表达有误的是(　　)。
   A. 记录的是中华民族童年时代的幻想、抗争和足迹
   B. 反映了先民对苦难的深刻体验和忧患意识、对人类生命的珍视和关怀，以及与命运抗争的精神，影响着民族精神的深层结构
   C. 现存的神话传说主要保存在《诗经》《离骚》中
   D. 为后世各类文学提供了永恒的素材和原型
2. 以下关于中国文学体裁的说法中，有误的是(　　)。
   A. 《诗经》《楚辞》是中国诗歌的源头
   B. 赋是汉代文学最具代表性的文体，也是时代精神的体现
   C. 初唐陈子昂倡导复归风雅和魏晋风骨，对唐诗的变革具有关键性的意义
   D. 经由柳永、苏轼等人，词体确立了以小令为主、以柔情为题材、以柔美为追求的基本规范
3. 中国文学自觉的时代是(　　)。
   A. 先秦　　B. 魏晋　　C. 唐代　　D.现代
4. 元代以前，中国文坛的主流文学是(　　)。
   A. 抒情文学　　B. 叙事文学　　C. 说理散文　　D. 史传文学
5. 关于古代欧洲文学，以下说法有误的是(　　)。
   A. 体现了人类童年时代朝气蓬勃、积极乐观的时代精神
   B. 荷马时期主要的文学成就是希腊神话和荷马史诗
   C. 为后世许多重要文学体裁和艺术手法开了先河
   D. 三大悲剧代表古希腊文学的最高成就

6. 关于中世纪文学，以下说法有误的是(　　)。

A. 最主要的思想基础是以神的存在来解释宇宙、世界和人

B. 包括宗教文学、英雄史诗、骑士文学和城市文学

C. 种类多、数量大、成就高

D. 意大利著名诗人但丁的《神曲》是中世纪最伟大的史诗著作

7. 以下关于西方文学思潮的说法中，有误的是(　　)。

A. 17世纪人文主义文学，以复兴古希罗文学为口号，其核心是以人为中心，肯定人的价值和尊严

B. 18世纪诞生的启蒙主义文学注重启蒙教诲功能，希望通过启蒙来照亮黑暗、开启民智，具有鲜明的意识形态色彩

C. 19世纪浪漫主义思潮的流行，在文学上偏重表现主观理想和个人感情，崇尚自然，推重民间文学，提出“回到中世纪”的口号

D. 20世纪浪漫主义的风云激荡逐渐被一种冷静审慎的精神所取代，欧洲现实主义文学开始形成

8. 以下关于西方文学名著的表述中，有误的是(　　)。

A. 弥尔顿的长诗《失乐园》与荷马的《荷马史诗》、但丁的《神曲》并称为西方三大诗歌

B. 笛福的代表作《鲁滨逊漂流记》开启英国文学的浪漫主义传统

C. 托尔斯泰的《战争与和平》是一部百科全书式的壮阔史诗性著作

D. 惠特曼的《草叶集》体现了美利坚民族意识的觉醒，是美国现代文学的开山之作

9. “一千个读者，有一千个哈姆雷特。”这句话主要体现的是文学解读中的(　　)。

A. 形象性　　B. 多维性　　C. 音乐性　　D. 体验性

10. 以下作品中，(　　)并未体现作者对于时空、生命的思考与超越。

A. 《水调歌头·明月几时有》　　B. 《登高》

C. 《海的女儿》　　D. 《逍遥游》

第三章　绘画之美

西洋的绘画，倾向于社会、历史及生活上种种的描写。中国的绘画，倾向于个人、断片及抒情的描写。这种两方面不同的表现，与民族的个性、思想、风俗、区域、气候、各种环境，有绝大的关系。但在实际绘画上所借以表现的材料和技术的各异，使两方实不能倾向于同一的步趋。中国的绘画，由没有结束的曲线美的表现，变化到第三个时期的单纯化、时间化的表现。我们可以很清晰地综合在两个原则中：一方因环境思想的关系，他方因绘画上原料与技术的关系。

——林风眠

【学习目标】

1. 了解中西方绘画艺术的发展脉络；
2. 掌握绘画作品的审美特征与欣赏方法；
3. 能够运用专业术语介绍和分析绘画作品。

【人文艺术主题：自由与民主】

“自由是脆弱的，我们必须要保护它。如果我们牺牲自由，哪怕只是暂时的妥协，那也是对它的背叛。”女权主义者杰梅茵•格里尔将“自由”置放于一种绝对性的认知当中，那么“自由”是什么？在学术层面上，对于“自由”的概念有很多种理解，它从属于政治哲学范畴，我们可以理解为人类根据自身意愿不受任何控制或阻碍地对自我行为进行支配，并对这种自我行为负责。人文主义学者们将“自由”列为人之所以为人的首要条件，“自由”与“奴隶”是一组具有对立关系的词语，早在古希腊奴隶制时期民主的概念便已产生，获得公民资质的人拥有思想、言论、质询和表决的自由，这一体制在西方社会中传承至今。然而在这个所谓民主机制的统治下，真正拥有民主自由的公民不超过 5%，其他人绝大部分是奴隶和妇女，这也就意味着国家管理和政治决策的权利依旧掌握在极少数人手中。古罗马时期享有自由的公民依旧占少数，但古罗马统治者却为获得正式公民权的人开设公共论坛，任何公民都有权在论坛上发表自己的观点和探讨法律。由此可见，“自由”是在所有的压迫中艰难地成长起来，这也印证了格里尔“自由是脆弱的”这一观点。从另外一个层面来讲，“自由”又是有所限制的，它不是为所欲为和肆无忌惮，需要基于一定的秩序和在一定的范围内才能顺利履行自由的权利，否则自由也将在各种“自由”中消亡。

18 世纪末期，席卷西方世界的法国资产阶级大革命催生了一场涉及文学、艺术、哲学的文化运动，即浪漫主义运动。大革命所倡导的“自由、民主、博爱”思想对浪漫主义中的个性解放和情感抒发产生了极大影响，而刚刚成长起来的西方自由民主制度却面临着威胁和破坏，浪漫主义运动的诞生正是对这一脆弱的社会制度和政治体制备感失望的表现。《自由引导人民》(见图 3-1)作为浪漫主义最具代表性的作品无疑展现了对理想世界的强烈追求，其核心思想体现在对客观现实的反映中侧重于抒发作者内心对理想世界的主观想象。法国资产阶级大革命后期，波旁王朝的复辟引起了社会的诸多不满，封建残余势力的猖獗最终导致了七月革命的爆发。作品主体是一位身材健美、动态激昂的年轻女子，衣袂飘然，象征着自由女神，右手高举三色旗，左手拿着带刺刀的步枪，带领着社会各阶层人民为自由而战，其中的角色代表包括学生、资产阶级、工人阶级、军人、市民等，无不在弥漫着硝烟的背景中奋勇前进。

图3-1　《自由引导人民》(德拉克洛瓦)

第一节　发展历程

绘画是艺术中重要的组成门类，以视觉形态呈现。作者在二维平面中塑造出静态的视觉形象，观众通过这一视觉形象来感染心灵，从而与作品产生情感上的共鸣，这是绘画最基本的艺术特征。绘画是作者以视觉呈现的方式表达情感的过程，是对现实生活的记录与再现，作品在对生活高度概括的同时融入了作者的世界观和思想感情，一幅优秀的绘画作品具有感染观众、教育群众、丰富人们的精神生活的作用。早在原始社会，人类就开始了绘画，绘画是人类审美过程中的必然产物。随着人类社会的演变和发展，绘画衍生出繁多的种类和表现形式，其中大致可分为东方绘画和西方绘画，东方绘画以中国画为代表，西方绘画则以油画为代表。

一、中国绘画的发展历程

(一) 原始社会时期(岩画、壁画、地画)

中国绘画艺术最早可追溯到新石器时代，岩画是这个时期绘画艺术的重要代表形式，指的是一种刻画在岩石上的图画。目前为止，发现岩画的国家大概有 70 多个，中国发现最早的岩画距今大约 3 万年，内容和题材多为动物、狩猎、战争、舞蹈、天文图像及神灵图像等，这些绘画多数与宗教、巫术有关，诸如祈愿丰收、图腾崇拜，也有学者认为这些图像与喜庆、娱乐和风俗等活动连接在一起。从图像等形式手法和审美特征上看，大部分岩画与周围环境有着密切的联系，动态强烈、形象夸张、线条简练是这个时期岩画最普遍的特征。中国左江花山岩画如图 3-2 所示。

图3-2 中国左江花山岩画

壁画一般跟建筑物结合在一起，中国史前壁画遗存仅发现两处：第一处为辽宁凌源市牛河梁红山文化遗址的女神庙建筑中所发现的迄今所知中国最古老的壁画，主要为赭红间黄白交错的几何图案和连纹图案；第二处在宁夏固原店河村齐家文化遗址中发现，壁画残存于房屋残垣的白灰面上，用红彩描绘几何纹。这些壁画的残迹反映出史前人类已懂得利用彩绘图案装饰建筑。已发现的壁画虽不是主题性壁画，但可将其追溯为古中国壁画传统最古远的源头。

地画作为绘画中的种类，其概念很难被界定，它的出现一般都是作为一些建筑的地面装饰，作画时采用很多建筑方面的表现手法，原始地画材料一般使用贝壳或石头摆砌成各种动物形象。中国发现最早的地画在河南濮阳西水坡仰韶文化墓葬之中，也是最早的对墓葬进行装饰的实例。

(二) 夏商周时期

夏商周时期是一个工艺美术高度发展的时代，该时期的绘画种类不多，其中最重要的绘画种类是帛画。帛画的发展有赖于染织技术的发展，这个时期的绘画艺术也开始走向独立，各种图像在人们生活中发挥着独立的艺术性功能。

因帛画的材质易腐烂，至今能看到的先秦的帛画作品极少，难能可贵的是湖南长沙楚墓出土的战国帛画《人物龙凤图》和《人物御龙图》(见图 3-3)，两幅以笔墨线条在绢帛上表现的绘画作品所描绘的都是墓主的肖像，其主要的寓意为墓主灵魂在龙凤的引导或乘载下飞往天国，是葬仪中的铭旌。这两张帛画艺术水平之高超代表了当时人物绘画发展的杰出水平，也是中国历史中所知的先秦时期最具独立意义和代表性的绘画作品。

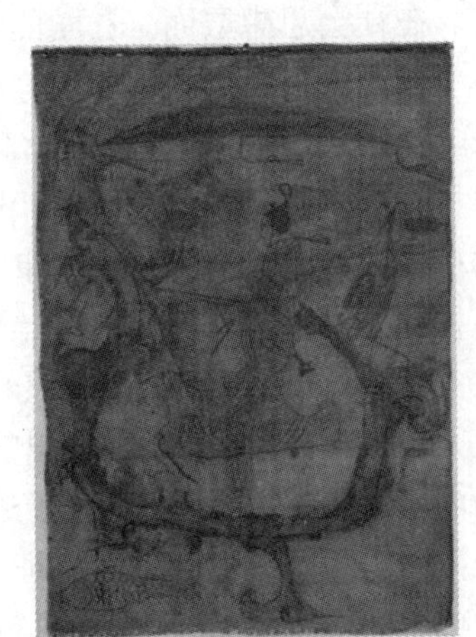

图3-3 长沙楚墓出土的战国帛画《人物御龙图》

(三) 秦汉时期

秦汉时期，绘画已逐渐脱离器物而开始独立发展。这个时期的绘画因年代久远，战乱频繁，较有代表性的且保存较为完好的仅是一些墓葬画像石、画像砖和壁画，只有极少数帛画随着墓葬流传至今。

秦汉时期主要的绘画表现形式是画像石，画像石是秦汉代丧葬礼俗中用于装饰墓室、享祠和墓阙的一种功能性艺术形式，以刀代笔在砖石上刻画图像，其内容多包含传说神话、制度章程、民俗文化等，画风古朴，为中国画的基本章法和形式规范奠定基础。

汉代，社会推崇孝道廉节，丧礼和墓葬成为评定一个人孝顺程度的标准，士人必然借助艺术形式来表达自己的思想观念，许多绘画艺术作品也因随葬而得到很好的保存，最为经典的代表作品是长沙马王堆 1 号墓出土的 T 形帛画(见图 3-4)，也是迄今为止所发现的最为完美、精美的帛画。此画为覆盖于棺材上的 T 形铭旌，距今已有 2000 多年的历史。帛画由轻巧流畅的墨线勾勒，变化颇为丰富，同时画面还结合了没骨法进行表现，朱砂、白粉、粉青等颜色、间色兼容并蓄，呈现琦玮谲诡、灿烂炳焕的艺术效果。画面中包括各种神话元素，自上而下分为天国、人间、地狱三个部分，有引死者魂魄升天的寓意。T 形帛画的出土不仅有利于研究汉代的民俗文化礼仪，也对中国绘画史的研究具有重大的意义。

图3-4 长沙汉马王堆1号墓出土的T形帛画

(四) 魏晋南北朝时期

魏晋南北朝是一个上承秦汉下承隋唐的重要时代，战乱频繁，各种民族文化相互渗透影响。在社会思想层面，玄学的兴起，道教的成形，佛教从印度传入并迅速盛行都成了本时期最主要的变化，也在很大程度上对绘画艺术产生影响，绘画作品中出现了许多印度、中亚风格的题材。绘画的题材迅速扩展，上流社会知识分子的积极参与使社会对绘画的审美认知不断提升，品格不断深化。佛教题材在绘画中占据重要地位，山水画开始独立发展。该时期最重要的代表是人物画家顾恺之，其最突出的成就在于注重人物内心的情感世界，尤其善于通过眼神来刻画人物内心的思想感情和个性特征，其代表作有《洛神赋图》《女史箴图》(见图 3-5)等。

图3-5 《女史箴图》(宋摹 局部 东晋 顾恺之)

(五) 隋唐时期

隋唐时期是中国重新大一统的强盛年代，因隋朝短暂，故隋唐文化一脉相承，基本以唐朝为主要代表。经历了南北朝时期的民族大迁徙，隋唐时期融合了多个民族、多个国家的文化特征，产生了一种自由奔放、豪迈壮丽的新型文化。这个时期，儒、道、释三教兼容并蓄，宗教绘画和世俗绘画相互影响和促进，人物、山水、花鸟都取得重大发展，成为中国传统文化的重要组成部分。隋唐时期的人物画仍然以宫廷题材和鬼神题材为主，著名的代表作品有阎立本的《步辇图》和吴道子的《天王送子图》(见图 3-6)等。山水画则以楼台宫观为时代风尚，隋唐初期已经开始将人物置身于山水画之中，中国山水画也由此走上自然主义的历程，完成了山水画空间关系上的错觉表现。盛唐时期画家张璪所提出的“外师造化、中得心源”更是对后世影响巨大，展子虔的《游春图》(见图 3-7)是这个时期重要的山水画代表。花鸟画在隋唐时期开始发展成为一门独立画科，最为驰名的画家代表为边鸾。隋唐几乎没有传世的花鸟题材图卷，仅能在一些石窟、墓室壁画略见其风采。

图3-6 《天王送子图》(宋摹 局部 吴道子)

图3-7 《游春图》(唐摹 局部 展子虔)

(六) 五代时期

五代时期虽然是大分裂时期，但基本不影响绘画的传承和发展，依旧延续唐代风格，人物、山水、花鸟开始呈现三足鼎立的局面。该时期的人物画、宗教画仍有一定规模，而且画风多沿袭吴道子，其中主要的代表画家有顾闳中、周文矩、胡环等。该时期山水画发展快速，是一个重要的变革时代，各种文人山水画表现手法开始走向成熟，皴法得到发展，水墨山水画发展成熟，且以关仝为代表的北方山水画派和以董源为代表的江南山水画派相互对峙、泾渭分明。花鸟画方面则形成了“富贵”和“野逸”两种趣味方向，以黄荃(其代表作见图 3-8)和徐熙(其代表作见图 3-9)为主要代表。五代时期绘画的全面发展为宋代艺术新风的形成奠定了基础。

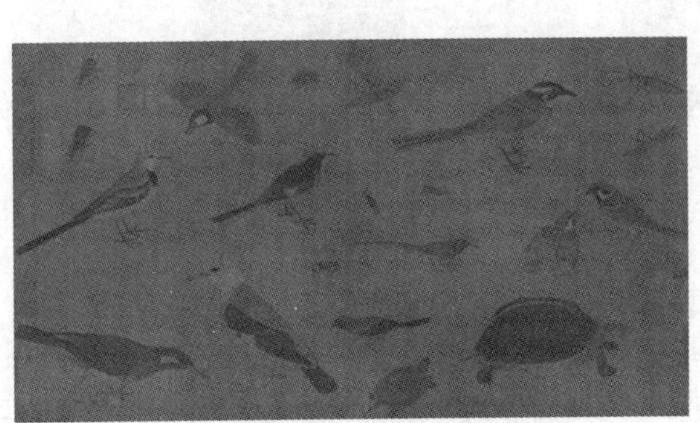

图3-8 《花鸟》(局部 五代 黄荃)

图3-9 《雪竹图轴》(五代 徐熙)

(七) 宋元时期

宋代经济高度发展，使文化开始趋向普及化和通俗化，崇尚文人志士是宋代帝国统治的政治原则，精致优雅的宋代文化也将绘画艺术推向中华文明的巅峰。在经济高度发展的社会环境中，皇室贵族对美术极度爱好和重视，文人士大夫中掀起购藏艺术品和赏鉴书画的热潮，城市平民对美术品的需求量也在逐渐增加，这促使宋代绘画的表现技巧日趋成熟，绘画创作空前繁荣。与此同时，宋代市井商贸和都市文化的空前繁荣，一时间兴起了一阵表现风俗人物的作品的风气，此类作品以张择端的《清明上河图》为最高典范。宋代绘画创作的种类、题材、风格呈现出多样化的格局，作品中的鬼神题材大幅减少，山水画却得到空前发展，迎来了中国绘画史上最鼎盛的时期。此时期的山水画以追求真实、表现自然为审美准则，“文人画”的发起以及一些绘画理论的形成，也逐渐改变着传统山水画的发展方向，主要的代表画家有范宽、郭熙、苏轼(其代表作见图 3-10)等，尤其是苏轼“寓意于物”的文人价值观影响着宋代乃至后世的文人画发展。

元代，蒙古族入主中国，在此期间中外文化交流空前繁荣，各种来自异域的风俗和文化在一定程度上丰富了中华的文化宝库。元代的绘画以山水、花鸟题材为主，人物画甚少。在元代，汉人备受歧视，知识分子仕进无门，纷纷选择隐居，寄情于文学艺术，因此即便元代统治者撤去画院，却依然名家辈出，文人画在这个时期也获得了高度的发展。

文人画注重绘画中文学性的表达和笔墨的情趣，尤为重视诗、书、画的结合，其延续了宋代苏轼的文人画理论，强调主观意趣的抒发，主要代表画家有赵孟頫(其代表作见图 3-11)、董巨、黄公望等。元代，异域文化入主华夏，在绘画方面对后世的影响极为深远，是中国绘画史上一个重要的时期。

图3-10 《枯木怪石图》(宋 苏轼)

图3-11 《洞庭东山图》(元 赵孟頫)

(八) 明清时期

明代的经济中心移向江南，江南一带空前繁荣，促进了江南地区文人思想的大解放，人才辈出，学术异常活跃。明代禅宗思想流行，董其昌(其代表作见图 3-12)在绘画领域提出了“南北宗论”，将文人画推为至尊，这个时期的绘画风气也不断演变，流派更是此起彼伏，为清代文人山水画风格的发展奠定了坚实的基础。

清代是中华古典文化高度成熟的时期，主要表现在对古文化空前规模的整理和总结，出现了正统派的“四王”王时敏(其代表作见图 3-13)、王鉴、王翚 、王原祁与独创派的“四僧”朱耷、髡残(其代表作见图 3-14)、弘仁、原济。美术作为一种意识形态，是时代的反映。清代中晚期，时值世界科学技术大变革、经济大发展的时代，因此除了确立传统、尊崇传统的意识格局以外，还在世界快速发展的催迫下萌生出一股反传统、求变革的创新思潮。

图3-12 《芳树遥峰图》(明 董其昌)

图3-13 《丛林曲调图》(清 王时敏)

图3-14 《溪山秋雨》(清 髡残)

(九) 20世纪

民国初期，中国进入新旧交替、中西混融的文化发展格局，绘画艺术在继承传统文化、引入西方文化的新思潮影响下向前发展，各种新思想的相互论争、碰撞为新艺术思潮的诞生创造了良好的社会条件。在这个时期，林风眠融汇中西绘画之长，在新水墨画的发展上独树一格，他笔下的《读书仕女图》(见图 3-15)，以西方绘画的形式融合到中国画的东方意象之中。中华人民共和国成立后，我国提出“美术为人民服务”的口号，大量现实主义绘画因此而诞生，以徐悲鸿为代表的写实国画作品成为这个时期最具标识性的绘画符号(图 3-16)，通俗美术、文化运动、复古主义、现代主义、理想主义等各种思潮共同构建中国现代美术发展中丰富性与复杂性的艺术特征。

图3-15 《读书仕女图》(现代 林风眠)

图3-16 《愚公移山》(局部 现代 徐悲鸿)

二、外国绘画的发展历程

(一) 原始时期

西方绘画最早发生在旧石器时期，较为著名的原始绘画出现在法国的拉斯科洞窟和西班牙阿尔塔米拉洞窟，洞窟中描绘了很多栩栩如生的动物和狩猎场景。有专家认为其绘画的动机并非欣赏，这与当时原始社会的巫术有很大关联，加上旧石器时代处于冰河世纪，洞穴成了原始人类避难所，狩猎成了觅食的主要手段，因此很多狩猎题材的原始绘画都发生在洞穴里。冰河时期结束的新石器时代，大地开始回暖，狩猎已不是唯一的表现主题，且洞穴也不是唯一的作画场所，于是一些农耕和畜牧题材的室外岩画相继出现。西班牙阿尔塔米拉原始洞窟壁画如图 3-17 所示。

图3-17 西班牙阿尔塔米拉原始洞窟壁画 (局部)

(二) 古埃及时期

埃及是世界上重要的文明古国之一，有着悠久的文化历史，从美术层面上讲，古埃及艺术一直被认为是影响古希腊艺术发展的一个较为重要的文化根源，尤其是古埃及的绘画图式对古希腊绘画的发展更是影响深远，因此古埃及美术在西方美术发展历程中有举足轻重的历史意义。古埃及绘画中最主要的代表是壁画，题材主要体现古埃及生活情景和社会政治情况，其中包括乐舞、饮宴、狩猎、丰收等景象。这些丰富的绘画作品反映了当时的一些生活场景和社会政治情况。

图3-18 古埃及壁画(局部)

正面律是古埃及绘画发展过程中所形成的一种最具标识性的图式语言，无论是雕塑、壁画，还是纸莎草书上的插图都离不开正面律的表现模式，但在埃及绘画发展历程中成就最高的却是埃赫那吞王朝。埃赫那吞国王敢于打破传统固有的一系列法则，主要体现了两个方面的特点：人物造型自然并且题材多样化；逐渐由用线刻画造型轮廓转为直接用笔蘸色在墙面上或纸莎草上作画。古埃及壁画如图 3-18 所示。

(三) 古希腊、古罗马时期

古希腊是世界文明古国之一，其艺术影响极其广泛，甚至可以说没有古希腊文化基础，就没有现在的欧洲文明。古希腊因地理位置的关系很早就形成一种对外开放和对外交流的社会制度，文化思想兼容并蓄，其绘画的发展在一定程度上也受到埃及绘画的影响，但古希腊社会制度相对于古埃及来说，较为民主和自由，其绘画作品不仅反映奴隶主的审美趣味，也体现来自人民阶层的理想和要求。古希腊的绘画与希腊神话密不可分，即使初衷是表达神，但其所呈现的造型却来源于现实中的人，因此所创造出来的形象最具情感意味。古希腊不像古埃及一样盲目地崇拜神灵或往世轮回，更注重对现世的享乐，绘画作品中塑造的形象更是充满自信的、欢乐的，拥有强大的生命力，其对自然写实的追求影响至今。古希腊壁画如图 3-19 所示。

古罗马基本继承了古希腊艺术，罗马帝国的统治者不仅崇尚希腊艺术，还将希腊艺术融合到自身的发展之中，我们现在所看到的被称为古希腊艺术品的作品大多是罗马人的复制品。

最著名的罗马绘画是埋于火山灰下的庞贝古城壁画(见图 3-20)，大部分壁画是以希腊绘画为范本完成的，可以通过这些壁画间接了解古希腊的绘画水平。这些绘画作品基本都以写实的表现手法描绘，有些以拓展空间为目的，有些以抒发情感为目的，有些以装饰建筑空间为目的，风格多样，情调也各不相同，较为统一的就是画面中都赋予了浓郁的生活气息。

总体来说，古希腊和古罗马的艺术作品注重写实，善于刻画人物的真实情感，为西方创造了古典艺术的典范，也为西方绘画艺术的发展提供了宝贵的经验。

图3-19　古希腊壁画(局部)

图3-20　庞贝古城壁画《执笔女郎》

(四) 文艺复兴时期

文艺复兴兴起于意大利佛罗伦萨，在 16 世纪时“文艺复兴”这个名称已被学术界广泛运用。文艺复兴不能简单地理解为对古希腊、古罗马古典艺术的复兴，它是社会制度的演变、人类思想的启蒙运动、科学发展的重要转折点，也是人类历史上从未有过的一次伟大的变革。文艺复兴是封建主义制度向资本主义制度发展的上升阶段，这个时期的文化总体来说具有反封建、反宗教的特色，以人为本的人文主义思想纲领也由此而诞生。

文艺复兴时期的绘画开始从中世纪的以神为中心演化到以人为中心，肯定了人的尊严和价值，主张人要追求现实生活中的幸福，反对愚昧的神学思想，因此大量的肖像画和风景画相继出现，人文主义精神逐渐渗透到绘画作品中。尽管这个时期的绘画多数还是以宗教为题材，但所有神的形象几乎都是基于现实生活中的人来刻画的，而且转变了中世纪时期庄严肃穆的风格，画面开始融入愉快、欢乐的元素。文艺复兴的启蒙运动使得美术作品的创作者逐渐由僧侣转为工匠，美术工匠队伍日益壮大，开始产生分支，也因此而产生不同的风格和流派。早期文艺复兴代表画家乔托开始把人文思想与真实情景结合呈现在画面中，这一开创性的举措使得乔托被誉为“欧洲绘画之父”，其代表作有《哀悼基督》《犹大之吻》。文艺复兴盛期出现的三杰——达·芬奇、米开朗琪罗、拉斐尔将人文主义绘画推向了高潮，他们的代表作《蒙娜丽莎》《最后的审判》《西斯廷圣母》更是成为西方绘画史上不朽的名作。可以这么说，文艺复兴时期是一个具有划时代意义的时代，是一个对后世有着巨大影响的时代。

(五) 17—18世纪

17—18 世纪是西方美术发展史中重要的历史阶段，欧洲各地流派纷呈，民族画派也随着社会制度的演变而逐渐繁荣。

17 世纪欧洲所盛行的主流艺术是巴洛克，它诞生于意大利的反宗教改革运动之中，其涉及的领域包括音乐、建筑、绘画、装饰、服饰等。巴洛克艺术改变了文艺复兴时期庄严、含蓄和均衡的艺术风格，作品中更注重表现强烈的情感欲望。鲁本斯的绘画作品充分表现了这个时代的艺术特征，其代表作有《卸下圣体》《强劫留西帕斯的女儿》(见图 3-21)等。巴洛克艺术是一种奢华、浮夸的艺术，具有豪华与气派两大重要的视觉特征，这个时期的艺术作品多数以综合的方式出现，最为常见的就是绘画、建筑、雕塑三位一体，相互融合，使作品展现出动人心魄的艺术效果。

18 世纪的欧洲处于由封建主义社会转向资本主义社会的动荡时期，此时的资本主义在欧洲各地区均得到不同程度的发展，封建王朝开始走向没落，一种颓废的贵族艺术——洛可可艺术也由此而诞生。洛可可艺术诞生在法国路易十五期间，所描绘的多数是法国封建贵族享乐调情的场景，因此，一些学者甚至认为洛可可艺术是巴洛克艺术晚期一种衰退的艺术现象。洛可可艺术受东方艺术的影响甚大，其风格不仅体现在绘画上，更多地被广泛运用到艺术的各个领域中，服饰、建筑、雕塑、音乐及文学都有涉及，其艺术形式精致细腻，丰富多彩，是时尚界风靡一时的流行符号。洛可可艺术的主要代表作品有布歇的《中国皇帝上朝》、弗拉戈纳尔的《秋千》(见图 3-22)等。

图3-21　《强劫留西帕斯的女儿》(鲁本斯)

图3-22　《秋千》(弗拉戈纳尔)

(六) 19世纪

19 世纪是法国资产阶级大革命爆发后揭开的历史新篇章，也是西方美术史上一个重要的转折期。19 世纪，法国作为世界的艺术中心，各种流派随着社会的大变革相继诞生，新古典主义随着法国大革命的政治需求而诞生，其代表作品有大卫的《马拉之死》、安格尔的《拿破仑加冕》；而随着新古典主义的衰落而兴起的浪漫主义则产生于法国波旁王朝复辟时期，代表作有德拉克洛瓦的《自由引导人民》；19 世纪 30 年代兴起了直面现实、关注下层人民生活的现实主义美术运动，代表作有库尔贝的《石工》；70 年代，日益高涨的反学院派思潮使得印象主义瞬间崛起，由此也重新构建了西方绘画的审美标准，代表作有莫奈的《日出·印象》；80 年代出现的后印象派更是为现代艺术掀开新的一页，其代表作品分别为梵高的《向日葵》、塞尚的《静物》(见图 3-23)、高更的《我们从哪里来？我们是什么？我们到哪里去？》，尤其是塞尚观察事物时那种独特的视角和作品中“有意味的形式”完全颠覆了以往画家表现客观事物的方式，使得塞尚被西方誉为“现代绘画之父”。可以这么说，19 世纪的绘画艺术不仅风格多样，而且具有划时代的历史意义。

图3-23 《静物》(后印象派 塞尚)

(七) 20世纪

20 世纪，西方社会无论是经济、政治、文化还是科学领域都得到了跨越式的发展，资本主义国家发动了两次掠夺资源的世界性战争，这些不断变革的历史语境与百家争鸣、流派迭起的现代艺术有着极为紧密、复杂的内在联系。现代艺术虽然在 19 世纪末已经埋下伏笔，但其真正的开端却是以马蒂斯为代表的野兽派绘画为标志的，一种注重发挥纯色作用和色彩表现力的画风也由此诞生，代表作有《舞蹈》(见图 3-24)。现代主义美术产生于西方进入垄断资本主义的时期，反映了这个时代人类错综复杂的社会意识形态和深刻的哲学思考，他们采用荒诞、有寓意甚至抽象的语言来突破社会与自我之间原有的平衡，主张从现有的科技成果和美学思潮中汲取养分来对艺术进行新的探索。

图3-24 《舞蹈》(野兽派 马蒂斯)

20 世纪各种反叛的艺术流派之中蕴含着人类最为深刻的情感历程，不仅表现出激情、敏感和创造，更是记录了战争所带来的那种痛苦、彷徨和迷失，正如表现主义画家笔下那堕落、伤感而又情绪化的人物一样，画家的主观精神和内在情感也充分地融入画面中，最具代表性的作品当属蒙克的《呐喊》(见图 3-25)。与此同时，达达主义思潮也在反战争、反霸权、反传统中出现，以荒诞戏谑的态度和虚无厌世的情绪否定了一切艺术。在达达运动逐渐消退时，弗洛伊德的精神分析学促使超现实主义画派诞生(见图 3-26)。第二次世界大战后，西方艺术中心由法国巴黎转移至美国纽约，融合了表现主义和抽象画派两种表现形式而创立抽象表现主义，主要代表人物有波洛克、德•库宁等。

图3-25 《呐喊》(表现主义 蒙克)

图3-26 《记忆的永恒》(超现实主义 达利)

第二节 审美特征

绘画是人类表达或表现过程中的一种重要形式，指在二维平面上运用点、线、面、形状和色彩等艺术语言，通过各种表现手段创造出一种表达内心情感、具有审美意义的视觉形象，要了解绘画的审美特征，首先要了解空间透视、构图、造型、色彩及意境的概念。

一、空间美

空间泛指物质存在所占据的场域，是物质与物质之间相对的距离、位置等抽象化之后所形成的一种概念，其与时间共同构成物质存在的基础范畴。空间有多种属性，绘画中对空间概念的陈述是带有假设性和虚构性的。它是建立在二维平面上的一种错视幻觉现象，即在二维平面的载体上表现出三维立体的空间感。

西方绘画中的空间通常与透视联结在一起，着意于物体结构与环境在画面中的多维性表达，如若借用数学的空间表达模式来描述，即所有空间都由点、线、面三种元素的轨迹方程组成，点和线表示一维空间，面表示二维空间，立体感则表示三维空间。透视作为整合整个画面空间关系的理论基础被广泛运用到绘画的各个领域。绘画中表现空间透视的规律不外乎两种：第一种为左右、上下的横向维度；第二种为前后、远近的纵向维度。传统的西方写实绘画是通过虚实、光影、色调等营造画面中真实可感的空间效果的，称之为空间处理，而空间处理的主旨在于突出画面中的主体对象，使主体对象产生了一定的立体错觉。

二、构图美

“构图”一词是西方造型艺术的术语，其基本的概念是通过题材和创作意念对表现对象在画面中的位置进行合理的组织和安排，中国南朝画家谢赫在画论中将其表述为“经营位置”。在众多的构图法则当中，画面只有通过对各个视觉元素进行有节奏、有韵律的布局安排才能呈现最具审美价值的视觉样式。谢赫把经营位置定义为绘画的首要美学原则。构图是绘画创作构思过程中首先要解决的问题，也是绘画创作的出发点，包括大小、位置、疏密、虚实、主次等形式元素。高品质的画面形式感需要对各种构图元素的反复推敲才能得以呈现。这种构思过程在本质上可以说是一种审美认知活动，是画家创作过程中的一个思维窗口，是画家表达创作思路、展现视觉效果的重要手段。总之，一幅优秀的绘画作品必然拥有完美的构图形式。

三、造型美

欣赏绘画表层图形系统的第一要素是造型，因此绘画也被归属到造型艺术的范畴之中。造型是绘画重要的组成部分，是多元化的，无论是具象写实的，还是夸张变形的，抑或是抽象表现的作品，都有其自身独特的造型语言。绘画中，造型语言的基本要素包括点、线、面、体等。画家通过这些要素创造出画面所必须具备的光线、色彩和空间三个视觉效果，从而传达作品的品位和境界。绘画中的造型是具有独特性的，造型不仅仅是对客观物体的简单模仿，更多的是画家主观意识的融入，它具有一定的审美意义，造型语言是画家个人风格形成过程中所必须思考的问题。在创作过程中，造型是画家创作意念物化后的载体，是画家感受客观对象后而主观创造出来的画面形象。作为绘画创作中最基础的视觉单位，造型构建了作品与观众之间交流互动的一种语言模式。

四、色彩美

色彩表现是西方绘画创作的重要手段，绘画创作中色彩是表现画面审美情感和艺术感染力最为直接与有效的视觉元素，色彩必须依靠光线的照射才能产生，可分为固有色、光源色、环境色。色彩对人的视觉效应和心理因素的影响是最为深刻的，其强烈的情感暗示和象征意义均来自人们日常生活中的视觉经验，例如红色让人联想到血与火，因此热烈、活泼、喜庆都与红色联系在一起；绿色让人联想起大自然的清新与宁静，因此希望、静穆、安宁则与绿色联系在一起。

在绘画创作过程中，对色彩的思考和运用直接导致作品的优劣，正如黑格尔所说：“颜色感应该是艺术家所特有的一种品质，是他们所特有的掌握色调和就色调构图的一种能力，所以是再现想象力和创造力的一个基本因素。”由此可见色彩在绘画艺术中的重要性。绘画创作必须对色彩的美学原理进行有机整合，充分发挥色彩的艺术感染力，才能提高对色彩的审美，引导观众正确的审美认知。

五、意境美

“意境”是中国艺术最重要的美学标准，是指画家通过思想情感与所描绘的视觉图景高度融汇后所形成的艺术境界。意境突破了视觉感官对自然境象的感知，通过对“境”的自然感知来传达“意”的精神境界。绘画中的意境需要借助视觉感官所受的各种情景刺激来营造，它是画家的创作意念和观众的心理情感的共鸣，是绘画作品“以情动人”的体现。

第三节　名作赏析

1. 《洛神图》(东晋 顾恺之)

《洛神图》(见图 3-27)是顾恺之观曹植所写的文学作品《洛神赋》后所感而作，原卷为绢本设色，以连环画的表现形式将多个故事情节汇集到长卷之中。作品分三部分对曹植与洛神纯真的爱情故事进行描绘，画面所表现的故事情节层层递进，层次分明，人景布局疏密得当。《洛神赋》里曹植与洛神的爱情故事是作者虚构而来，因此，顾恺之通过三段不同时空交替穿插的空间模式展现出一幅具有超现实主义色彩的绘画图卷。第一幕描写黄昏时分，曹植从京城返回封地的路途中邂逅衣裳飘逸、雍容美丽的洛神凌波而来，两人情意绵绵，背景以众神仙嬉戏的场面为人神分离的离殇埋下伏笔，以衬托洛神的无奈与矛盾的内心世界。第二幕是整个故事的高潮，洛神来临扈从之多，终以人神殊途，不得不含恨离去。作品对离别时宏大的场面大加描述，以体现那如痴如醉的离殇。最后一幕描写洛神就驾启程，而后曹植对洛神的深思与追忆，欲乘舟追赶云车的场面，洛神却已无踪影。全画卷浪漫雅致，描绘细腻，想象丰富，情思缱绻，若有寄托。

图3-27　《洛神赋》(宋摹 局部 东晋 顾恺之)

2. 《韩熙载夜宴图》(五代 顾闳中)

《韩熙载夜宴图》(见图 3-28)是南唐画家顾闳中唯一一张传世作品，是中国十大传世名画之一，是杰出的工笔重彩画代表作，描绘的是南唐大臣韩熙载在家中设宴享乐的情景。据史料记载，南唐李后主欲封韩熙载为宰相，然而韩熙载不愿做亡国的宰相，故推辞自晦，可李后主深怕韩熙载密谋造反，因而派画师顾闳中夜至韩府探清虚实，顾闳中凭惊人的记忆能力和精湛的绘画技术生动地默写下这张经典画作。作品通过分段式的表现手法，以屏风床榻为隔断，分“听乐”“观舞”“歇息”“清吹”“散宴”五个场景进行描绘记录，构图非常巧妙，服饰的线条表现严谨简练，潇洒利落，设色大胆，将红、绿两种对比色毫无违和感地并置在画面中，达到一种既丰富又和谐的画面效果。人物的形象和表情的刻画更是细腻传神，尤其在“观舞”这一段中，韩熙载亲自击鼓奏乐，小巧玲珑的名妓王屋山跳起了六幺舞，顾闳中将韩熙载那豪放不羁却又郁郁忧思的复杂心理状态表现得入木三分，可见画家深厚的绘画功力。

图3-28 《韩熙载夜宴图》(局部 五代 顾闳中)

3. 《清明上河图》(北宋 张择端)

宋代废除了唐代时期对都城的夜禁和里坊制度，没有商贸时限的汴梁城经济飞速发展，成为北宋最发达的城市，风俗画也在一时间形成一种风尚。《清明上河图》(见图 3-29)是北宋年间张择端受宋徽宗的指派完成的一幅具有代表性的风俗画。作品绘于清明时节，以长卷的形式，运用了中国传统散点透视的空间关系生动地记录了汴梁城内外热闹繁华的街市景象，鸟瞰式的构图将河流两岸的都市景象一一呈现，5 米长的画卷上除了绘有酒楼、茶坊、妓馆、八仙楼、勾栏、瓦舍等商用建筑外，还绘制了数量庞大的各行业人物，牲畜、车、轿、船穿插其中，繁而不乱，严密紧凑。市井中喧闹嘈杂、拱桥上接踵摩肩，店铺的市招飘扬，河道里舢板相接，两岸边柳树成行，有人闲暇散步、有人热情洋溢，每一处细节刻画都非常精致、生动。作品中记录了各阶层、各行业人民的生活状况，成为当时北宋经济繁荣最为真实的写照，甚是壮观。《清明上河图》在中国历史上不仅具有很高的艺术价值，还具有重要的历史价值，在中国乃至世界绘画史上都是绝无仅有的。

图3-29 《清明上河图》(局部 北宋 张择端)

4. 《千里江山图》(北宋 王希孟)

《千里江山图》(见图3-30)是北宋绢本青绿山水画风的重要代表作品，其作者王希孟是宋徽宗的得意门生，完成该作品时年仅18岁。五代以后，文人山水画的兴盛使青绿山水画渐渐退出主流，《千里江山图》不仅是对宋代锦绣山河的歌唱，也说明了青绿山水传统在北宋时期得到复兴。《千里江山图》为一幅11米长卷山水画，运用传统青绿山水赋彩的表现手法完成，构图方面采用全景式景观的视觉形式，以烟波浩渺的江河、层峦叠嶂的群山为主体描绘了一幅气势辽阔的江南山水图卷，其中所点缀的屋宇寺观、桥梁舟船更是风趣典雅，画风精致细腻却不失大气磅礴。画家继承了隋唐时期青绿山水的表现手法，设色沉稳大胆，画面苍翠爽朗，人物活动更是栩栩如生，象征了画家亲近自然和向往美好生活的精神境界，是唐宋山水画传承发展的最高典范，亦彰显了青绿山水画的不凡气质。

图3-30 《千里江山图》(局部 北宋 王希孟)

5. 《溪山行旅图》(北宋 范宽)

《溪山行旅图》(见图3-31)为范宽传世作品中的第一名迹。范宽山水体格有承五代时期北方山水画传统的迹象，但主张在气势雄伟的画风上追求自然写实。《溪山行旅图》描绘的是关陕地区的山水景色，画中以大特写的形式表现了一座雄峻的高山，主体置放于画面中央略偏斜的部位，顶天立地，壁立千仞，在画面中营造一种紧凑向上的律动感。深山处垂泻而下的银瀑破开整座青山，巧妙地描写出幽谷岩壑的实中之虚，与厚重的山体产生一种刚柔并进的生动气韵。近景处蜿蜒曲折的溪流和山路更是对画面中雄伟紧迫的律动感加以缓解，使画面的结构布局趋于平衡，让观者在作品中深刻感受自然造物的伟大和作者浩阔的胸襟。画面中厚重密集的“雨点皴”笔法不仅使岩面与山石的质感更为浑厚，也将山峦与密林表现得更加幽深、丰富。《溪山行旅图》中“远望不离坐外”的视觉效果不仅展现出作品的艺术感染力，也标志着北宋山水画已向新自然主义迈进一步。

图3-31 《溪山行旅图》(北宋 范宽)

6. 《眠鸭图》(清 朱耷)

朱耷是中国画一代宗师，号八大山人，为明朝皇室后裔，明朝末年出生于南昌，1645 年清军攻陷南昌，全族几乎遭到诛杀，只有朱耷一家得以逃脱，万念俱灰之下的朱耷在 23 岁那年选择了出家。朱耷的帝王血统和皇室遗传使他身上带有极高的文化素养和济世安邦的宏伟志向，这一特殊身份和非比寻常的人生经历促使其作品中饱含着一种国破家亡的哀幽悲愤之情，其冷逸和愤世嫉俗的思想情感尤其表现在晚年花鸟画中，在中国文人花鸟画的发展中享有崇高的地位。《眠鸭图》(见图 3-32)是朱耷晚年花鸟画中较为典型的代表作品，作品中鸭子孤标傲世的神情是一种对当时清王朝怒视与痛恨的表征，落笔苍劲润秀，虽寥寥数笔形象却栩栩如生。朱耷在作品构图布局上不拘一格，在不完整中求完整，《眠鸭图》中的绘画主体形单影只，特意留出来的空白背景不仅为观者留下无限遐想的空间，也为画面平添了一份空旷静穆、苍茫孤寂的艺术感染力。

图3-32 《眠鸭图》(清 朱耷)

7. 《墨虾》(现代 齐白石)

《墨虾》系列作品(图 3-33 为系列作品之一)是齐白石众多写意画题材中较有代表性的作品，其独创的虾晶莹剔透，神韵充盈，可谓是前无古人。齐白石曾说过，“作画妙在似与不似之间，太似为媚俗，不似为欺世”，《墨虾》省略了背景的表现，使观众产生无限遐想的空间。画家利用墨色的浓淡变化对虾的层次感进行渲染，笔墨浑厚滋润，笔法精炼到位，生动地再现了虾的各种造型和姿态。齐白石继承了中国传统文人画的表现技法，尤其是早期对八大山人的写意作品研究甚是深入，他主张通过对生活深入观察并加以提炼，将民间艺术的技法和形式充分融入其写意画的表现之中，形成了独具一格的艺术风格。齐白石笔下的虾不仅挥写自如，奔放奇纵，更是被寄托了一种热爱生活和思念故乡的情感，使其作品超越了形式与技法，赋予深层的精神内涵，对我国传统文人画的发展做出杰出贡献。

图3-33 《墨虾》系列作品之一(现代 齐白石)

8. 《蒙娜丽莎》(文艺复兴时期 达·芬奇)

《蒙娜丽莎》(见图 3-34)是文艺复兴时期欧洲最有代表性的肖像绘画，也是欧洲人文主义精神的代表作品。中世纪时期宗教对艺术的控制和影响直到文艺复兴时期才被解放，在宗教绘画占主流的时代背景下，贵族肖像绘画基本不可能出现，《蒙娜丽莎》的出现正是对这种界限的突破。《蒙娜丽莎》是意大利最早的半身肖像画，其描绘的是一位贵族妇女端庄地靠在阳台，双手优雅地叠放在档杆上，似笑非笑的面容下隐含着一种轻忧寡怨的神秘情感，背景虚无缥缈的山水景象更让画面蒙上一层神秘而又浪漫的色彩，画家运用其创造的特殊油画技法——“渐隐法”来虚化作品中各种造型的边线，使其更为完美地展现了画面中各种物体的空间关系。作品无论是在题材、技法，或是作品中神秘的微笑都无不使其成为人类历史上最伟大的绘画作品。

9. 《戴珍珠耳环的少女》(17世纪 维米尔)

《戴珍珠耳环的少女》(见图3-35)是17世纪荷兰小画派代表画家维米尔的一幅肖像作品。荷兰从尼德兰独立出来后是首个成为资本主义的国家，中资产阶级的迅速发展使绘画作品开始商品化，为适应市场的需求，主流作品由大幅油画开始转型为小幅油画。画家开始为一些资本家完成定件，维米尔就是这一类画家。维米尔早逝，加上绘画速度慢，传世的作品并不多，据专家考证大概是37件，但几乎每一件都是精品力作。《戴珍珠耳环的少女》是维米尔一生中最重要的代表作，画中的少女身穿黄色日本和服，头戴蓝色头巾，侧身而坐，轻轻回眸的一瞬间，目光中流露出一丝丝的诚挚之情，微微张开的嘴唇似乎要诉说着什么。少女在黑色背景的衬托下显得格外有感染力，而画中备受瞩目的便是少女左耳上戴着的泪滴形珍珠耳环，在少女头部的阴影中若隐若现，成为这幅作品的点睛之笔。作品虽然只是简单地运用几块纯色进行描绘，构图也并不突出，但画中少女转头与观众眼神交汇的刹那，那含情脉脉和欲言又止的表情牵动着观众的情绪。

图3-34 《蒙娜丽莎》(文艺复兴时期 达·芬奇)

图3-35 《戴珍珠耳环的少女》(17世纪 维米尔)

10. 《日出·印象》(19世纪 莫奈)

19世纪工业革命之后，科学的发展促进了印象派的诞生，其中影响最大的一项便是物理光学的研究。印象派画家主张摒弃室内绘画中着重于对物体素描造型关系的描摹，毅然走出画室，直接面对大自然进行写生，奔放的笔触和丰富的色彩充斥着整个画面。《日出·印象》(见图 3-36)是印象派的主要代表作，印象派的名称亦由此幅作品而诞生，其主要描绘的是法国勒阿弗尔港清晨的一幕景象。作品生动地表现了海面上日出时闪烁的光影，冷暖色块自然交接，笔触轻快潇洒，充分展现了作者一瞬间的视觉感受，画面中雾气弥漫的海港在晨光的映衬下给人留下一种朦胧之美。《日出·印象》突破了传统绘画中构图、色彩和题材的限制，以全新的视觉感知为绘画开拓出新的发展方向，此画也随即成为印象派的开山之作。

图3-36　《日出·印象》(19世纪 莫奈)

11. 《向日葵》(19世纪 梵高)

《向日葵》(见图 3-37)是梵高居住于法国南部时所画，梵高一生坎坷，却对绘画异常执着，得到弟弟提奥的长期赞助得以在绘画之路上砥砺前行。梵高注重在画中表现自己的情感，采用超越自然的色彩、回旋奔放的笔触与激烈的色彩营造画面中极强的表现力。《向日葵》系列中最有代表性的作品是梵高美术馆所藏的这一幅，几乎铺满整幅画的铬黄是梵高钟爱的颜色，这来自太阳的光色犹如火焰般的生命力，具有无比强大力量。梵高因患有精神病，情绪化的情感因素被投放在每一幅画之中，激烈、亢奋的他对社会、人生的痛切感受使其作品得到了升华，成为人类艺术的精神财富。

12. 《亚威农的少女》(20世纪 毕加索)

毕加索一生的绘画创作生涯大致被分为四个时期：蓝色时期、玫瑰红时期、非洲时期、立体时期，《亚威农的少女》(见图 3-38)是毕加索首张立体主义风格作品，画面中最具个性的造型特征充分诠释了其立体主义的创作理念。作品主题旨在关注女性，但画中最核心的价值并非主题，而是其立体主义的形式理念：形态各异的女子形象如支离破碎的玻璃镜面般解构再重构，一改以往画家只在一个角度上观察事物的习惯，全新的视角让观者可以在二维平面上多维度观看事物。画面中有 3 位女子带上非洲面具，利用面具的造型特征将埃及正面律充分地融合到立体主义的表现理念中，人体的构图形式自然、生动，无论是正面、侧面还是背面，抑或是站立、蹲坐，无不展现出立体派独特的形式特征。

图3-37 《向日葵》(19世纪 梵高)

图3-38 《亚威农的少女》(20世纪 毕加索)

思考练习

1. 以下属于先秦绘画作品的是(　　)。
A. 《人物龙凤图》　　B. 《步辇图》
C. T形帛画　　D. 《洛神图》

2. 《最后的审判》是(　　)的代表作。
A. 达•芬奇　　B. 拉斐尔　　C. 米开朗琪罗　　D. 扬•凡艾克

3. 欧洲美术文艺复兴发生在(　　)。
A. 罗马　　B. 佛罗伦萨　　C. 威尼斯　　D. 维也纳

4. 秦汉主要的绘画表现形式是画像石，画像石在秦汉时期的主要功用是(　　)。
A. 墓室装饰　　B. 民居建造　　C. 宫殿装饰　　D. 城楼建设

5. 开创我国青绿山水端绪的作品是(　　)。
A. 游春图　　B. 江帆楼阁图　　C. 明皇幸蜀图　　D. 千里江山图

6. 17 世纪盛行于欧洲的主流艺术是(　　)。
A. 浪漫主义　　B. 洛可可　　C. 巴洛克　　D. 印象派

7. (　　)以禅学思想为主导提出了文人画的“南北宗论”。
A. 朱耷　　B. 王希孟　　C. 黄公望　　D. 董其昌

8. 19 世纪工业革命之后，科学发展中物理光学的研究促进(　　)的诞生。
A. 立体主义　　B. 印象主义　　C. 现实主义　　D. 新古典主义

9. 物体的色彩必须依靠光线的照射才能产生，其基本可分为固有色、光源色、(　　)三种。
A. 同类色　　B. 对比色　　C. 环境色　　D. 相近色

10. 清代的“四王”包括(　　)、王鉴、王翚 、王原祁；“四僧”包括(　　)、髡残、弘仁、原济。
A. 吴昌硕、朱耷　　B. 王时敏、任颐　　C. 王时敏、朱耷　　D. 吴昌硕、任颐

第四章　书法之美

书者，散也。欲书先散怀抱，任情恣性，然后书之。若迫于事，虽中山兔毫，不能佳也。夫书，先默坐静思，随意所适，言不出口，气不盈息，沉密神采，如对至尊，则无不善矣。为书之体，须入其形。若坐若行，若飞若动，若往若来，若卧若起，若愁若喜，若虫食木叶，若利剑长戈，若强弓硬矢，若水火，若云雾，若日月，纵横有可象者，方得谓之书矣。

——蔡邕

【学习目标】

1. 了解书法史的大致脉络；
2. 了解书法史上具有代表性的经典作品；
3. 了解书法的审美趣味。

【人文艺术主题：忠义】

唐玄宗天宝十四年(公元 755 年)，安禄山谋反，“安史之乱”爆发。对于此次动乱，时任平原太守颜真卿早有提防，随即联络其从兄常山太守颜杲卿起兵讨伐叛军。次年正月，叛军史思明部攻陷常山，颜杲卿及其儿子颜季明被俘，连同一门 30 余人一同被害。颜氏一门忠贞不屈，奋勇杀敌，直至最后一刻。唐肃宗乾元元年(公元 758 年)，颜真卿于河北寻得侄儿颜季明首骨，并写下“天下第二行书”《祭侄文稿》(见图 4-1)。该作由作者在悲愤交加之际奋笔直书，一气呵成，笔墨间无不透露着书写者的悲愤与胆魄。

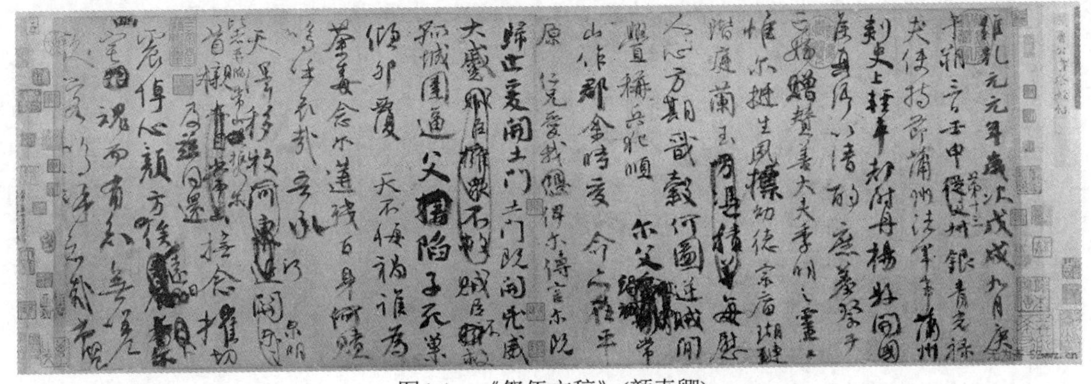

图4-1　《祭侄文稿》(颜真卿)

颜真卿的《祭侄文稿》在书法史上向来被视作忠义的代名词，作品中流露出的遒劲、爽直、拙厚、恣肆等审美，在艺术层面全面地继承了“二王”正脉。作品“爽直”的特点反映了对行草书节奏性的突破，“拙厚”的特点则标志着行草书笔法的创新演绎，极度契合书写《祭侄文稿》时的历史背景及个人情绪宣泄。《祭侄文稿》可谓书法艺术的典范之作。

第一节 发展历程

书法是文化的，也是艺术的。中国书法艺术在传播和发展上反映了中国的社会发展历程，不同年代的书法杰作中又展现了书法家在不同情境中所彰显的生命张力和审美能力。从文化的角度看，书法是一门文人体悟修为的学问；从艺术的角度看，书法是一门文人抒情达意独一无二的技艺。学习书法，既深耕传统，又拥抱未来。书法技法的锤炼、书法史的梳理、书法理论的归纳，以及书法美学的观照是学习书法的重要途径。沿着历史发展的脉络，了解书法史规律，更为客观地看待书法技法与史论，理论与实践并重是学习书法的重要方法。

一、先秦、秦代时期

先秦和秦代的书法史可分为汉字的发展、商代、西周、春秋战国、秦代 5 个时期。汉字的发展，重点在于对汉字的由来做脉络性把握。汉字的起源大约有 3 种说法：仓颉造字说，肯定了文字产生的初期，有人在一定程度上对文字进行了整理；结绳说，在产生文字之前，人们利用结绳法记录，但结绳不等于文字；起一成文说，由宋代郑樵以道家哲学为立足点，结合当时点画特征及《说文》部首主观演绎而成。客观地讲，汉字从新石器时代萌芽，经仰韶、马家窑、良渚、龙山等文化的发展与沉淀，逐步演化至商代的甲骨文，呈现为以图像为主的文字符号系统。

商代书法的关注点主要集中在甲骨文及殷商金文两个方面。甲骨文亦称卜辞，商周时期刻于龟甲、兽骨之上，用于记录占卜内容。殷墟出土的十几万片甲骨名声最著，甲骨文书法以武丁时期元气最足；祖庚、祖甲时期完善技巧，书风渐开；廪辛、康丁、武乙、文丁时期，以内敛胜，且数量甚多；帝乙、帝辛时期，小字细致，大字已有钟鼎文气象。

西周是金文书法的重要时期，伴随着西周典章制度的不断完善，金文的书写秩序也得以体现。早期(武、成、康、昭)有行无列，不拘大小，笔画平实，气象博大，如《庚姬卣器铭》《利簋器铭》《天亡簋器铭》等；中期(穆、恭、懿、孝)佳作如林，气度平和，结字规整，点画含蓄，如《墙盘铭》《克鼎铭》《大盂鼎铭》等；晚期(夷、厉、宣、幽)个性鲜明，雅正古拙，朗畅遒健，如《散氏盘》《颂家族诸器》《虢季子白盘》《毛公鼎》《逨盘》等。

春秋战国时期，王公贵族、士人百工皆参与到书法的创造之中，书法开始呈现艺术性及实用性。秦书继承传统，趋于保守；楚书风格特立，率意天真；齐书舒展清健，略加修饰；晋系巧饰凝练，修长隽美；燕系简劲短促，排布空灵。以楚书为著的鸟虫篆风格最为鲜明，极具装饰，起收笔处植入鸟虫形象，行笔处参以钩点形状，展现了其艺术性的一面。以晋书为佳的盟书书于玉石之上，记录诸侯之间盟誓，展现了其实用性的一面。战国时期的简牍、帛书书于竹木与织物。简牍呈现出字形由长至扁的变化过程，在纵向空间中表现章法的疏密，也影响着由篆到隶的书体演变；帛书在书写空间上与简牍截然不同，空间开阔，并不局限于纵向的条形空间，横势、雍容、呼应、排布、图像……逐一呈现，艺术性从字内走向字外，得到进一步发挥。

秦代书法的发展为后世书法的开拓提供了坚实的基础，文房用品除纸张外几乎完备；小篆还保留着大篆的部分图像属性和不易辨识属性，其规范性却也由于皇权的唯一性而震古烁今；隶书的兴起，标志着书体演变开始进入实用简化、审美多元的历史发展轨迹。秦代小篆与秦文字有别，是李斯《仓颉篇》、赵高《爰历篇》、胡毋敬《博学篇》中省改大篆而来的书体，是秦始皇“书同文”政策的具体表现，代表作有《峄山刻石》《泰山刻石》《琅琊刻石》《会稽刻石》等。与刻石类小篆适用于庄重场合不同，权量诏铭类的小篆风格率性、篆隶并用，代表作有《廿六年诏铭》。隶书是篆书草化而来，萌芽于战国时期，20 世纪 70 年代以来出土的秦代简牍墨迹则充分反映了秦始皇时期隶书的迅猛发展。当时作为日常手写体的秦隶，普遍应用于公文，可见在小篆作为官方字体的同时，隶书已然得到官方许可且广泛应用于官私，这在秦隶代表作《云梦睡虎地秦简》《里耶秦简》中可得到印证。

二、两汉时期

两汉书法的发展分西汉和东汉两个时期。两汉书法的历史地位在隶书的成熟、章草的出现、篆书退出日常书写的历史舞台、楷书的萌芽、书写教育、官吏选拔、文字学研究、书法理论文章的出现等多个方面得以体现。因此，文人热衷书法、书法家受到尊崇、师承流派形成、文房用具得到改进。这些史实标志着书法成为一个自觉独立的艺术门类。

西汉时期以简牍帛书、刻石、金文砖瓦名声最著。简牍帛书以《老子乙本》《马王堆一号墓遗策》为代表，前者可见“蚕头燕尾”、横竖衔接多为方折、横向笔画间距紧凑、字形多呈方扁等隶书特征，部分字有向斜下方延伸的长笔为秦汉古隶之典型；后者则明显草化了篆书规则，点画出现连带，书写迅速，姿态万千，可窥汉代草书萌芽之一二。篆书刻石方面，风格朴拙、字形方扁、方圆明确、不求对称，一派天真又不失古雅，刻石数量明显少于东汉时期。金文砖瓦方面，铜器多为日常用具，简朴实用，篆隶并用，单字已打破前代界格形式，融入整体章法之中；砖瓦的章法则方圆并用，匠心于因砖瓦外形而排布字符，其中汉代盛行的鸟虫篆以花哨的纹样极尽华饰，文字瓦当艺术遂以西汉最盛。

东汉时期的草书、隶书不断发展，并走向成熟，稍晚时候的楷书、行书也同样得以萌芽和发展。上承西汉，东汉的简牍墨迹更为成熟精彩，其中以简牍草书最具代表性，如《公孙君方》点画率性、节奏激荡、打破原有行列意识。隶书快写省去波磔，逐渐浮现楷书的点画及结构特征，到汉末时已出现楷书的撇、钩、挑等用笔，笔势流荡，可以说楷书、行书在同步萌芽与发展。东汉时期“举孝廉，厚葬盛”，碑刻的数量远超前代。篆书碑刻多取势方整、点画爽直，如《袁安碑》承秦代篆书圆转之风尚，略施锋芒，婉转有度；又如《祀三公山碑》具有以隶为篆之意，不加修饰且疏密有别。而东汉书法最为璀璨的当属隶书。《礼器碑》之秀、《曹全碑》之雅、《张迁碑》之拙、《石门颂》之奇被誉为隶书四大名碑，然而西汉隶书碑刻摩崖之所以震古烁今，还在于佳作甚众，耳熟能详者诸如《乙瑛碑》《鲜于璜碑》

《衡方碑》《史晨碑》《裴岑纪功碑》《开通褒斜道刻石》《西狭颂》《郙阁颂》《杨淮表记》等。

汉代书法的另一重要历史意义在于出现了影响深远的书家和书学理论。著名书家有陈遵、曹喜、杜操、王次仲、崔瑗、崔寔、张芝、蔡邕、师宜官、刘德升、梁鹄等。书学理论方面，许慎《说文解字》是文字学的重要著作，也是中国最早的一部字典；崔瑗《草书势》是存世最早的一篇纯讨论书法艺术的理论文章；蔡邕《篆势》用物象排比形容篆书点画及体势，《笔论》《九势》或为伪托蔡邕之名；赵壹《非草书》作为书法史上重要的书法批评文章，有开拓之功，他认为草书是秦末以来从速草化的产物，无功于社会、政治，即便如此也丝毫不影响后世草书艺术的长足发展。

三、魏晋南北朝时期

魏晋南北朝时期的书法伴随着隶书的逐步衰落，以及楷书、行书和今草书的逐渐完备，技法、理论、品评得以全面发展，为传统书法理论的发展、技法的深入奠定了重要基础，大致可分为三国西晋、东晋、南北朝三个时期。

三国西晋时期承前朝余绪，篆隶书依然有所发展，代表作有《孔羡修孔庙碑》《三体石经》等。然而三国之后，篆隶已不作为当时的日常书写体，多用于典重场合，书风规范化、装饰化且日渐刻板，篆隶不复两汉之壮，取而代之的是楷书、行书和今草书。

楷书方面，在唐以前，碑刻上的隶书称为“八分”，楷书则与隶书通称隶书。楷书代表人物当属楷书之祖钟繇，与东晋王羲之并称“钟王”，代表作有《宣示表》《贺捷表》《荐季直表》。《宣示表》楷法规范，系王羲之摹本，风格近东晋；《贺捷表》《荐季直表》系唐人摹本，隶意犹存，风格近《长沙走马楼吴简》，更可代表钟繇楷书风貌。

草书方面，大约分为两个发展方向：其一，受八分隶书影响，具有波挑、方扁、规范等特征，即章草；其二，受楷、行书的影响，具有纵向、无波挑等特征，更接近今草。三国时期以皇象为代表，其草书取横势，重波磔，是典型的章草，代表作为宋刻《淳化阁帖》中的《文武帖》，南唐宋羊欣《采古来能书人名》评曰：“皇象能草，世称沉着痛快。”西晋时期以卫瓘和索靖为代表，唐张怀瓘《书断》曾对二人做过比较：“时议放手流便过于索，而法不及之。”从卫瓘的《州民帖》可以看出波磔少、几无隶意、体势流美的特点。《晋书•索靖传》对比评价索靖与卫瓘时记载：“瓘笔胜靖，然有楷法远不能及靖。”说明卫瓘以用笔胜，索靖以法度胜。从索靖的宋刻《七月帖》可以看出，其笔画连贯性略逊于卫瓘《州民帖》，其法度严谨性则占优。卫瓘和索靖的风格都比较接近今草。西晋流传至今的真迹则只有陆机的《平复帖》，此作不做波磔、点画平稳、笔势取逆，属于章草至今草过渡时期的作品，较之卫瓘、索靖则略显保守，胜在古朴。

书法在这一时期已成为书法家自觉追求的艺术，书风的演变也不仅限于日常书写，更多的是书家个性追求所带来的，这对书法艺术的创造起到关键作用，同时也带动着楷、行、草的协同发展。

东晋早期的书法家大多来自北方，延续着钟繇、卫瓘和索靖的书风，较之闪耀书史的东晋二王，书风实属古质。例如王导，书风根基于卫瓘，中侧并用，时有连属，代表作有宋刻

《省示帖》《改朔帖》，可窥王羲之行草书之缘由；王廙承袭钟繇楷法，拙中见巧，代表作有宋刻《祥除帖》，可觅王羲之楷法之由来。到了王羲之所处的时代，世族尚品藻、好清谈，品评人物从儒家的道德、气节等道德标准转向人物本身的才情、气质，并延伸到人的容貌神态、言行举止等，书法作为修养之一随之受到重视。

王羲之的《兰亭序》被誉为“天下第一行书”响彻寰宇，而逸少的书风面貌却不仅限于此。王羲之书法师从卫烁，羊欣《采古来能书人名》评卫铄：“李充母卫夫人，善钟法，王逸少之师”，钟繇自然也成为王羲之师法的对象，宋刻钟繇《宣示表》为王羲之所临便可印证。王羲之所临《宣示表》较之钟繇《荐季直表》，显然更注重纵势的拉伸，舍去横向的隶书惯式，全然新貌。王羲之的行书风貌，早期代表作为唐摹本《姨母帖》，字形沉实拙朴，略有横势，尚有隶书余韵，但其章法却大小错落，疏密有致。又如唐摹本《初月帖》《寒切帖》已然今草，但点画以短线为主，配合露锋多变的笔法，显得丰厚而精致。王羲之尺牍的经典之作当属唐摹本《丧乱帖》《二谢帖》《得示帖》的三帖合一。右军家法是一帖一面，变化莫测，董其昌称“右军如龙”，此三帖珠联合璧，行、草兼具，恣肆遒逸，中侧并用，转折兼施，成为王羲之尺牍中成熟风格的艺术语言，其在后来书法史上的可塑造性、可变化性就是以技法多样性为支撑，同时离不开尚清谈、重气质的时代风尚对其人的塑造。

书史称王献之与其父王羲之为“二王”，王献之确实对王羲之的书法艺术进行了创新，并将其发扬光大。王献之年少便有书名，且对书风流变有敏锐的体察能力，认为“古之章草，未能宏逸”，崇尚飘逸流美的书风，建议王羲之变化古体“穷伪略之理，极草纵之致”。王献之的书风审美显然已逐步形成，虞龢《论书表》在对比二王书风时评曰：“笔迹流怿，宛转妍媚，乃欲过之。”可见，王献之的书风较之其父更趋新妍。传世尺牍作品则多为唐人摹本，如《鸭头丸帖》是潇洒流美的一类，点画连绵、行气饱满、不拘细节，是唐代张旭、怀素狂草的源泉；如《万岁通天贴》第七帖《廿九日帖》，楷、行、草并用，用笔严整，体势俊朗，形式张力在楷、行、草混用的过程中经由结体、字组得以体现。王献之的楷书作品《洛神赋十三行》书于麻笺，南宋贾似道分两次得之，并刻于石板，故称《玉版十三行》，其风格由《兰亭序》出，飘逸秀润，行间错落，是楷书发展史中的重要作品。此外，东晋世族中的代表还有唐摹《万岁通天帖》中的王荟《疖肿帖》，杨守敬《评书帖》认为欧阳询书风发源于此；同样收录于唐摹《万岁通天帖》中的王徽之《新月贴》，楷、行、草混用，杨守敬《评书帖》评曰“深谨而闲雅”；王珣《伯远帖》是现存唯一的东晋世族名家真迹，最能体现东晋风神，董其昌跋云：“王珣潇洒古淡，东晋风流，宛然在眼。”

时至南北朝，传承二王书风的代表作有收录于《万岁通天帖》中的王僧虔《太子舍人帖》，王慈《尊体安和帖》《郭桂阳帖》《柏酒帖》《汝比帖》，王志《一日无申帖》。王僧虔的《太子舍人帖》书风平和，温润中见新奇，对唐代行书有深远影响。王僧虔同时是一位书法理论家，著有《书赋》《论书》《笔意赞》。王僧虔之子王慈的代表作则以雄强奇崛的风格示人，用笔灵动，仪态潇洒，与其父的风格取向相反，相得益彰。北朝时期，书名最著当属崔、卢两家，两世族始于魏晋时期，儒学传家，代表人物有崔悦、崔偃、崔邈、崔宏、崔浩、卢志、卢堪、卢偃、卢邈、卢玄、卢渊等，书风较之二王的新妍则更趋古质，崔、卢二门的书法地位之于北朝有如二王之于南朝。

魏晋南北朝时期，除了以二王为代表的日常书写墨迹外，还有刻石以及简牍写本。摩崖刻石方面，八分隶书如《上尊号碑》《受禅表碑》《孔羡修孔庙碑》《范式碑》《曹真残碑》《王基残碑》《皇帝三临辟雍碑》《太公吕望表碑》；篆书有《天发神谶碑》《禅国山碑》；隶、楷之间如《谷朗碑》《爨宝子碑》《爨龙颜碑》《瘗鹤铭》《广武将军碑》《好太王碑》；楷书如《中岳嵩高灵庙碑》《张猛龙碑》《石门铭》《云峰山刻石》《四山摩崖》。墓志方面，著名者如《刘怀民墓志》《刘岱墓志》《萧融太妃王慕韶墓志》《元腾墓志》《吐谷浑氏墓志》《张黑女墓志》《令狐天恩墓表》等。造像题记方面，风格千奇百态，以《龙门二十品》为代表。砖文有《大亨三年岁砖》《太和三年孝子灵封砖》等。简牍写本代表如《长沙走马楼吴简》《急就章残纸》《诸佛集要经》《出家人受菩萨戒法卷第一》等。

四、隋唐五代时期

隋唐五代时期的书法呈现出纷繁灿烂的局面，书体之完备、风格之成熟、书论之广泛，可谓发展迅猛，其中经典作品数量之多堪称书史浓墨重彩的一笔。

隋代上承六代，下启三唐，在墨迹及碑刻两方面各有所显。墨迹方面，以智永《真草千字文》为代表，传承二王妍美一类的书风，以精致、妍巧为后人所仰。此外，流传至今的墨迹多为写经，取法近智永，如《大方等大集经》《出师颂》等。碑刻方面，著名者如丁道护，有《启法寺碑》传世。此时的碑刻书法以楷书为主，体势端正，融合北朝的质朴及南朝的秀雅，以《龙藏寺碑》《曹植庙碑》《董美人墓志》等为代表。

唐朝时，唐太宗热爱书法，以帝王之力奉王羲之为“书圣”，宫廷大量复制古代书法，科举与书法的内在关系，这都让唐代的书法不但有强烈的官方意味，还有重要的时代意味。例如以楷书为主要体现媒介的“尚法”标签，以官方为走向；以“颠张醉素”为代表的狂草(大草)，以民间为走向；有“天下第二行书”之誉的颜真卿行书，以情绪为旨归……“法”即法度、规矩等，唐代楷书的各类风格是以严谨的技法规矩训练为基础的，这个技法规矩的标准便在二王行、草、楷书之中，这种标准确立的方式是极官方的，其对唐代及后世的影响也是极深远的。

初唐时期，楷书为主要代表书体，虞世南、欧阳询、褚遂良、薛稷被誉为初唐四家。虞世南的书法含蓄，楷书代表作有《孔子庙堂碑》，行书代表作有《汝南公主墓志铭》(传)；欧阳询的书法险劲，楷书代表作有《化度寺碑》《九成宫醴泉铭》《皇甫诞碑》，行书代表作有《梦奠帖》《张翰思鲈帖》《卜商读书帖》；褚遂良的书法灵秀，楷书代表作有《雁塔圣教序》，行书代表作有《褚摹兰亭序》(传)；薛稷的书法瘦劲，楷书代表作有《信行禅师碑》。此外，初唐时期的著名书家还有孙过庭，擅草书，代表作《书谱序》灵动多变，同时又是一篇重要的书法理论文章，可谓文书俱佳；陆柬之，擅行书，代表作《文赋》面目质朴，得二王家法。

盛唐时期的书法百花齐放，达到了书法艺术在唐代的巅峰。馆阁书家依附于宫廷，书法缺乏艺术性，以徐浩、韩择木为代表，唐代匀净端正的隶书亦属此类。行书家以李邕、颜真卿为代表，李邕行书雄放，代表作有《麓山寺碑》《李思训碑》《云麾将军碑》，有别于初唐瘦劲飘逸的书风，开盛唐雄浑豪放之风；颜真卿的行书极富情感色彩，其《祭侄文稿》被誉为“天下第二行书”，代表作另有《争座位帖》《刘中使帖》《裴将军帖》，有别于二王飘逸精致的风格，体现出一种明快、跌宕的面貌。草书家以张旭、怀素为代表，两者发展出纵情狂放的狂草，将书法的艺术性在书体层面推至顶峰，张旭以俊逸激荡的《古诗四帖》为代表，怀素以流畅清雅的《自叙帖》为代表，另有李白《上阳台帖》(传)存世。篆书家以李阳冰为代表，承袭秦篆风格，点画圆润，结字更趋婉转，与秦代李斯并称“斯冰”。楷书家以颜真卿为代表，气势雄厚，庙堂气、篆籀气兼具，早、中期代表作有《多宝塔碑》《郭氏家庙碑》，晚期代表作有《麻姑仙坛记》《颜勤礼碑》《颜家庙碑》。

晚唐时期的书法可视为盛唐书法的余绪。楷书家以柳公权为代表，其《玄秘塔碑》《神策军碑》承颜真卿风尚，易雄厚为瘦劲，字内间架极为严整，丝毫不可更替，此为其得亦为其失。行、草书家以杜牧《张好好诗》、柳公权《蒙诏帖》、高闲《千字文》为代表，杜氏率性而能留，柳氏简直而能俊，高氏激烈而能厚。

五代时期书出晋唐，然名垂后世者甚少。杨凝式为这一时期最杰出的书家。杨氏代表作有《韭花帖》《卢鸿草堂十志图跋》《夏热帖》《神仙起居法》，《韭花帖》兼具二王俊逸及唐人楷法，《卢鸿草堂十志图跋》得颜真卿行书韵味，《夏热帖》可视为颜真卿行书的草书化体现，《神仙起居法》兼具二王草书笔法及旭素草书姿态。

隋唐五代时期的书法作为中国书法史上的高峰之一，除了其书法艺术性的体现之外，还有影响深远的书法理论著述。以智永“永字八法”论(传)，虞世南《笔髓论》，欧阳询《八诀》《三十六法》，孙过庭《书谱序》，李嗣真《书后品》，张怀瓘《书断》，窦臮《述书赋》，张彦远《法书要录》等为代表。

另外，得益于唐代书法的域外传播，同时期的日本书法也有佳作流传后世，其中代表人物有橘逸势、空海、嵯峨天皇(合称日本书道史上的“三笔”)，以及学问僧最澄。

五、宋辽金时期

宋辽金书法的发展大概可分成北宋、南宋、辽金三个时期。北宋是继晋唐之后，书法史上的又一高峰时期，以“尚意”书风与晋代“尚韵”、唐代“尚法”同辉；南宋书法在创造力上则相对平庸，在北宋书风中踱步；辽金书法基于文化与民族的关联，虽也效仿北宋，但较之南宋时期更具气势。

北宋前期的书法受《淳化阁帖》刻帖之风、“趋时贵书”等风气的影响。篆书方面，斯冰千年之间几成绝学，幸得徐铉、徐锴、王文秉、释梦英等人延续；行书方面，首推李建中，其书沉稳显拙趣，有《土母帖》《同年帖》《贵宅帖》传世。此外，载入书史的书家还有李宗谔、宋绶、周越、郭忠恕、宋太宗赵炅、苏舜钦、范仲淹等。

北宋后期的书法经由欧阳修、蔡襄的铺垫，以苏轼、黄庭坚、米芾的崛起而达到顶峰。欧阳修以文坛领袖的身份，倡导书法应体现其抒情性，有别于晋唐以来“尽善尽美”的书学审美，强调“学书自当成一家之体，其模仿他人，谓之奴书”；蔡襄则对传统书法做了系统的梳理和研究，揭开了“尚意”书风的序幕，其书风立足于唐人，既有法度，又时出新意，以行、楷书见长，《澄心堂帖》《扈从帖》是其最具代表性的作品，与苏轼、黄庭坚、米芾并称“宋四家”，此外，蔡襄在蝌蚪文、篆籀文、飞白书、隶书等方面也颇有成就。随着刻帖的兴盛、传统笔法继承的中断、文人地位的上升，神宗之后，宋代书坛迎来顶峰。苏轼以

“出新意于法度之中，寄妙理于豪放之外”为书学态度，法出颜真卿，代表作有“天下第三行书”《黄州寒食诗》以及《醉翁亭记》《李白仙诗卷》《获见帖》《渡海帖》等；黄庭坚以“随人作计终人后，自成一家始逼真”为书学态度，法出《瘗鹤铭》、旭素，代表作有《牛口庄题名卷》《黄州寒食诗跋》《松风阁诗》《砥柱铭》《李白忆旧游诗》《花气诗帖》《诸上座帖》《廉颇蔺相如列传》等；米芾书法出入晋唐，又能自出机杼，代表作有《蜀素帖》《苕溪诗帖》《珊瑚帖》《临沂使君帖》《伯充帖》《研山铭》等。此外，这一时期的著名书家还有薛绍彭、蔡京、蔡卞、宋徽宗等。

南宋、辽金时期的书法基本延续着“宋四家”的“尚意”书风，史载有宋高宗、王安中、富直柔、陆游、范成大、米友仁、张孝祥、吴说、朱熹、赵孟坚、党怀英、赵沨、王庭筠、赵秉文等名家，最富书名当属吴琚。吴琚书学米芾，然略单调，代表作有《碎锦帖》《桥畔诗轴》《杂诗帖》等。

宋代书论体现出多且优的特点，如《宣和书谱》，黄伯思《东观余论》，朱长文《续书断》，赵构《翰墨志》，陈櫄《负暄野录》，姜夔《续书谱》，陈思《书小史》《书苑精华》等。宋代刻帖之风大盛，从《淳化阁帖》被翻刻不下 30 余种便可见一斑，《潭帖》《绛帖》《临江贴》《大观帖》《淳熙秘阁法帖》《汝帖》《绍兴米帖》《西楼贴》《群玉堂帖》《博古堂帖》《宝晋斋法帖》等皆为后世所珍重。

六、元代时期

元代书法有别于南宋、辽金承续北宋的书学主张及艺术风格，更不同于宋末怒张燥露、师法不古的风格，纠正宋末流弊，元代近百年的书坛当以赵孟頫为领袖，在他的带领之下涌现出一大批青史留名的书家。

元代前期，赵孟頫遵循古法、崇尚二王，各体兼善，风格纯正典雅，一派“中和”之象，行书代表作有《兰亭十三跋》《归去来辞卷》《赤壁赋》《国宾山长帖卷》《违远帖》，楷书代表作有《道德经卷》《洛神赋》《汉汲黯传》《玄妙观重修三清殿高》《玄妙观重修三门记》《胆巴碑》《湖州妙严寺记》，篆书代表作有《玄妙观重修三门记碑额》。赵氏书风的影响贯穿元代直到明清，同时远播日本、高丽、印度，影响达 3 个世纪之久。这一时期能列赵孟頫之侧的书家还有鲜于枢、邓文原二位。鲜于枢善词赋，精书画、古器鉴定，与赵孟頫莫逆，其草书奇态横生、气魄豪迈，点画有含糊之憾，代表作有《草书千文》《苏轼海棠诗卷》等；邓文原一代大儒，文坛领袖，其精通诗文，与赵孟頫交从甚密，书法学二王、李邕，善章草，代表作有《瞻近汉时二帖》《急就章卷》等。

元代中后期的书法经由初期赵孟頫等人的复古变革，书风趋于稳定，沿着赵氏等人的书学主张，法出晋唐，各具面目。虞集诸体皆能，代表作《致丹丘博士士札》《白云法师帖》；张雨书学李邕、怀素、米芾，而能兼取众长，书风雄迈，代表作有《题画诗卷》《登南峰绝顶轴》；康里巎巎的书法出入晋唐，以行草最善，点画灵动，体势舒朗，有“北巎南赵”之谓，代表作有《颜鲁公述张旭笔法记卷》《李白诗卷》。

元末书坛的另一股力量则是隐士书家群体，其中以杨维桢、倪瓒为代表。杨维桢不为世俗，精诗文，书法独步书坛，极具个性，重视“面目骨体”“性情神气”的表达，楷书《周上聊墓志铭》沉穆高古，行草书《真镜庵募缘疏卷》《城南唱和试卷》《游仙唱和诗册》点画狼藉、激荡古奥，对明代书法的革新有深远影响；倪瓒书法常见小楷，多为题跋、诗稿之作，书风清雅古淡，如《静寄轩诗文轴》《诗五则》《月初发舟贴》《赵孟頫行书洛神赋卷题跋》，另有大字行楷书《淡室诗轴》更趋古朴脱俗之意。

元代在书论方面虽数量稍少，但其理论与艺术实践并驱自是不俗，有郝经《叙书》、郑杓《衍极》、陈绎曾《翰林要诀》传世。元代受宋代刻帖之风大盛的影响，虽因战争使刻帖之热降温甚多，但元代依然可见少数刻帖，如《乐善堂帖》《香雪院兰亭序帖十种》。

七、明代时期

明代书法的发展大致可分为三个时期，前期以“三宋”“二沈”为代表，承续元代追古书风，逐步演变为端正流美的“台阁体”；中期以“吴门书派”祝允明、文征明等为代表，逐渐摆脱“台阁体”书风，文人书家上追唐宋，拉开明代书学高潮的序幕；后期以董其昌、徐渭、张瑞图、黄道周、倪元璐等为代表，书风多元化，可视为明代浪漫主义书法的高潮期。

明代前期的书法延续着复古思潮，几乎被元代书风所笼罩。受到统治者的审美意志驱使，明代前期的书法多以娴熟的技巧、精致规矩为风貌，进而呈现出“台阁体”书法风气。承袭元人风貌的书家以宋克、宋璲、宋广为代表，“台阁体”书家以沈度、沈粲为代表。宋克擅章草、小楷和草书，取法皇象、钟王，融汇章草及狂草，代表作有《急就章》《七姬权厝志》《杜甫壮游诗卷》《进学篇卷》；宋璲擅草书，书学康里巎巎、二王，代表作有《敬覆帖》；宋广擅草书，宗法旭素，有《太白酒歌轴》《风入松词轴》传世。沈度以楷书见长，端庄秀丽，稍显媚俗，代表作有《敬斋箴册》《谦益斋铭页》《四箴页》；沈粲以草书名世，点画圆熟，章法精致，代表作有《千字文卷》。此外，另有解缙擅、张弼、陈献章皆擅草书，个性解放，气度不凡。

明代中期的书法风貌摆脱“台阁体”时风的禁锢，逐步多元，且名家辈出。祝允明书名甚著，其草书既有兼容章草的古朴一类，又有取法晋人的飘逸一类，还有宗法旭素的狂放一类，代表作有《曹植诗册》《草书卷》《七言律诗轴》等；其小楷得法钟王，自然浑朴，瘦健清润，有《关公庙碑》传世。文征明以小楷和行草书最善，其小楷精气饱满，温纯精绝，传世名作《前赤壁赋》《离骚经》《归去来辞》《醉翁亭记》等甚是震撼；其行草书师法黄庭坚，清逸典雅，气息冲淡，代表作有《杂花诗赋卷》《自书雪诗卷》《西苑诗卷》等。这一时期另有陈淳、王宠两位名家，陈淳好古厌俗，擅草书，书学文征明、杨凝式、米芾，纵情遣兴，胆气过人，代表作有《七绝诗轴》《秋兴八首卷》等；王宠问道于文征明，上追晋唐，以小楷及行草为世所重，其小楷气息疏朗、古朴静谧，其行草书自然朴厚、意态古雅，代表作有《滕王阁序》《刺客列传》《送陈子龄会试诗》《游包山集卷》《草书李白诗卷》等。

明代后期的书法艺术风貌可谓纷繁灿烂，是明代书法的高潮期。代表书家有徐渭、董其昌、张瑞图、黄道周、倪元璐。徐渭书画诗文俱佳，袁宏道评其书法为“八法之散圣，字林之侠客”，其书风狂放激越，孤傲疏狂，代表作有《七律春园细雨诗轴》《七律朝廷久罢诗轴》等。董其昌出入晋唐，后世视为帖学的集大成者，书风舒散简淡，代表作有《东方朔答客难卷》《仿怀素体书唐人绝句卷》等。张瑞图的书法师法钟王，风格劲健，代表作有《圣寿无疆词卷》《五绝诗轴》等。黄道周的书法点画生辣、体势磊落，代表作有《自书诗轴》《赠倪汝叔侄诗轴》等。倪元璐的书法师法王羲之、颜真卿、苏轼，书风苍润古雅，代表作有《杜牧诗轴》《舞鹤赋卷》等。明代后期社会动荡，书法成为文人宣泄情感的艺术形式之一，思想的相对自由使得书坛百花齐放，书风也是自由的、直接的、拙朴的。这种书风有别于唐宋书法承袭魏晋书法相对平和温润的基调，更趋向一种原始、直接的表达方式，是对魏晋二王直至元代千余年二王书风的回望，也是另一种主体宣泄的风格表达。

明代书法理论亦甚丰富，代表性著作如解缙《春雨杂述》、丰坊《书诀》、项穆《书法雅言》、董其昌《画禅室随笔》等。

八、清代时期

清代书法的发展大致可分为前、中、后三个时期，这三个时期，帖学、碑学都有了发展，因此书风亦精彩纷呈。

清代前期的书坛，第一类是承袭明末浪漫书风，特别体现在遗民书家群体，以王铎、傅山为代表。王铎师法二王、米芾，擅行、草，作品流传量大，以“集古字”、二王夸张化、米芾草化等学习手段使其书风名标书史，代表作有《自作五律诗》《思台州诗轴》《临集王羲之圣教序》等；傅山为这一时期的重要学者之一，博通经史、佛道、巫医，书法擅行、草，笔试流荡，气骨不凡，代表作有《草书轴》《七言绝句诗》等。遗民书家书史有载的还有陈洪绶、万寿祺、昌襄、归庄、查士标、龚贤、宋曹、许友、石涛、朱耷等。第二类是董其昌书风，由于康熙帝王的偏好，董氏书风逐渐演化成与明代“台阁体”异名同质的“馆阁体”，此间代表书家有沈荃、张照。第三类是碑学的初期面貌，以篆、隶书及书法理论为主，篆、隶法出秦汉，代表书家有郑簠、万经、王澍，书法理论有万经《分隶偶存》、王澍《虚舟题跋》等。

清代中期约可视为乾、嘉两朝时期，帖学、碑学并驱发展，此时期也是清代帖学的高峰期。帖学方面以“四大家”刘墉、梁同书、王文治、翁方纲为代表，刘氏丰厚如《临米芾诗帖》、梁氏俊迈如《苕溪渔隐丛话轴》、王氏秀逸如《快雪堂偶然书册》、翁氏稳健如《隶行二体书轴》。与此同时，金石考据学的发展，包含校勘、辨伪、搜补、训诂等学问的乾嘉学派学者为碑学的发展推波助澜，代表人物有惠栋、戴震、段玉裁、王念孙、王引之、翁方纲、钱大昕、武亿、洪颐煊、严可均、陈介祺、王昶、黄易等。碑学方面，金农隶书雄厚如《相鹤经轴》，郑燮“六分半书”奇崛如《剑南诗轴》，邓石如篆隶书圆厚如《文轴》《七言诗轴》，伊秉绶隶书磅礴如《变化气质联》，此外还有丁敬、黄易、陈鸿寿、赵之琛、高凤翰、杨法、钱坫、洪亮吉、孙星衍等在实践、理论两方面颇有建树。

清代后期的书坛，以清代中期钱大昕等人对金石考据学的完善为基础，经过阮元、包世臣对碑学理论的倡导和推行，伴随着金石碑版的大量出土，来到碑学的全盛时期。清晚期对碑学的取法约可分三类，碑帖兼收为其一，取法碑楷为其二，钻研篆隶为其三，具有代表性的有何绍基行楷书、吴熙载篆书篆刻、莫友芝隶书、杨沂孙篆书、徐三庚篆书篆刻、张裕钊行楷书、赵之谦篆书楷书篆刻、吴大澂篆书、吴昌硕篆书篆刻、沈曾植行草书、康有为行楷书等。此时书学理论则呈现碑帖并进的局面，如阮元《南北书派论》《北碑南帖论》，包世臣《艺舟双楫》，刘熙载《艺概》，周星莲《临池管见》，朱和羹《临池心解》，康有为《广艺舟双楫》等。

第二节　审美特征

书法史的发展包含了实践及理论两个方面，书法的审美特征(书法美学)根植于中国传统美学的土壤，伴随着历代书法的品评，潜藏于历代书法理论著作之中。历代书论之中包含着诸多重要的书法美学命题，其中部分命题被历朝历代所重视直至当代。以下略举数则，以窥大概。

一、“形质”与“神采”

“形质”与“神采”由南朝王僧虔提出。王僧虔曰：“书之妙道，神采为上，形质次之，兼之者，方可绍于古人。”

王僧虔认为，书法欲达到“妙”的境界，必须兼具“神采”及“形质”，其中“神采”更高于“形质”，这是贵神贱形在书法理论中的反映。“神采”之所以高于“形质”，是因为“形质”是书法的造型表象，“神采”是书法的精神气质，“形质”是拥有“神采”的必要条件，“神采”是“以形写神”“遗形取神”所欲达到的目标。由此，王僧虔重视书写技艺，即笔法、字法、章法；重视心手合一，即“必使心忘于笔，手忘于书，心手达情，书不妄想，是谓求之不得，考之即彰”；重视工具精良，即“剡纸易墨，心圆管直，浆深色浓，万毫齐力”。王僧虔强调书写技艺的重要性，即由技而道、从“功夫”到“天成”的逻辑，亦是从“形质”到“神采”的书学逻辑。

二、书法评论中“品”的确立

书法评论中的“品”确立于南朝庾肩吾的《书品》，受“九品中正制”、钟嵘《诗品》、谢赫《画品》以及人物品藻风气的影响，《书品》易人为物，以物喻书。

《书品》确立了一种品评秩序和标准。品第，即书家水平的高低等次；品性，即书家的艺术个性；品格，即书家的艺术风格。在品第方面，提出“中和”的观点以品评书家水平高下；在品性方面，主要用于同品相较而言，较为主观地以书家气质风貌为判断，以辨同品中之高下；在品格方面，以书风特点评价不同的艺术风格，知书而论人。

由此，书法理论及批评有了以人论书、以书论人的双向品评方式，这使得书法理论批评摆脱了时空的束缚，与文艺的整体相契合，书法批评即以人—书—人、书—人—书的人书合一的逻辑深入发展，这种根植于中国传统美学思维的架构也使得书法无法作为纯艺术或纯文化的形式被归类，由此书法也更贴近生活、更贴近现实。

三、“五合”和“五乖”

“五合”和“五乖”理论出自唐代孙过庭《书谱》。“五合”分别是神怡务闲、感惠徇知、时和气润、纸墨相发、偶然欲书；“五乖”分别是心遂体留、意违势屈、风燥日炎、纸墨不称、情怠手阑。“五合”与“五乖”呈一一对应关系。“神怡务闲、感惠徇知”与“心遂体留、意违势屈”重在心理状态之优劣；“时和气润”与“风燥日炎”重在环境状态之优劣；“纸墨相发”与“纸墨不称”重在工具状态之优劣；“偶然欲书”与“情怠手阑”重在生理状态之优劣。孙过庭在心理、环境、工具、生理等方面探讨内在与外在的和谐统一，同时也有先后差别，孙氏言：“乖合之际，优劣互差。得时不如得器，得器不如得志。”乖合所言说的得时、得器和得志皆直指书家的创作过程，三者虽有层次，但须和谐统一，方能“穷变态于毫端，合情调于纸上”。

《书谱》的学理、文采俱佳，“五合”“五乖”仅为其一，后世尤重之。

四、“四宁四毋”说

“四宁四毋”说是清代初期傅山的书法理论。傅山善书，《清史稿》中全祖望云：“先生工书，自大小篆、隶以下无不精。”“四宁四毋”说以四对矛盾对举：“宁拙毋巧，宁丑毋媚，宁支离毋轻滑，宁直率毋安排。”这不仅是傅山对于书法的审美准则，而且是其警示子孙为人处世的原则。

第三节　名作赏析

1. 《峄山刻石》

《峄山刻石》(见图 4-2)又称《峄山碑》，摩崖石刻。全碑分为两部分，前半部分 144 字，刻于公元前 219 年；后半部分 79 字，刻于公元前 209 年。该碑为小篆书法代表作，传为李斯所作。技法方面，点画以中锋为主，粗细相对均匀，圆起圆收，结字稳中求变；审美方面，篆尚婉而通，委婉、凝练、清净。

2. 《张迁碑》

《张迁碑》(全称《汉故谷城长荡阴令张君表颂》，见图 4-3)，东汉著名隶书碑刻。该碑刻立于公元 186 年，明代初年出土，篆书碑额 12 字，总字数 902 字。技法方面，点画浑厚、中侧并用、行笔顿挫，结字方整且具险势；审美方面，汉隶以古朴、遒厚、夯实为美。

3. 《兰亭集序》

《兰亭集序》(见图 4-4)为晋穆帝永和九年(公元 353 年)三月三日，王羲之与谢安、孙绰等四十一人雅集赋诗成集的序言。该作反映了王羲之行草书的创新之处，风格遒雅、飘逸，为后世行草风格的源头及学习的核心范本。据传《兰亭集序》的原作随葬唐太宗，现存皆为摹本、临本，尤以冯承素“神龙本”最为逼俏，虞世南“天历本”最近晋韵，褚遂良“米芾诗题本”最得气度，欧阳询“定武本”最得风骨。

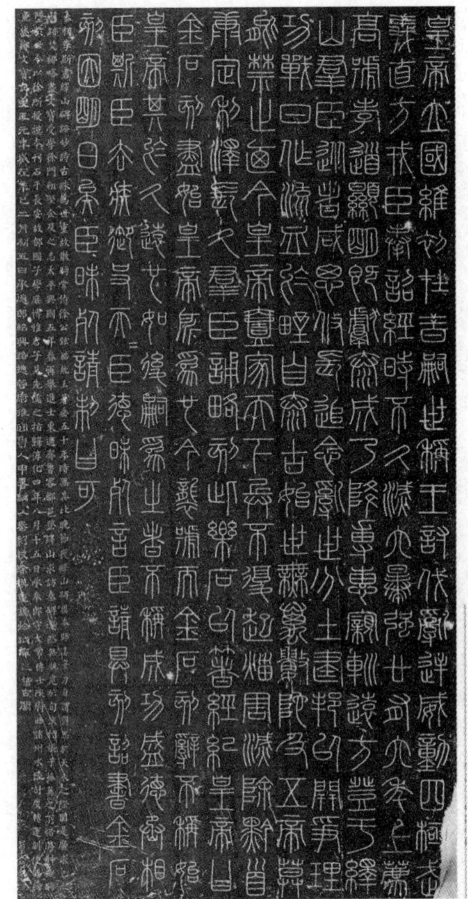

图4-2 《峄山刻石》

图4-3 《张迁碑》

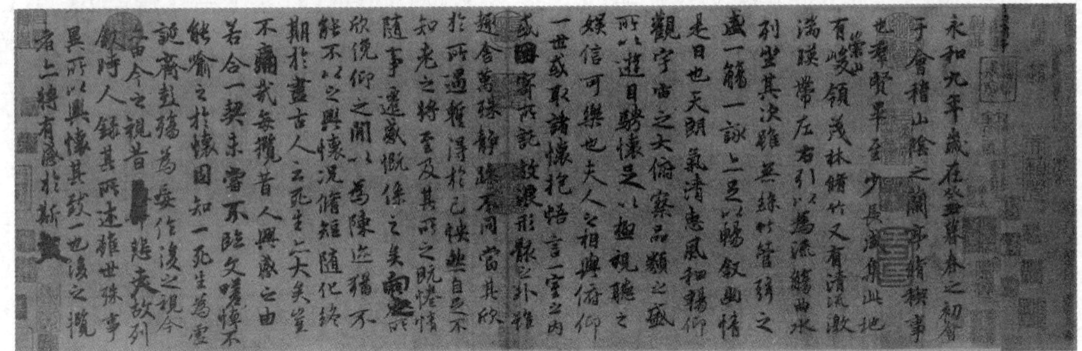

图4-4 《兰亭集序》

4. 《伯远帖》

《伯远帖》(见图 4-5)为晋王珣行书代表作，墨迹本，信札。该作被视为魏晋流传至今唯一的原作，通篇笔法精熟，消散流荡，从中可窥东晋“尚韵”书风，反映其时的审美风尚。明代董其昌《画禅室随笔》中评曰：“潇洒古淡，东晋风流，宛然在眼。”《伯远帖》可作为宗法二王的途径，其笔法、字法、节奏与二王甚是接近，却更显瘦劲、开张。清代姚鼐赞曰：“如升初日、如清风、如云、如霞、如烟、如幽林曲洞。”清代乾隆皇帝把王珣《伯远帖》与王羲之《快雪时晴帖》、王献之《中秋帖》(后两者为摹本)定为“三希帖”，并以“三希”为名编刻书法丛帖《三希堂法帖》，足见《伯远帖》在书法史上的重要性。

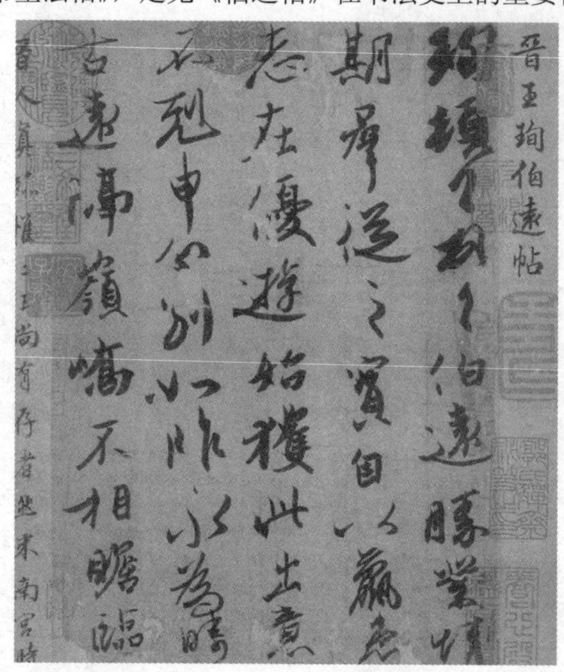

图4-5　《伯远帖》(王珣)

5. 《雁塔圣教序》

《雁塔圣教序》(亦称《慈恩寺圣教序》，见图 4-6)为唐褚遂良楷书代表作，刻本，全文 1463 字。该碑于公元 653 年(唐永徽四年)立，共二石，均在陕西西安慈恩寺大雁塔下。前石为序，全称《大唐三藏圣教序》，唐太宗李世民撰文；后石为记，全称《大唐皇帝述三藏圣教记》，唐高宗李治撰文。为避高宗讳，碑文两个“治”字均缺末笔。该作笔法皆从王羲之出，风格既清刚雅致，又妍美恣肆，是学习楷书的核心范本。

图4-6 《雁塔圣教序》(局部)

6. 《古诗四帖》

《古诗四帖》(见图 4-7)为唐张旭草书代表作，墨迹本，五色笺，全文 188 字。张旭是草书中狂草书的代表书家，《古诗四帖》的狂草面貌极具标志性，充分展现了纵横交错、动静结合、跌宕起伏、满纸云烟的生命感。《古诗四帖》的内容包括庾信《步虚词》和谢灵运《王子晋赞》《四五少年赞》，通篇以饱满的笔调，时而流利，时而生涩，时而欢快，时而凝重，极其契合内容的起承转接，展现作者书写时的状态，充分反映了狂草的本质特征。

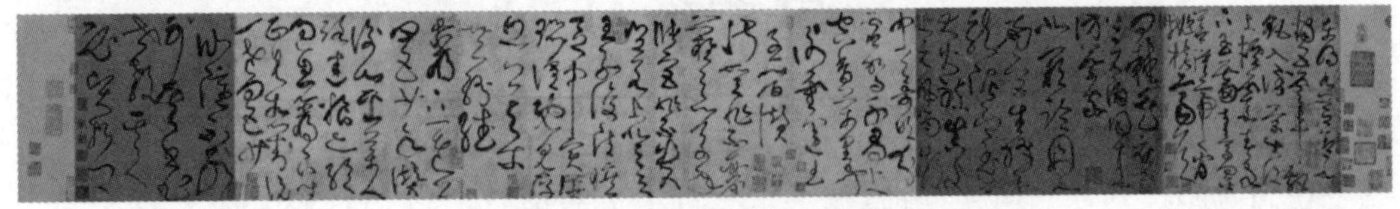

图4-7 《古诗四帖》(张旭)

7. 《黄州寒食诗帖》

《黄州寒食诗帖》(见图 4-8)被称为“天下第三行书”，北宋苏轼行书代表作，纸本，手卷，全文 129 字。《黄州寒食诗帖》是苏轼被贬黄州第三年寒食节所做的遣兴诗作，该诗饱含苍凉之情，表达了苏轼惆怅孤独的心境。在如此情绪下书就《黄州寒食诗帖》，其中跌宕、流转、隐忍，到舒缓、坦荡、豪迈，全然通过笔端跃然纸上，故该作跌宕起伏、气势奔放、妍美且不失优雅。黄庭坚跋曰：“此书兼颜鲁公、杨少师、李西台笔意，试使东坡复为之，未必及此。”再次肯定了《黄州寒食诗帖》的艺术表现水准，也从侧面认同苏轼“无意于佳乃佳”的书学思想。

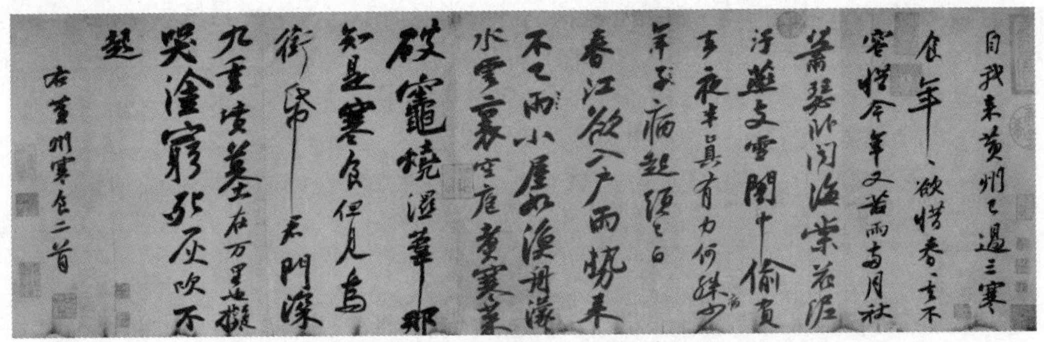

图4-8 《黄州寒食诗帖》(苏轼)

8. 《洛神赋》

《洛神赋》(见图 4-9)为赵孟頫行书代表作，纸本，手卷，现藏北京故宫博物院。此作行、楷相间，点画、结字深得二王遗意，有妍美潇洒之致。结字趋向端正匀称，点画圆润流美，整体以优美、潇洒、灵动、飘逸示人，风姿优雅又丰腴内敛。李倜评曰：“大令好写洛神赋，人间合有数本，惜乎未见其全。此松雪书无一笔不合法，盖以兰亭肥本运腕而出之者，可云买王得羊矣。”

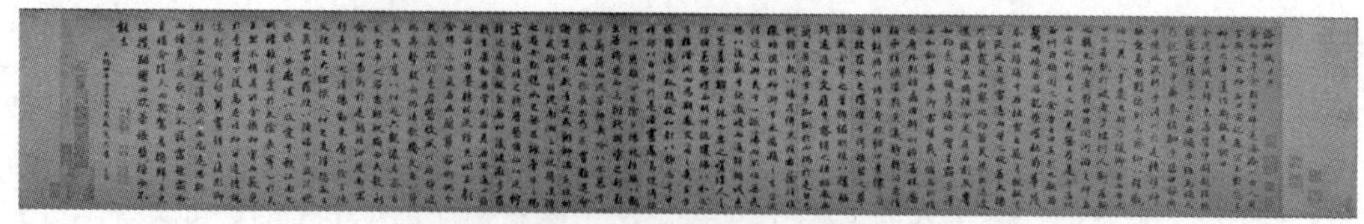

图4-9 《洛神赋》(赵孟頫)

思考练习

1. “天下第一行书”《兰亭序》的作者是(　　)。
   A. 王羲之　B. 颜真卿　C. 苏东坡　D. 赵孟頫
2. 篆书包含大篆和小篆，以下(　　)不属于大篆的范畴。
   A.《毛公鼎》　B.《峄山碑》　C.《散氏盘》　D.《虢季子白盘》
3. “隶书四大名碑”中，(　　)以“秀”为主要审美特征。
   A.《张迁碑》　B.《石门颂》　C.《礼器碑》　D.《曹全碑》
4. 唐代是书法史上的巅峰时期之一，以下不属于“初唐四大家”的是(　　)。
   A. 颜真卿　B. 虞世南　C. 褚遂良　D. 薛稷
5. 颜真卿的作品(　　)被称为“天下第二行书”。
   A.《争座位帖》　B.《刘中使帖》　C.《裴将军帖》　D.《祭侄文稿》
6. (　　)不属于以大草闻名书史的书家。
   A. 怀素　B. 米芾　C. 张旭　D. 黄庭坚
7. 相较而言，在“宋四家”中，(　　)的作品风格对明末清初的烂漫主义书风影响更明显。
   A. 蔡襄　B. 黄庭坚　C. 苏轼　D. 米芾
8. (　　)是赵孟頫的楷书代表作。
   A.《胆巴碑》　B.《心经》　C.《归去来辞卷》　D.《赤壁赋》
9. 晚明烂漫主义书风中，(　　)被后世视为“帖学集大成者”。
   A. 倪元璐　B. 徐渭　C. 董其昌　D. 黄道周
10. 以下书法理论家中，(　　)的书法风格最接近王羲之的《快雪时晴帖》。
   A. 庾肩吾　B. 王僧虔　C. 孙过庭　D. 傅山

第五章　器物之美

不要轻率地认定凡装饰都美，而且要严格检视装饰的美感价值。不只是在彩瓷上如此，在一切视觉物件上都要如此，因为装饰的成败决定雅俗之分。

——汉宝德

【学习目标】

1. 了解中西方器物的发展历程;
2. 认识器物的审美特征;
3. 在博物馆参观时，能够用所学知识向观众介绍器物的基本知识。

【人文艺术主题：梦想】

有人说，人生犹如一场奇妙的旅行，你永远都不知道下一秒会遇到什么。但是，无论是顺境还是逆境，只要我们保持积极的人生态度，勇敢去追求梦想，就会遇见更好的风景、更好的自己。

追逐梦想，是一个人自我实现的过程，在这个过程中，个人的潜能得到激发，自我价值也能得到社会的认可。巴西作家保罗•柯艾略在《牧羊少年奇幻之旅》一书中写道："当我真心在追寻着我的梦想时，每一天都是缤纷的，因为我知道每一小时都是在实现梦想的一部分。当我真实地在追寻梦想时，一路上我都会发现从未想象过的东西，如果当初我没有勇气去尝试看来几乎不可能的事，如今我就还只是个牧羊人而已。"可见，追梦、圆梦是实现人生价值的最好方式。只要我们有足够的激情和不懈的坚持，一切皆有可能。因此，每个人都应该拥有自己的梦想，并为之努力奋斗。

《西游记》作为中国的四大名著之一，其中的诸多形象，如孙悟空、唐僧、猪八戒等对于中国人来说家喻户晓。《西游记》描写了唐僧师徒为了取得真经，一路降妖除魔，歌颂了师徒四人排除万难、追逐梦想的奋斗精神。有些人可能会认为《西游记》作者是明代的吴承恩，其中描写的故事可能从明代才流传开来。其实，唐僧取经的故事从唐代就有了翔实的记录，它由唐代的《大唐大慈恩寺三藏法师传》，到宋元时期的《大唐三藏取经诗话》《西游记平话》《西游记杂剧》等，最后才由明代的吴承恩整理创作出小说《西游记》，将历史人物故事改编成了一个神话故事，并受到百姓的追捧与喜爱。

现藏于广东省博物馆的一件元代磁州窑瓷枕(见图 5-1)，上面就生动地刻画了唐僧师徒四人取经的场景。这件文物出现在小说《西游记》成书之前，对研究《西游记》有着重要的参考价值。瓷枕是中国古代夏天使用的枕具，古人认为睡瓷枕有清肝明目的功效，因此，在宋元时期，民间出现了大量瓷枕。这件唐僧取经瓷枕长 40.5 厘米，高 15 厘米，当时的民间匠人用写意性的表现手法生动地刻画了师徒四人西天取经的场景。在画面中，最前方是孙悟空，尖嘴猴腮，右手持棍，做跨步飞奔的姿势。孙悟空身后是猪八戒，肥头大耳，身材适中，猪八戒肩扛钉耙，双腿的间距也比较宽，紧随着孙悟空。猪八戒的身后是骑着白马的唐僧，唐僧头戴莲花冠，身披袈裟，手持拂尘，骑坐于马上。最后是沙僧，沙僧圆脸无发，双手举起伞盖，正追赶着唐僧，努力为师父遮阳。画面凸显了唐僧的核心人物形象，表现了师徒四人勇往直前、历经传奇的追梦精神。

图5-1　元代磁州窑唐僧取经瓷枕

第一节　发展历程

器物承载了人类的精神文明与物质文明，具有精神寄托与物质生产的双重属性。器物之美是一种综合之美，是人类艺术美学与生活实践的结合，是艺术与科学的产物。在漫长的历史长河中，中西方器物种类繁多，工艺精湛，丰富多彩，既反映了古代人民的生活水平与审美水平，也体现了社会生产水平和人在自然界中所处的地位的变化。

一、中国器物的发展历程

(一) 原始社会时期

原始先民们在艰苦的条件下创造了璀璨的中华文明。中国最早的陶器诞生于江西万年的仙人洞，距今已有一万年。此外，黄河中下游的彩陶、东海之滨的黑陶、东南沿海地区的印文硬陶等，都以其精湛的工艺绽放出艺术的光彩。山东章丘龙山镇城子崖发现的龙山文化陶器(距今 4300～4800 年)制作规整、棱角分明，器身乌黑发亮，薄如蛋壳(0.5～1mm)，代表新石器时代晚期制陶技术的最高成就。龙山文化黑陶高柄杯如图 5-2 所示。

(二) 夏商周时期

夏商周时期，手工业得到快速发展，人们除了能烧制精美的陶器，还能从矿石中提炼出红铜，制作简单的金属器皿。此外，还能将红铜与锡制成一种合金，制作最具商周特色的青铜器。目前已发现的中国最早的青铜酒器是1975年河南偃师二里头文化出土的乳钉纹铜爵，造型朴素，平底束腰，形制精巧，距今已有4000年。商周时期，青铜器的种类开始丰富起来，有烹饪器、食器、酒器、水器、杂器、兵器、乐器及日常工具等。饕餮纹是商代青铜器最典型的装饰纹样，多装饰在器物的显要部位(饕餮的命名始于北宋的金石文献，饕餮指的是一种凶残、贪吃的野兽)。这类青铜器塑造了一种威严肃穆的气氛，多用于祭祀。窃曲纹是周代青铜器典型的装饰纹样，又称穷曲纹，是指模拟木材纹理的花纹。周代的纹饰打破了商代纹饰以直线为主的特点，呈现直中有圆，圆中有方的特点，形成了质朴亲民的风格。周代早期古方尊如图5-3所示。

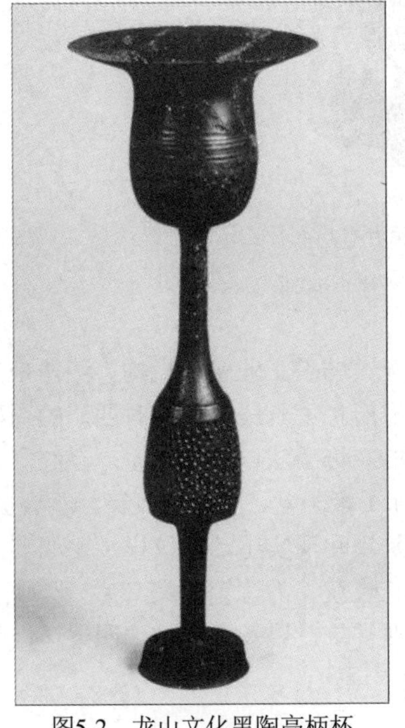

图5-2　龙山文化黑陶高柄杯

图5-3　周代早期古方尊

(三) 春秋战国时期

春秋战国时期，奴隶制逐步衰落，封建制逐步形成。在这个时期，一些原本只有王室贵族才能拥有的器物造型，在各个地方开始盛行。伴随着意识形态领域的解放，工艺美术也开始张扬个性，追求浪漫。比如这个时期的青铜器的器形从厚重变为轻灵，造型也由威严开始变得奇巧，手法也由浓厚的神话色彩而开始趋于写实，装饰纹样更加贴近现实生活。例如1923年在河南新郑出土的一件春秋时期的莲鹤方壶(见图5-4)，造型大方典雅，装饰华丽，伫立在莲瓣中央的立鹤引颈欲鸣，展现出清新自由、生动活泼的格调，标志着中国装饰工艺的新开端，被专家们认为是“青铜时代的绝唱”。

图5-4　春秋时期的莲鹤方壶

(四) 秦汉时期

秦汉时期，国家实行了集权的政治制度，建立了庞大的手工业管理机构。漆器是当时最贵重的工艺品，它替代了青铜器，使用范围也逐渐从官府扩大到民间。当时四川的蜀郡、广汉的金银扣漆器都是很著名的品种。秦汉时期，漆器的装饰手法以彩绘为主，有红彩、黑彩及多彩，所用油漆经久不褪色，并从实用角度出发设计了多子盒、成套器皿等，既节省空间，又美观协调。这个时期器物的装饰题材有两类：一类是反映现实生活的纹样，比如宴饮图、舞乐图、狩猎图、攻战图，以及反映生产劳动的耕种、收获、冶炼等图案；另一类则是用于成教化、助风俗的宗教纹样，比如东王公、西王母、四神纹，以及各类祥瑞图案。这些装饰大多采用平面剪影的方式装饰在器物上，装饰味比较浓厚。

(五) 魏晋南北朝时期

魏晋南北朝时期，战争频繁发生，佛教逐渐流行，民族之间的交流不断扩大，外域文明也为中华文明带来了新的文化成分。总体来说，魏晋南北朝时期是以瓷为主导的工艺美术发展时期。“瓷”字最早在西晋的文献上出现，瓷器工艺日趋成熟，并广泛地进入了人们的日常生活之中，逐渐代替漆、木、竹、青铜乃至陶器。这一时期，器物造型的基本趋势是从矮扁向高瘦发展。比如河北景县及湖北武昌出土的北朝莲花尊(见图 5-5)，设计别致，造型高瘦，意匠深远，尊以腹部为中心，上下各堆塑莲花瓣各三层，层层相接，故又名仰复莲花尊，是佛教的礼仪用器。

(六) 隋唐时期

从初唐到盛唐这一百多年的时间里，特别是开元、天宝年间，封建社会出现了空前的繁荣景象，使得这个时期的工艺美术非常发达，在陶瓷、金银器、漆器、木工等方面都达到了全面繁荣。隋唐时期，佛、道并立，思想开放，文化交流频繁，当时很多器物的造型既继承了本国优秀的艺术传统，也兼收了外国的工艺美术特色，开创了新的工艺美术风格。唐代时，陶瓷器的发展形成了“南青北白”的格局，南方是以越窑为代表的青瓷，北方是以邢窑为代表的白瓷。此外，还有多彩多姿、具有盛唐气派的三彩陶器，富有创造精神的长沙窑瓷器。这些陶瓷器的盛行与当时饮茶风气的兴盛、对外贸易的发达息息相关。例如长沙窑的器物不仅有浓郁外域文化的模印贴花装饰，也开创了用诗歌、警句装饰瓷器的先河，这从器物发展史的角度来看，具有重要的历史意义。此外，唐代的金银器也颇有特色，这些金银器主要用于向皇室进贡。比如唐代的葡萄花鸟纹银香囊(见图 5-6)，炉体呈圆形，遍体镂空花纹，球身上下开合，用卡轴连接。球体的内部还安置另一个球体，整体设计得极为巧妙、精湛，杯中可放置香料，用于薰衣饰，焚香杯可随之转动，也不会翻倒。唐代的器物装饰，一改以前以动物纹为主导的传统特色，开始面向自然，面向生活，富有浓厚的生活情趣，卷草纹、牡丹纹都常常出现在唐代的器物装饰上，具有博大清新、华丽丰满的装饰特点。

图5-5　北朝莲花尊

图5-6　唐代葡萄花鸟纹银香囊

(七) 宋代时期

宋代是我国商品经济较为发达的时期，人民的审美倾向趋于理性、趋于抽象。这个时期，重文轻武的国策与士大夫阶层的形成和发达的商品经济促进了工艺美术的大发展。宋人不爱奢华、不好奇巧，却钟情于对自然、纯朴、简约、内蕴的追求，形成典雅、秀丽、清淡的时代风格。其中，最突出的成就当属陶瓷，无论是生产规模还是技术水平，都达到了很高的水准。宋代名窑几乎遍布全国各省，南方大部分集中在江西、浙江、福建、广东一带，北方大部分集中在河南、陕西、山西、河北一带。宋代诸窑各自有不同的特色，如定窑清秀、龙泉浑厚、哥窑典雅、钧窑绚丽、建窑淳朴等，但大多数窑口的器皿最重视造型美、釉色美，而装饰美次之。宋人对材料的重视、对简约的追求，都代表了东方美学的新高度。所谓“扣其声，铿铿如金；视其色，温温如玉”，道出了宋人对瓷质的赞美和视觉上的美学追求。宋瓷以汝窑为代表，汝窑是北宋晚期的宫廷御窑，窑址位于河南省宝丰县大营镇清凉寺。汝窑釉水肥厚，呈青峰翠色，有似玉非玉之美。当时为了追求烧成质量，汝窑器物采用“支钉烧”的方法，使器物烧成呈满釉的效果。汝窑在中国陶瓷史上的地位很高，在传统的五大名窑说法中，素有“汝窑为魁”之称。北宋汝窑莲花温碗如图 5-7 所示。从宋代开始，器物开始朝着两个方向发展：一个是结合实用的生活用品，追求物品的实用性；另一个是专供欣赏的工艺品，追求物品的艺术性。这种分流对后期元明清的工艺美术创作产生了重要的影响。

图5-7　北宋汝窑莲花温碗

(八) 元代时期

元代是一个民族文化大交流时期。元代初年，手工业遭到严重的破坏，但是统治者们为了满足生活上的享受及军事上的需要，对手工业尤为重视。这个时期，景德镇的瓷业出现历史性的飞跃，其中，青花和釉里红的成功烧制是元代工艺美术的一项重要贡献，为明清制瓷中心的形成打下了坚实的基础。元代最典型的器物当属元青花，目前国内外仅存元青花数量稀少，价值较高。一般来说，元青花造型硕大、厚重，装饰饱满、层次丰富，气势宏大。1950 年南京市出土的元青花梅瓶(见图 5-8)，高 44.1 厘米，该梅瓶造型端庄挺秀，腹部绘制“萧何月下追韩信”历史故事场景。画面中，萧何策马狂奔时的焦虑、韩信河边观望的踌躇不定、老艄公持桨而立的期待，都被表现得淋漓尽致，展开了一幅生动的历史画卷。

(九) 明代时期

明代是一个严厉的中央集权统治时代，伴随着国家减免赋役、恢复经济，以及郑和七下西洋，资本主义生产关系在江南地区酝酿萌芽，在一系列的改革之下，明朝的手工业也有了较大的发展。明朝的工艺美术生产呈现出雅俗共存的面貌。明朝已经形成了各个工艺品种的著名生产中心，如景德镇的陶瓷、遵化的炼铁、益都的玻璃等。此外，明代还出现了不少工艺美术名家，如制作紫砂的供春、时大彬，玉雕界的陆子冈，刻竹的三朱，金漆的杨埙等，这些名家作品往往制作精巧，独具文人情趣而为世人所称道。明代陶瓷往往造型浑厚、丰满，胎体厚重、接痕明显，也有一些特殊品种备受追捧，比如明代成化斗彩鸡缸杯，造型小而精巧，风格淡雅，装饰纹样以子母鸡为题材，表现母鸡带领小鸡觅食的场景，富有浓厚的生活气息。早在明代，成化斗彩鸡缸杯就因秀丽清雅被文人视为珍品。此外，景泰蓝也是明代著名的金属工艺品种，景泰蓝的制作包括制胎、掐丝、烧焊、点蓝、烧蓝、磨光、镀金七个流程，是集合中国传统工艺中造型、色彩、装饰为一体的特种工艺品。明代景泰蓝盖罐如图 5-9 所示。

图5-8　元青花梅瓶

图5-9　明代景泰蓝盖罐

(十) 清代时期

清代时期，器物的发展历程大致分为两个阶段：一个是清代中期以前，这个时期经历了康雍乾时期的繁荣，展现了很多优秀的工艺美术技术；另一个是清代中期以后，艺术创作方面走向了烦琐堆饰，器物的格调参差不齐，优秀工艺技术与低劣的艺术趣味结合，但是生产技术仍取得一些成就。康雍乾时期，陶瓷、雕刻、漆器等工艺都有所发展，景德镇仍是全国的制瓷中心。在康熙时期，官民产品外观就已经趋于一致，对外贸易兴盛，整个瓷业出现繁荣景象。康熙青花以精炼的浙料，层次分明的分水技术，色泽鲜艳的呈色效果，达到古代青花技术的新高度，是今天青花工艺追求的楷模。此外，珐琅彩瓷也是盛世时期清宫所独有的一项制瓷技术，它创烧于康熙晚期，兴盛于雍正、乾隆时期。珐琅彩瓷是在吸收西洋铜胎画珐琅制作工艺的基础上，在瓷胎上用各种珐琅彩料绘制而成的一种釉上彩瓷。其中，雍正后期创烧的集诗书画印装饰为一体的珐琅彩瓷品种为世人称道，它以“瓷胎、样式、画工、选材、设色、题句、印章、年款无不具美术之上乘”而著称，是清代御窑遗物中珍贵的实物资料，也是研究清代帝王艺术审美及精神追求的重要参考对象。此外，玉雕也是清代重要的工艺美术门类，在乾隆时期达到了全盛时期。清代的玉雕多出自北京、扬州、苏州等地，其中，扬州多出大型玉雕作品，苏州则以精巧小件器物见长。总体来说，清代时期工艺美术的特点是繁缛、精巧，特别重视器物的装饰。

二、外国器物的发展历程

(一) 原始社会时期

从原始社会开始，人类就用勤劳的双手创造了人类所特有的工艺美术文化。无论是旧石器时代的石器工艺、牙骨工艺，还是新石器时代的陶器工艺，都是原始人为了生存的需求而逐渐形成的审美意识的产物。例如巴黎人类博物馆收藏的有小羚羊雕饰的投枪器，在器物的一端刻有生动的羚羊装饰，显示了狩猎民族出色的装饰工艺。另外，欧洲的彩陶工艺出现在公元前3000年前后，彩陶一般为双色或者三色，现藏于雅典国立考古博物馆的双耳彩陶罐(见图5-10)，就使用褐色与红色的平行线穿插装饰，中间绘制螺旋纹，生动大方，具有很强的视觉冲击力。

图5-10 双耳彩陶罐

(二) 古玛雅文化时期

在古玛雅时期，玛雅人创造了丰富的文化成就，他们创造的象形文字、图形、符号共计800多个，可编汇成3万多个词汇，并开始以365天为一年的历法。公元4—9世纪是玛雅文化的鼎盛时期，这个时期的工艺美术代表作品就是表面磨得光亮的橘红或橘黄色陶器。这些陶器多施彩绘，一些彩绘图案是当时壁画图案的翻版，艺术价值极高。当时，无论是釉色还是烧成工艺，都达到了较高的水平。此外，玛雅文明出土的一批随葬品中，可以看到墓葬主人从头到脚几乎全身被各种各样的玉器所饰盖，这与中国的“葬玉”风俗极为雷同。玛雅文化对后来的美洲大陆文化影响重大，因此，玛雅人有“新世界的希腊人”之称。

(三) 古埃及文化时期

埃及也拥有悠久的历史与璀璨的文化。古埃及人善于吸收东西方的各种文化，并借助其得天独厚的自然环境与泛神论的宗教信仰，产生了举世闻名的尼罗河文明。古埃及的器物往往重视装饰性表现，强调精神上的作用，因此，很多器物并不用于满足人们的日常生活需要，而是用于满足宗教或墓葬的需要，供鬼神“享用”。古埃及的陶器、石器、金属及木器工艺等都极富特色，而且玻璃器也是古埃及人发明创造的。现藏于大英博物馆的玻璃鱼形容器(见图 5-11)就是一件代表古埃及玻璃制作工艺的佳作。这个时期，玻璃器由沙、灰及天然碳酸苏打的混合物加热而制成，作品的细节部分都是在加热的过程中完成的。这件作品仅有 14 厘米长，但是已经兼具了实用与审美的双重功能，体现了古埃及人民的聪明才智。

图5-11　古埃及玻璃鱼形容器

(四) 古波斯时期

由于古波斯的地理位置优越，民族流动性强，加上波斯人强悍的体魄和旺盛的精力，使得波斯文明更加多元，更具包容性。古波斯的工艺制品有着很强的造型意识，无论是大件器物还是精小器皿，波斯人都是全力以赴、精益求精。波斯的工艺美术基本上摆脱了严谨的宗教信仰，充满了浓厚的人文情调和世俗气息，作品往往传达出一种乐观向上的精神。古波斯的金属器皿在人物纹或动物纹的装饰上成就突出，风格典雅而豪华，现藏于伊朗德黑兰考古博物馆的一件人物纹银杯就是例证(见图 5-12)。银杯呈上小下大的筒状，杯壁用浮雕效果刻画女性形象，画面中人物装扮讲究，连衣裙、发带及首饰都栩栩如生，体现了当时埃兰工匠的审美水平和制作工艺。

(五) 古希腊时期

公元前 8—前 6 世纪，古希腊先后建立了大大小小 200 多个城邦，虽未建立统一的国家，但是在文学、哲学、史学、建筑、雕刻、工艺美术方面成绩斐然。当时许多工艺美术作品已经从宗教的束缚中解放出来，在古希腊美学思想的指导下，古希腊的器物体现出优美、典雅、和谐的特点，甚至一些作品开始反映人与自然和社会的斗争，具有很高的艺术造诣。比如，在彩陶的装饰中，古希腊的陶艺装饰就有几何纹样装饰、东方纹样装饰、黑地彩绘装饰、红地彩绘装饰及白地彩绘装饰。当时知名的陶艺制作者有欧弗洛尼奥斯和欧狄米德斯，他们在彩绘的过程中很重视观察人体的结构，同时也开始考虑表现物体的立体感。古希腊流传下来许多大型红地彩绘人物陶罐(见图 5-13)，这些陶罐往往在表面表现一个神话故事，旋转陶罐时犹如观看电影一般，故事情节非常生动。

图5-12　古波斯人物纹银杯

图5-13　古希腊红地彩绘人物陶罐

(六) 古罗马时期

古罗马时期，帝国鼎盛，统治阶级腐化，工艺美术在选材、造型设计与装饰设计上都体现了贵族的审美意识，充满了享乐主义的氛围。该时期的工艺美术流传下来很多以颂扬人、赞美人为题材的作品，有着强烈的现世主义观念和世俗态度，而且善于在作品上添加附加装饰。现藏于大英博物馆的波特兰德的玻璃壶(见图 5-14)是古罗马时代留存下来最好的玻璃器皿，它制造于公元 1 世纪早期，描绘了古希腊英雄阿基里斯的父母珀琉斯和西蒂斯的婚礼场景。画面中，人物姿势优美，比例协调，充满了现世主义精神。可惜这件作品在 1845 年展出时被一个醉汉打碎了，玻璃壶化为 200 多块碎片，后来虽然被修复，但是瓶身的裂缝至今仍依稀可见。在古罗马时期，玻璃的制作工艺十分复杂，大多玻璃器皿都被罗马帝国作为商品输送到世界各地，留下了很多珍贵的遗产。

(七) 中世纪时期

中世纪时期，基督教成为西方统治阶级最有力的支柱和人们精神上的寄托。在这个时期，哲学、科学、文学与艺术都从属于神学，因此，该时期的工艺美术都有着强烈的宗教性质。而这个时期最重要的工艺品，则是那些直接为宗教服务的祭坛装饰、圣书函、遗物箱、十字架以及各种宗教礼器等，这些器物往往强调神圣和威严，风格特征都是冷峻、肃穆、庄严和压抑的。比如，中世纪的圣物包括一些安放基督教圣者遗物或者骸骨的圣物箱，这些箱子往往都有着繁缛的装饰，尽显珍贵。例如大英博物馆收藏的 13 世纪早期的铜合金圣物箱(见图 5-15)，箱子表面描绘了坎特伯雷大主教托马斯 • 贝克特被刺杀的场景。贝克特曾任英格兰国王亨利二世的大法官，之后又担任坎特伯雷大主教一职，是当时最有权势的人物之一。贝克特与英格兰国王亨利二世曾是密友，但后来因教会的特权问题而决裂，从而导致贝克特被国王的近身骑士刺杀，这一事件极大地改变了英国的历史轨迹。因此，这个圣物箱也具有特殊的历史意义和深刻的内涵。

图5-14　古罗马波特兰德的玻璃壶

图5-15　铜合金圣物箱

(八) 文艺复兴时期

文艺复兴时期，欧洲地区开始出现资本主义萌芽，西方在文化上的创新、思想上的解放都取得了显著的成就。工艺美术的活动也慢慢开始摆脱教会的控制，逐渐演变成宫廷性质的工艺美术和商品经济的工艺美术。在文艺复兴时期，工艺美术生产与百姓的日常生活的联系更加紧密，工艺美术的风格特点也开始转向，倾向于满足新兴市民阶级的需要，工艺美术开始真正渗入广大人民的物质生活领域，一些亲民的材料，如玻璃、陶瓷、皮革等材料获得了广泛的应用。文艺复兴时期的造物成就辉煌，充满了古典意蕴和世俗情调。例如翁布里亚国家美术馆收藏的17世纪的小药罐(见图5-16)就是典型的民间生活用品。这件药罐罐身装饰着花环、果叶和小玫瑰，椭圆形框内描绘了骑着马的圣马丁，正准备把披风赠予穷人。圣马丁的出现透露出这个药罐属于圣马丁兄弟会(穷人的庇护所)的药铺。罐身上的文字装饰“unguento egiziaco”表明里面盛放药膏。此外，木器、玉石都在文艺复兴时期取得了前所未有的成就，特别是在意大利地区尤为兴盛，他们不仅重视器物的造型和装饰，而且也强调了器物的实用性，使器物兼顾实用与精巧的双重功能。

(九) 巴洛克时期

巴洛克时期，随着中产阶级的崛起和中央君主专制集权的加强，整个西方的艺术风格开始呈现出庄严高贵、豪华壮观的面貌。巴洛克风格打破了以往风格的陈规，表现了生机勃勃、强烈奔放、豪华壮观的特征。在工艺美术方面，巴洛克时期的木工艺和玻璃工艺成就较为突出。在木工艺中，最出名的就是布尔镶嵌法，这种工艺是法国一位叫安德烈•夏路•布尔的工艺家发明的，他长期在宫廷任职，常用五彩木片制作花鸟图案进行装饰，并善于将器物与雕塑等多种艺术结合起来，使作品的艺术效果与视觉冲击力达到极致。例如路易十四时代的艺术座钟“时间之神”(见图5-17)，这种钟表的造型特别富有雕塑特色，而且极为华丽。在布尔以前，没有人会收藏在世家具师制作的家具，但布尔打破了这一传统，他制作的许多家具被欧洲贵族及艺术品收藏家当成收藏品来购买，很多欧洲的君王也都来参观他的工作室并定制家具。如今，布尔的工艺品成为人类文明与文化发展历史上的重要见证与珍宝。

图5-16　小药罐

图5-17　艺术座钟“时间之神”

(十) 洛可可时期

洛可可时期，由于宫廷艺术穷奢极欲，享乐主义盛行，受到东方装饰艺术的影响，欧洲的王公贵族们喜爱各种表面浮华且装饰艳丽的作品。在这种自上而下的装饰运动中，欧洲的器物装饰普遍具有纤细、华丽、繁缛的特点，多用C形、S形和漩涡形的曲线装饰。最能代表洛可可时期装饰艺术特点的工艺品就是陶瓷产品，德国麦森王室窑在1712年开始获得优质的高岭土，1713年开始批量生产瓷器，早期瓷器的图案主要模仿中国的瓷器纹样，后来开始发展出自己独特的风格。例如1734年德国麦森王室窑生产的将军罐(见图5-18)，精湛典雅，以其质量与装饰获得了人们的青睐，素有“瓷中白金”的美誉。时至今日，麦森瓷器仍有着上流社会的烙印，麦森餐具甚至成为新娘重要的陪嫁品，因为它代表了娘家人的社会地位，很多人都以能够拥有麦森瓷器而感到自豪。

图5-18　将军罐

(十一) 近代时期

近代，欧洲率先开启了工业革命，随着社会形态、经济和文化结构的巨大变革，工艺美术的呈现面貌也发生了巨大的变化。首先是工艺美术运动，一批以威廉•莫里斯为首的有识之士，他们因无法忍受现代工业化产品的“丑陋”，自发兴起了一场手工艺文化复兴运动。虽然这种做法显然违背了时代的发展规律，但是他们所提出来的“文化复兴”的口号，使得后代的设计师们开始注重工业产品的美学标准。20 世纪初风靡的新艺术运动与 1919 年在德国诞生的包豪斯设计学院，使得产品设计开始告别以宫廷为中心的状况，工艺美术作品开始以广大民众的需求为中心展开创作，从这个时期开始，传统与反传统、保守与革新、简约与复杂一时间此起彼伏、众说纷纭，形成了“百花争艳、万象并存”的局面。

第二节　审美特征

器物是物质和精神的综合产物，它既是艺术创造，又是科学创造。因此，器物之美主要来源于自然之美与生活之美，在不同的历史时期，由于生产条件、审美风尚、民族特点的不同，器物展现出不同的时代样貌，因此，器物之美具有特定的历史基础。探索器物之美，犹如探索一处缤纷灿烂的文化宝藏，内涵宏广、意蕴美妙，令研究者着迷。总体来说，器物之美包含了生活美、科学美、功能美、造型美、装饰美 5 个方面，这 5 个方面相互影响，互为支撑，形成了器物审美的主要特征。

一、生活美

从器物诞生的那天起，器物就与人类的生活结下了不解之缘。只要涉及吃与用的问题，就与器物产生了联系。从古至今，器物都广泛服务于人类的生活，即使现代玻璃、塑料、金属制品等新材料的出现，器物也从未改变过它的服务属性。因此，器物之美，首先体现了生活之美。一方面，器物会陶冶人们的精神。无论是实用器物还是装饰器物，都会以其本身特有的艺术形象，潜移默化地陶冶人们的思想感情，美化人们的日常生活，培养人们的审美情趣。另一方面，人们又决定着器物美学风貌的发展走向。不同时期，人们的审美情趣、审美追求不同，决定着不同时期器物的造型与装饰特点。例如宋代崇尚素雅的美学情趣，宋代的陶瓷追求“青如天，明如镜，薄如纸，声如磬”的美学风韵。此外，人们的生活、思想、心理、品质、意识、习俗等方面，都会对器物的造型和装饰产生直接的影响，这些都是器物生活美的一个重要的美学内涵。

二、科学美

科学美是指在研究和制作器物的过程中，通过科学技术手段，在实现设计预想的过程中而自然产生的美，如青铜的材质美、陶瓷的釉色美等。例如，红铜与其他化学元素如锡、铅等的合金，使青铜的铜锈呈青绿色。到了春秋战国时期，一些相对复杂、精细的青铜器采用先进的失蜡法来制作。人们先用蜂蜡做成铸件的模型，再用其他耐火材料填充泥芯和敷成外范，待加热烘烤后，使得蜡模全部熔化，让整个铸件模型变成空壳，再往内浇灌溶液，便铸成器物。这样使得器物玲珑剔透，产生镂空的装饰效果。再比如附着在瓷器上面的釉，也是科学美的具体表现。釉是一种硅酸盐，在火的作用下，硅酸与碱金属或碱土金属化合，能够形成透明的玻璃，硅酸与铅化合，则能够得到美丽的光泽。中国最早发明的釉是以氧化钙为助熔剂，以铁为着色剂的高温釉，铁系的高温釉下又产生了青瓷釉、影青釉、白瓷釉、黑釉四个大类，这四个大类又不断进行配比，产生更丰富的釉色。例如黑釉派生出酱色釉、油滴釉、兔毫釉、花釉等品种，形成了我国瓷器釉色丰富多彩的面貌。因此，器物的产生需要借助科学技术的力量才能得以实现，所以，没有掌握一定的科学技术的艺术家，难以制作出品质兼优的好产品。

三、功能美

功能美是指器物经过一种合目的性的功能改进，使更多的人能够享受生活，享受现代科技的成果。诚如中国儒学所提倡的“经世致用”和实学传统的思想，就属于广义上的“功能”范畴。生活中，很多器物的造型纯粹是由它的功能所决定的，其实，这种“功能之用”有时也会产生意想不到的美感。例如王朝闻先生对中国古代陶器有这样的评价：“人类祖先对素陶造型的美，既可能是由实用创造了美感而引起的，也可能在别的生活实践里，由别的原因创造了特定的精神需要，才在素陶的形体设计时，使作者的审美意识对象化、物质化的。”因此，功能常常需要满足的首要条件就是对人是否好用，这是最原始的目的，也是最重要的目的。以杯子为例，在人类的文明史中，杯子发展到后期，基本上都是以瓷器为主的，这是因为瓷器的手感、导热系数及美感都优于其他材料。比如木质杯子不易保存，金属杯子容易烫手，而瓷器的保存时间和传热功能都比较合乎人性，并且材料便宜，质感较好。中国自古以来最温润的材料就是玉器，中国人念念不忘玉器的手感之美，而瓷器就是至今最接近玉器的一种材料，如北宋的官窑瓷器大部分拥有温润的青玉之美。因此，功能美其实是一种审美追求的理性判断，这种审美判断在人类发展历史中延绵了几千年，至今仍是判断器物优劣的一个重要标准。

四、造型美

造型是器物构成的第一要素，很多器物是由它的造型而命名的，如鸡首壶、柳叶瓶等。一件器物所展现出来的整体面貌就是器物造型的直观表现，比如是否运用了流畅的线条、合理的尺度和比例、对称均衡的构造方式等，这些形式美的设计语言透露给人们的信息就传达了器物的造型之美。最美的造型，就是对形式美法则恰到好处的把握，考究的造型，对任何一个地方的改动都会破坏了它的美。例如梅瓶与玉壶春瓶，它们共同的特色就是器身的轮廓呈现 S 形，这一点是宋代以前所没有的。梅瓶与玉壶春瓶被公认为瓷器中最美的器形，两者器身的 S 形曲线互为颠倒，呈现出古典的和谐美感。梅瓶肩部宽大，造型显得大方，是理想的装饰器物；玉壶春瓶器形较小，显得文气，成为历代文人所喜爱的器物。在中国古代，当属清代雍正时期对造型的制作最为考究，比起前朝的器物，雍正器物造型更重视轮廓线的流畅和器物表面的完美无瑕，其精致程度接近历史最高水平。因此，造型美往往也是精致之美、和谐之美、生动之美。

五、装饰美

装饰美是大众心目中最容易接受的一种美，因为装饰决定了艺术形象的气质。器物的装饰设计，既起着美化造型、增强造型艺术感染力的作用，同时又具有相对独立的欣赏价值。我们看见美丽的器物装饰，就犹如进入了彩色的花丛中，是极富感染力的。世界上的装饰题材非常丰富，不论是动物、植物、人物，还是几何纹样、吉祥图案、文字图案，都有取之不尽的资源，但是，人们也理解到，并非世间所有的装饰都是美的，装饰美也要遵循一定的规律，如大自然的野花之美就是由于呈现了生命的秩序。因此，我们讨论器物的装饰美，也要发掘器物背后潜藏的装饰规律。例如设计一个装饰主题，它的构图关系与色彩变化都要按照艺术家的立意和要求进行设计。此外，在器物上进行装饰时，也要考虑装饰与造型之间的关系。有些作品因为过于重视奇巧而忽略了造型，只重视堆积色彩和花纹，却忽略了整体的和谐统一，这种作品最多能称为“奇”，而不能称为“美”。在历史上，乾隆时期的器物就特别重视装饰，很多器物往往遍体作画，装饰性强，比较能够达到雅俗共赏的目的。但是，最有创意和最富美感的装饰手法应该是局部装饰，如宋代磁州窑的白地画花器物，它们往往只在腹部进行装饰，就强化了形式的主从关系。到了现代，由于美学研究的进步，局部装饰的手法就运用得比较多，很多器物的外观就更具有艺术性和创意性了。

第三节　名作赏析

1. 马家窑文化舞蹈纹彩陶盆

马家窑文化舞蹈纹彩陶盆(见图 5-19)现藏于中国国家博物馆，是新石器时代马家窑文化时期文物，通高 14.1 厘米，口径 29 厘米，于 1973 年在青海省大通县上孙家寨出土。这件彩陶盆除了造型优美，最主要的特色就是在陶盆上描绘了原始先民舞蹈的场景。该陶盆的内壁绘制了三组舞蹈纹，三组纹饰的内容完全相同，人物动作也趋于一致。每组舞蹈人物为 5 人，人物均手拉手，双腿自然分开，动作统一，虽然画面装饰手法有点像前样式化时期的儿童画，但每个舞蹈人物都有头部装饰，可以看出先民已经学会观察生活的细节。画面中三组舞蹈人物绕盆转圈，动态活泼，如果在盆中盛水，则舞蹈人物会与水中倒影相映成趣，这都体现了当时制陶工人的奇思妙想。这件舞蹈纹彩陶盆自出土以来受到了较多关注，可以从中看到原始先民的舞蹈动作。据考证，这种牵手踏舞的形式可能就是后世流传至今的歌舞形式“踏歌”的起源，是对古文献中描述原始舞蹈“令凤鸟天翟舞之”的形象说明。

2. 仰韶文化陶鹰尊

仰韶文化陶鹰尊(见图 5-20)现藏于中国国家博物馆，是新石器时代仰韶文化庙底沟类型文物，通高 35.8 厘米，于 1975 年在陕西省华县太平庄出土。这件陶鹰尊由黑陶制成，整体的造型像一只蓄势待发的雄鹰。陶尊的背部有开口，口沿内凹，原配可能还有盖子。

这件器物是一件盛酒器，先民们运用了仿生的设计手法，塑造了一只健硕有力的雄鹰。鹰目炯炯有神，形态威严庄重，造型浑厚质朴，而且两足与尾巴自然形成了“三足鼎立”的形态，既加大了盛放的容量，又使器物具有稳定性。值得一提的是，在华县太平庄出土的随葬品中，以鸟类造型为主的陶器，当前独此一件，而且附近遗址中从未发现过同类之物，是不可多得的艺术珍品。这件作品的主要优点并不在于它的写实或逼真，而是它经过艺术家的二次加工后获得的“夸张”与“变形”的造型，是原始艺术与实用功能完美结合的一个典范。1993 年，北京首次申办奥运会时，国际奥委会主席萨马兰奇亲自挑选 7 件能代表中国悠久历史和灿烂文化的文物，送往洛桑奥林匹克博物馆展示，陶鹰尊便是 7 位“使者”之一。

图5-19　马家窑文化舞蹈纹彩陶盆

图5-20　仰韶文化陶鹰尊

3. 商代后母戊鼎

商代后母戊鼎(见图 5-21)现藏于中国国家博物馆，是商代晚期的文物，通高 133 厘米，宽 79 厘米，重约 832 千克，于 1939 年在河南省安阳市侯家庄武官村出土。鼎早期为食器，到商代中晚期的时候，鼎慢慢演变为祭祀礼器。鼎的制作考究，也有着特殊的含义，古人云：“天子九鼎，诸侯七鼎，卿大夫五，元士三也。”鼎成为身份与地位的象征。后母戊鼎因腹部印有“后母戊”三字而得名，是商王祖庚或祖甲为祭祀母亲所铸造的。这件鼎是已知中国古代最大的青铜礼器，也是中国古代青铜文明最杰出的代表。鼎身四周装饰有兽面纹和夔纹，中间为素面，鼎耳外廓装饰双虎食人头纹，耳侧则装饰鱼纹。鼎足的上部也施以兽面纹。该鼎通身硕大厚重，它的鼎身和鼎足皆为整体铸造而成，鼎耳是分开铸造后再加装烧铸的。据统计，铸造这样的青铜容器，需要 1000 千克以上的金属，而且需要容积较大的熔炉。后母戊鼎在造型、纹饰、工艺方面均达到了极高的水平，可以称为商代艺术品的巅峰之作。

4. 商代四羊方尊

商代四羊方尊(见图 5-22)现藏于中国国家博物馆，通高 58.3 厘米，重约 34.5 千克，于 1938 年在湖南省宁乡县黄材镇出土。尊是中国古代一种大中型的盛酒器，在商代与西周时期尤为盛行。四羊方尊最大的特色就是在尊的四角各塑一羊，并将羊的造型巧妙地与尊的造型融为一体。器壁四周装饰有蕉叶纹、三角夔纹和兽面纹。该器四个边角和中线装饰有扉棱，以掩盖合范时对合不正的缺陷，也增加了器物的立体感。羊在古代是一种吉祥的象征，因羊有“跪乳”的习性，素有善良知礼之称，也被后世演绎为孝敬父母的典范。此件四羊方尊工艺复杂，它用两次分铸的方法，将立体雕塑与平面纹饰有机地结合起来，造就了商代青铜器的最佳典范，也使四羊方尊成为古代青铜器“十大国宝”之一。可惜这件器物并不是全品，它在出土之时就被农民兄弟不小心敲掉一块，后来被送到湖南省银行保管时，也因日军空袭，被炸碎成 20 多块。中华人民共和国成立后，在周恩来总理的亲自过问下，文物修复大家张欣做了精心修复，四羊方尊才得以修复成功，国宝最终得以重生。

图5-21　商代后母戊鼎

图5-22　商代四羊方尊

5. 汉代长信宫灯

汉代长信宫灯(见图 5-23)现藏于河北省博物馆，通高 48 厘米，重 15.85 千克，于 1968 年在河北省满城出土。长信宫灯因器物刻有“长信家”等字而得名。该器物采用青铜鎏金的工艺制作，并用仿生的手法，将灯体设计为一位跪坐的宫女，宫女身着汉代的曲裙深衣，形象恬静自得。这件器物最大的特点是宫女左手持灯，右臂高举与灯顶相通，形成烟道，而燃灯所产生的烟尘则可以通过烟道直达中空的体内，避免烟尘污染。另外，这件器物的灯罩可以开合，灯盘可以转动，能够随意调节灯光的亮度和照射的角度。而且，灯具的各个部分都可以拆卸，组装方便，是集科学与艺术于一体的精巧之作，反映了汉代高超的冶炼水平和设计水平。长信宫灯一改以往青铜器皿神秘厚重的感觉，讲究实用与美观，1993 年被鉴定为国宝级文物，堪称“中华第一灯”。

图5-23　汉代长信宫灯

6. 元代蒙恬将军玉壶春瓶

元代蒙恬将军玉壶春瓶(见图 5-24)现藏于湖南省博物馆，通高 30 厘米，口径 8.4 厘米，腹颈 15 厘米，于 1956 年在湖南省常德市出土。玉壶春瓶的器形是中国瓷器造型中的典型器形，推测其造型是由唐代寺院里的净水瓶演变而来，定型于北宋时期，是一种酒器，后来逐渐演化为观赏器。这件玉壶春瓶弧线变化柔和，形体秀美，口沿内部装饰九朵如意云头纹，得名于腹部所描绘的主体纹饰：一位披甲悬剑的武士，双手持握一面大旗，旗上直书“蒙恬将军”四个大字；旗下圈椅上坐着一位大将军，头戴高冠，身着甲袍，面相威严，应为蒙恬将军本尊。画面还表现了一位武士用右手按压一位官吏，官吏跪伏在地，整个画面表现了蒙恬将军审讯战俘的场景。此外，画面上的辅助纹饰如蕉叶、竹子、松石都用笔洒脱，颇具文人画色彩。该瓶画面取材于当时的戏曲版画，构图繁而不乱，水路分明，与后世历朝的玉壶春瓶相比，元代的玉壶春瓶更显得洒脱、灵秀，加上当时元代工匠高超的绘画技巧，使得该瓶的造型与装饰配合得相得益彰，更显弥足珍贵。由于元青花传世作品稀少，该文物也成为重要的历史文物。

图5-24　元代蒙恬将军玉壶春瓶

7. 清代康熙青花十二月令花神杯

清代康熙青花十二月令花神杯(见图 5-25)每件高 5.5 厘米，口径 6.6 厘米，足径 2.7 厘米。十二月令花神杯 12 件一套，撇口，深弧壁，圈足，外壁青花装饰。十二月令花神杯是清代康熙时期皇宫中使用的酒杯。它的形体轻巧秀美，画工精致细腻，杯体上均有题句，并钤“赏”字方印。杯子分别绘有代表不同时节应时的花卉，分别是一月水仙花、二月玉兰花、三月桃花、四月牡丹花、五月石榴花、六月荷花、七月兰花、八月桂花、九月菊花、十月芙蓉花、十一月月季花、十二月梅花，器物图文精巧，颇有诗画并茂的意境。北京故宫博物院、南京博物院、香港徐氏艺术馆、英国大维德基金会、上海龙美术馆均藏有康熙十二月令花神杯。花神杯的题句多引《全唐诗》收录的诗句，如题句“素艳雪凝树，清香风满枝”便引自晚唐许浑《闻薛先辈陪大夫看早梅因寄》的诗句。花神杯用唐诗作为注解，皆因康熙皇帝喜欢唐诗。康熙十二月令花神杯是最早运用诗书画印的手法进行装饰的御窑瓷器。这种杯子胎薄如纸，温润如玉，花神杯按农历各月，每月使用一杯，极具玩赏价值。

图5-25　清代康熙青花十二月令花神杯

8. 古希腊欧弗洛尼奥斯陶瓶

古希腊欧弗洛尼奥斯陶瓶(见图 5-26)现藏于美国大都会博物馆，通高 46 厘米，制作时间大约在公元前 510 年。这件陶瓶是古希腊人盛水或调制美酒用的。陶瓶的作者欧弗洛尼奥斯是古希腊最知名的制陶艺人。他手艺高超，善于从不同的角度表现复杂运动状态的人体形象。他笔下的陶瓶往往富有生命激情与战斗气息。欧弗洛尼奥斯陶瓶描绘了两个场景：陶瓶正面表现的是特洛伊战争，主要描绘了萨耳珀冬之死，陶瓶背面表现了几位雅典青年自我武装的场景，这些青年或半蹲或站立，似乎正在准备一场生死搏斗。画面中的人物轮廓清晰，肌肉块面分明，线条装饰感强，这些细节都充分反映出希腊人崇尚健美的精神与高超的写实技巧。

图5-26　古希腊欧弗洛尼奥斯陶瓶

9. 古波斯银质角杯

古波斯银质角杯(见图 5-27)现藏于英国大英博物馆，制作时间大约在公元前 500 年。角杯作为饮酒之用，是波斯皇室才能享用的物品。古波斯人善于将多种动物形象融合起来进行综合性的创造，大英博物馆所藏银质角杯就是波斯所有工艺中的典型代表。这只角杯的前半部分结合了鹰头、羚羊角等图腾形象，后半部分是兽角形的杯子，是由金、银两种金属混合制成。在波斯的礼仪中，饮酒并非直接通过兽角倒酒，而是让酒通过底部的流孔慢慢流到酒碗中。因此，该器具的实用功能并不明显，是当时刻意追求装饰而忽略实用的一种体现，一般作为权势或富贵的象征之用。

图5-27 古波斯银质角杯

10. 阿勒穆黑哈圣体盒

阿勒穆黑哈圣体盒(见图 5-28)现藏于法国卢浮宫博物馆。这尊圣体盒于公元 968 年用象牙雕刻完成，是为纪念阿勒穆黑哈王子而雕刻的，为 10 世纪伊斯兰艺术的杰作。圣体盒精巧细腻，可能被用来放置某种贵重物品。该盒身饰有丰富的人物画像，并分布在四个椭圆形浮雕中。正面浮雕描绘的是一位诗琴弹奏者，两旁是两个盘腿而坐的人，眼神两两对视；除了诗琴弹奏者以外，其他图案都以对称的方式重复出现。其中一些浮雕表现的是蕴含某些阴谋诡计的小场景：一幅浮雕刻画的是两个人背靠背在鹰巢里偷取老鹰蛋，他们的脚踝骨却被狗撕咬着；另一幅浮雕描绘的是骑士们正在采摘成串的椰枣。这件 10 世纪的雕刻作品，不仅技艺精湛，所雕刻的内容也体现了当时政治生活的现状。制作者倭马亚王朝的成员们想通过这些装饰图案，展现他们目前遭受威胁的处境，并期待恩典的早日降临。

图5-28 阿勒穆黑哈圣体盒

11. 孔雀瓷盘

孔雀瓷盘(见图 5-29)现藏于法国卢浮宫博物馆，直径 37.5 厘米。这件瓷盘的烧制时间为 1540—1555 年，是奥斯曼帝国最早的瓷器作品，也是法国卢浮宫的镇馆之宝之一。该瓷盘与同时期的中国瓷器相比较，在釉色的发色与瓷器的胎质上与中国瓷器仍存在一定的差距，但是，它精致的装饰彰显了浪漫的伊斯兰风格。这件瓷盘绘制了争奇斗艳的花卉，用曲线的形式塑造了热烈的画面。画面的焦点是一只美丽的孔雀伫立在一朵硕大的果实之中，展现了田园般的美好意境。除了表现植物题材，伊斯兰艺术特别热衷于表现孔雀题材。因为《古兰经》认为，孔雀是与亚当和夏娃同时被逐出天堂的，因此民间将孔雀视为天堂之雀，并加以顶礼膜拜，赋予了它吉祥美丽的特殊含义。

图5-29　孔雀瓷盘

12. 酒神执壶

酒神执壶(见图 5-30)现藏于法国卢浮宫博物馆。这件执壶是法国 18 世纪工艺美学的杰出代表，是由著名的珠宝供应商莫雷尔根据法国一位人体雕塑家的模型制作而成的。这件精美的执壶有一米多高，器形庞大，是为了纪念酒神巴克科斯而制作的特殊器皿。整个执壶上的浮雕都围绕着“酒”这个主题展开创作，包括各种浅浮雕和高浮雕。执壶的底座上有一个被葡萄覆盖的小平台，平台旁边围绕着两位小天使，还有天鹅与狮鹫，后背还有两位骑着海豚的女神。壶身也用浮雕的手法表现了一组群像，其中画面的中心人物是拄着权杖的酒神巴克科斯与阿里阿德涅。这件作品的灵感可能来源于古罗马酒神石棺，在西方文化中，很多人钦佩酒神巴克科斯的魅力，因此，自文艺复兴以来，酒文化也成为艺术品表现的一个重要主题。

图5-30　酒神执壶

思考练习

1. 商代青铜器最典型的装饰纹样是(　　)。

A. 饕餮纹　　B. 夔龙纹　　C. 回形纹　　D. 人物纹

2. 1923 年在河南新郑发现的莲鹤方尊的材质是(　　)。

A. 青铜器　　B. 瓷器　　C. 漆器　　D. 陶器

3. 陶瓷史中形成“南青北白”的格局是从(　　)开始的。

A. 秦代　　B. 隋代　　C. 唐代　　D. 宋代

4. (　　)不是清代玉雕的重要产地。

A. 北京　　B. 扬州　　C. 苏州　　D. 宜兴

5. (　　)文明也与中国有着类似的“葬玉”风俗。

A. 古希腊　　B. 古罗马　　C. 古玛雅　　D. 古埃及

6. 欧弗洛尼奥斯与欧狄米德斯是(　　)时期知名的制陶艺人。

A. 古罗马　　B. 古希腊　　C. 文艺复兴　　D. 巴洛克

7. “布尔镶嵌法”来源于巴洛克时期的(　　)。

A. 德国　　B. 美国　　C. 英国　　D. 法国

8. 中国古代最大的青铜礼器是(　　)。

A. 后母戊鼎　　B. 四羊方尊　　C. 毛公鼎　　D. 太保鼎

9. 清代康熙青花十二月令花神杯中的题句多来源于(　　)。

A. 楚辞　　B. 宋词　　C. 唐诗　　D. 元曲

10. (　　)最能体现古波斯人善于将多种动物形象融合起来进行综合性的创造。

A. 陶杯　　B. 角杯　　C. 手杯　　D. 陶瓶

第六章　摄影之美

摄影这一媒介缺乏明确的定义，这一点被证明不是坏处，而是好处。摄影可以同时既老又新，既现代又反现代，既是自然的又是文化的，既是创造的又是发现的，既是社会的又是个人的，既是艺术的又是科学的，既是艺术的又是工艺的，既魔术化又科学化，既是时间的又是超越时间的。通过建立开放的、可延续的观念体系来解释摄影的史前史和早期历史，摄影在家庭生活、商业、政府、战争、教育、科学和艺术中的公众体验都变得可以理解。

——玛丽·沃纳·玛利亚

【学习目标】

1. 了解西方摄影与中国摄影的发展脉络；
2. 掌握摄影作品的审美特征与欣赏方法；
3. 能够运用专业术语介绍和分析摄影作品。

【人文艺术主题：苦难】

苦难，泛指各种天灾人祸所造成的身心疾苦，它给人类带来的是创伤与悲痛，任何生命都可能遭遇苦难。人类自诞生以来苦难似乎从来没有间断过，苦难总给人一种压迫感，压迫感促使人类产生恐惧，人类对苦难的恐惧来自其对生命构成的威胁。在苦难面前，人类显得特别弱小，在大多数情况下，人类的命运无法掌握在自己的手中，人类自身的有限性也注定要不断地经历各种苦难，灾害、暴政、战争、饥荒、污染无一不是人类社会苦难的根源，其中有不可预知的自然苦难，也有人性的自私与贪婪所导致的人为苦难。人类生存的意义在于不断从各种苦难经历之中获得启示，清楚地认知自身的有限性，从自身的有限性中提升出来，学会宽恕与团结。作为信息传递媒介的新闻摄影作品对各种苦难的报道并非只是为了博取各种同情，人类在各种苦难摄影作品面前更应该学会引以为戒，探寻苦难的根源，让一切悲剧不再重演。

1993 年，非洲的苏丹频频发生战乱，整个国家民不聊生，接连爆发的大饥荒让苏丹雪上加霜，难民们颠沛流离，饥渴身亡者不计其数，营养不良甚至饿死的儿童更是随处可见。贫穷的苏丹在人为苦难与自然苦难的迸发当中满目疮痍，南非著名的摄影记者凯文·卡特拿起相机前往苏丹进行大饥荒灾难的实况报道。《饥饿的女孩》(见图 6-1)是卡特在苏丹拍摄的一幅较有代表性的作品，拍摄当天，卡特穿过灌木丛后被眼前的一幕所震撼了，画面中的小女孩正艰难地爬在通往救济食品发放中心的路上，即将饿毙的身体几乎无法令她前行，瞬间蹲倒在地，但当卡特准备按下快门时一只专食死人腐肉的秃鹰突然停留在女孩的背后，虎视眈眈地盯着女孩，似乎在等待女孩死后进行猎食。作品中生存与死亡的强烈对比并不只为触发观者对小女孩的怜悯之心，它背后所揭示的是人类经历每一次苦难后的自我反省。《饥饿的女孩》一经发表便很快传遍全世界，照片震撼人心的感染力，不仅给予观者一次心灵的洗礼，也激起世界人民对苏丹大饥荒的强烈反响。

图6-1 《饥饿的女孩》

第一节　发展历程

摄影术诞生于1837年，至今虽然只有不到200年的历史，但人类用图像记录生活、交流信息、休闲娱乐却由来已久，图像文化在人类社会发展史上具有重要的地位和作用，而建立在人类科技成果上的摄影，是人类获取真实图像最便捷、最快速的方法。摄影是伴随人类社会的科学发展而必然出现的产物，其既是一项重要的科技成果，也是视觉艺术中一种新的表现形式，同时也是现代社会信息传播过程中一种重要的媒介。摄影艺术的发展是由功能层面进入美学层面的一个过程，在此过程中，摄影艺术也形成各种不同特性和风格的流派。

一、中国摄影的发展概况

摄影在19世纪50年代后由西方引进中国，中国摄影是在西方摄影的影响下成长起来的。摄影引进之初，这种异于传统图像观念的摄影对中国的影响甚微，仅处在留真纪实的实用功能范围内，这个时期的中国摄影基本上发挥着以照相馆人像为主的社会职能，较少在美学的范畴内谈论。中国早期的摄影虽未开创其视觉艺术表现力，但这种社会职能却充分反映了当时的社会生活与审美趣味，也是摄影艺术发展的一个必然过程。

20世纪初是摄影在中国发展的一个高峰期，五四新文化运动促使许多文人雅士开始学习西方的知识和科学，中国摄影因此开始受到众多受过西方教育的新文化运动先驱和社会精英的广泛关注，纷纷加入摄影的队伍中来。这些先进的知识分子不仅吸收外来文化，而且有着深厚的中国传统文化根基，同时在精神上崇尚追求文人艺术，摄影随即发展成为他们抒情写意的工具，中国由此诞生了以“画意”为发展方向的摄影艺术流派。

随着相机的小型化，人们逐渐摆脱了技术层面的束缚，自学摄影的爱好者与日俱增，这不仅促进了摄影的民间消费，而且拓展了摄影在文化领域的发展，为摄影在美学方面取得了更多尝试的空间。中国在 1923 年出版了具有里程碑意义的中文版摄影书籍《摄影指南》。在《摄影指南》出版之初，康有为以“画意”为题对其作品进行点评，他将中国的诗、书、画、印等传统美学思想的理论融合到作为舶来品的摄影之中，中国传统文人画的韵味和精神被许多摄影家所借鉴，开始运用中国画特有的传统意蕴来创作摄影艺术，这是摄影艺术高度民族化的一个重要过程。

中国摄影艺术的先驱郎静山独创了最具民族特色的“画意”摄影艺术风格(见图 6-2)，中国传统艺术的意境首次以摄影的方式呈现，传统艺术与摄影艺术的完美结合不仅传承了中华传统文化之经典，也弘扬了东方艺术之美，为摄影艺术开创出最具中国特色的新风格，奠定了其在中国摄影史上的学术地位，对中国摄影艺术的发展影响深远。

图6-2　中国“画意”摄影艺术风格代表作

中国美学、美育的倡导者蔡元培在推行美育思想的过程中，曾涉及摄影艺术，并对摄影艺术的作用和地位给予肯定。他在其美学的重要文献《三十五年来中国之文化》一书中详细介绍了摄影艺术的发展脉络，并将摄影艺术与美术进行对比、评论，在某种程度上提升了摄影的审美地位。不仅如此，蔡元培还在文章中对光社、华社等摄影组织，以及《静山摄影集》和《天鹏》摄影杂志等进行全面推介，为摄影艺术在中国的全面普及做出了极大的贡献。

1927 年，中国新文化运动先驱刘半农撰写了中国第一本摄影论著《半农谈影》，书中对摄影和绘画的异同进行了详细分析，摄影艺术也由此被分为写真与写意两大类型。写真是摄影本质的功能，也是摄影被广泛运用的“本行”，写意则犹如中国传统绘画，需要在摄影作品中注入作者的情感和意境，摄影只是一种抒情的手段。

除学术界之外，众多艺术界大家也对摄影提出了许多典型的摄影艺术的美学理论，徐悲鸿提出“摄影应该像绘画一样去描摹所见事物”；张大千提出“摄影即绘画，绘画即摄影，因为都是为了表现‘胸中之丘壑’‘道虽殊而理同’”；丰子恺则提出“对摄影进行审美的社会学关照”。他们所提出的具有学术价值和理论意义的新观点对中国摄影的发展起到关键性的推动作用，建构出本体美学体系和具有民族化特征的摄影艺术，为中国摄影发展成为一门独立学科奠定了一定的理论基础。

二、外国摄影发展概况

摄影术诞生于 19 世纪 30 年代，作为一种直接记录可视固定影像的技术，是在光学、化学、机械工业迅速发展的基础上发展并完善起来的，可以说是西方文明的产物，是科学、宗教、文化和艺术共同作用的必然结果，也发展出不同的摄影类型。

(一) 技术型摄影

摄影术是作为一项科技成果而问世的，其发明者之一是法国版画家尼塞福尔·尼埃普斯，找到一种不使用任何绘画工具而能快速把感知的客观世界纪录下来是尼埃普斯发明摄影的初衷，因此他便开始利用针孔成像的原理进行影像获取的最初探索。1827 年，尼埃普斯虽然以“日光蚀刻法”创造了世界上公认的第一幅永久保存的影像作品(见图 6-3)，但摄影的真正发明者却是法国的一位发明家路易斯·达盖尔。1837 年，达盖尔在尼埃普斯研究成果的基础上，利用西洋镜的特殊光效成功地创造了银版摄影术，标志着摄影的诞生(见图 6-4)。随着摄影技术的不断完善和发展，相继出现了卡罗式摄影术、火棉胶摄影术，1888 年美国的乔治·伊斯曼创造了第一台柯达照相机，并于次年生产卷式胶片。1975 年，美国柯达公司技术人员赛尚发明了世界首部数码摄像机，虽然刚推出时仅能得到 0.01 百万像素的黑白反转相片，但在摄影界却具有革命性的时代意义，电子传感器 CCD 从此逐步取代胶片。可以说，摄影艺术革新的历程就是一场科学技术的发展历程，只有以科学技术作为物质基础，才有可能呈现各式各样的摄影艺术。

图6-3　世界上第一幅影像作品

图6-4　标志着摄影诞生的影像作品

(二) 纪实型摄影

摄影术诞生的初衷应该追溯到其纪实的功能，人类社会发展过程中一直在尝试采用各种不同的手段对现实进行记录。自摄影术诞生以来，一些摄影家便开始利用摄影的真实性去记录人类自身的各种生活方式和生存状态，去关注与人类生存、发展息息相关的各种重大问题和事件。摄影直观、真实地记录了历史进程中一幕幕即将消失、不再重现的事物，为人类社会留下重要的历史印迹。富有前瞻性的法国摄影家阿尔伯·肯恩(Albert Kahn，1860—1940)很早就认识到“20 世纪将是人类的一个大变革时代，世界各国文化的多样性将随着时光的推移而变迁或消失，因此需要把各民族的风土人情、古建文物、生产活动等记录、收集和保存下来，留与后代”。肯恩到访中国和日本之后便建立博物馆和设立“地球档案”，开始组建摄影团队对世界各地的文化古迹、风土人情进行记录，留下许多珍贵的史料，法国摄影家斯提芬·帕瑟的摄影作品《边城，外城》便是其中一幅(见图 6-5)。纪实摄影不仅见证和促进了人类社会的发展与变革，也揭露了社会的各种阴暗丑恶，为人类社会的健康发展做出了贡献。

图6-5 《边城，外城》

(三) 传媒型摄影

传媒型摄影即新闻摄影，摄影是人类的第三只眼睛，人们逐渐依赖这第三只眼睛去观察和认知世界，它的诞生必然成为人类社会一个重要的视觉传媒工具。报纸、杂志、图书、互联网等一系列传媒工具上的摄影图片充分解决了人们认知世界的空间问题，开阔了人们的视野。摄影技术革新和印刷技术的发展直接影响了摄影在传媒领域的应用，胶卷的出现、小型相机的制造使记者获取信息图像的过程更加方便、快捷，甚至可以快速捕捉某些瞬间发生的重大历史事件，使之成为珍贵的新闻摄影作品。印刷技术的发展促使摄影图片得以大量印刷复制，传播媒体也因此进入图文结合的时代，最终彻底改变了人类获取知识和阅读信息的方式。1880 年 3 月 4 日，纽约《每日写真报》上刊登了一幅由贫民们搭建在中央公园边的棚屋图片，该图片由铜版印刷完成，可以说这是世界上第一幅真正意义上的新闻摄影图片。到了第一次世界大战前后，以摄影图片为主导的新闻报道开始被广泛采用，许多杂志也在编排过程中使用了图片。迅速抓取事物瞬间的状态是新闻摄影的核心价值，强烈的画面效果比任何文字描述都更具感染力。发表于外国报刊的新闻摄影图片《日军轰炸上海火车站》(见图 6-6)记录了一位坐在被日军炸成废墟的上海火车站前的轨道上哭泣的小孩，控诉了日军侵华罪行，震撼了世界各国，纷纷对日本军国主义的罪行给予谴责。这些新闻摄影作品的传播效应和视觉感染力是文字所无法替代的。

图6-6 《日军轰炸上海火车站》

(四) 创作型摄影

摄影问世之初一度引起写实绘画界的骚动，写实绘画的实用功能即将被摄影所取代，引起了绘画艺术发展过程中的一次重大的革命，即便如此，摄影的出现在社会职能方面还仅处于功能范畴，至于能否登入艺术殿堂仍颇有争议。摄影经历了 180 多年的更迭与变革，在众多摄影家的努力之下，已经开始从技术层面的追求上升到美学层面的追求，成为一种新的艺术形式。早期的摄影创作并没有什么范式或标准可以遵循，为了获得艺术界的认可，有意识地模仿已经成熟的绘画创作中各种主题和构图，以追求摄影作品中的诗情画意。例如“艺术摄影之父”奥斯卡•雷兰德(Oscar Gustave Reilander，1813—1875)以文艺复兴古典艺术的表现方式创作了一系列具有绘画特征的摄影作品，摄影家 H. P. 罗宾森(Henry Perch Robinson，1830—1901)对场景摄影进行后期合成以使摄影作品接近绘画效果等。

19 世纪 70 年代以后，摄影创作逐渐剥离绘画艺术的影响，开始利用摄影自身的优势，直接拍摄或以摄影中独特的工艺制作技法创造了自己的“画意”世界，同样也获得了高度的审美效果。比如利用柔焦镜头或故意摇晃脚架以获得轻微模糊、柔化的效果，用铂盐印相法表现版画效果，用碳素印相法表现素描效果，用油彩转化法表现油画效果等。20 世纪各种前卫艺术的诞生使摄影成为艺术创作的一种热门手段，达达派和超现实主义等艺术流派利用摄影的多重曝光、无底放大法等技法进行创作，这个过程中也拓宽了摄影的创作领域，使摄影艺术进入新的纪元。图 6-7 所示为 20 世纪初兴起的超现实摄影艺术作品。

图6-7 《手和贝壳》(朵拉•玛尔 1934年)

经过了几代摄影家的努力和探索，摄影艺术虽从早期的模仿绘画发展到以自身的媒介特性和独特的表现语言创立了自己的美学规范，但摄影仍然是一门年轻的艺术，需要在坚守自身媒介特性的基础上对各类视觉艺术进行思考和借鉴，以求在美学层面上不断创新和突破。

第二节　审美特征

摄影作为视觉艺术中一种新的表现形式，是科学发展的产物，有着独特的审美特征和造型语言。它以相机为工具，以感光材料为载体，通过对客观对象的构图组织、光线布置、影调控制等造型手段来表达主题和塑造艺术形象，最后经过暗房工艺制作来呈现作品。

一、构图美

摄影中的构图概念基本上与绘画中构图的概念相同。在摄影中，构图又叫取景，是作者通过相机取景框对拍摄对象进行有组织的布局和选择，合理安排各种视觉元素的空间位置、角度、节奏等关系，以呈现其最好的画面效果的过程。摄影在越来越大众化的情况下，构图的美感是衡量一位摄影家专业程度和审美高度的一项基本要求。摄影作品的构图一般由主体、陪体、前景、背景和空白等视觉要素组成。

(一) 主体

主体是引发摄影者拍摄冲动的主要形象，作品中主要的表现对象和视觉中心，也是传达作者思想情感和表现主题的主要构成部分。主体作为作品内容中的核心载体，对画面有绝对的支配作用，任何客观事物都可以是主体，无论是个体还是群体，抑或是个体的局部，主体可以通过线条、形状、质感、色彩、光影等语言来显现。

(二) 陪体

陪体是相对于主体而言的，必须服从于主体的支配，并在一定的程度上衬托出主体，辅助主体以表现作品的主题思想。有些画面不一定会有陪体，但一些情节性较强的主题拍摄，陪体则起到相当重要的作用，它会与主体构成一个有机的整体，从而提升画面的视觉感染力。

(三) 前景

前景一般出现在画面的四边或四角，或者是离摄影者最近的事物，因此，前景的成像和景深都较大，较为容易引起观者的注意。前景的设置在摄影创作的过程中并非必要，有些画面没有前景，但有些画面则把主体直接放在前景位置，有利于突出主体。前景可以传达一些时间、地点的信息，也可以增强画面的层次感和空间感，甚至可起到均衡构图、增强画面表现力的效果。

(四) 背景

背景处于主体的后方，与前景的功能、性质有很多共同之处，其建立在强调主体物环境的基础上烘托主体、深化主题，甚至有美化画面和营造画面氛围的作用。背景是摄影作品必要的组成部分，有部分摄影作品为了突出主体甚至将背景直接留成空白，对背景的处理是评判一张摄影作品是否成功的重要标准。

(五) 空白

空白是画面布局过程中所需的实体对象外的空间或空隙，空白的概念可以很广，天空、地面、水面、墙壁、草地等都可以构成画面中的空白。在摄影创作中，适当的画面空白有助于突出主体形象，疏通画面气韵，为观者在思想上提供舒展的空间。正所谓“画留三分空，生气随之发”，空白是画面构图布局中疏密节奏把握的一个重要手段。

二、用光美

光是摄影作品拍摄过程中最基本也是最重要的客观条件，是摄影艺术中一种重要的造型手段。摄影的拍摄过程就是一个感光过程，没有光照射出物体造型特征，摄影拍摄便无法完成。光可以是自然光、人造光抑或是混合光，但无论哪种用光方式都必须有一个主光。光的运用不仅可以表现出画面的空间关系，还可以渲染整个画面的情感氛围，创造出各种特殊的视觉效果，不同光的控制和运用也直观地影响到摄影创作的表现形式，可以根据光的性质、方位、调性进行分类。

根据光的性质，可分为强光、弱光、柔光、硬光。

根据光的方位，可分为正面光、侧面光、逆光、顶光、脚光。

根据光的调性，可分为高调、低调、平调。

三、影调美

影调指画面上明暗关系的层次感，光的布置方式影响画面中影调的表现效果，光照射的强度、方向和位置不同，其所产生的影调便不同，光的影调分为硬调、柔调、正调。在拍摄过程中，充分了解不同光线的特性和效果，合理选择拍摄所需的光线，把控好画面中影调的层次变化是拍好一幅摄影作品所必须掌握的基础技能。

(一) 硬调

强烈的直射光使被拍摄物上的光影产生强烈的反差，黑、白、灰三大调子之间缺少层次过渡，称之为硬调。

(二) 柔调

微弱的散射光使光影的对比减弱，光影的层次过渡柔和、舒缓，称之为柔调。

(三) 正调

介于硬调和柔调之间，明暗反差和层次过渡都较为自然，称之为正调。

四、色调美

摄影中的色调即摄影作品中的基调，一般情况下，每一幅摄影作品都会有自己的基调，摄影作品中穿插着各种色彩，由于每个画面中黑、白、灰以及各种色彩所占的面积和对比情况不同，所产生的基调自然不同。我们大致可将基调分为高调、低调、冷调、暖调、中间调，其中的冷调和暖调两个色调较为特殊，是人们在生活中积累的一种对色彩的感觉，是人心理上对色彩的一种错觉。色彩本身不存在冷暖性质，而是生活中一些象征性的物象启发了人们对某种色彩所下的定义，冷暖两种色调只针对色彩摄影而言。

(一) 高调

高调指色调趋于清淡的摄影作品，画面的基调由较浅的颜色组成，拍摄高调作品首先要选择色彩明度较高的物体，比如白色或黄色，提高曝光度，再采用柔和的散射光进行布光，高调的摄影作品给人以淡雅、清纯、柔美、舒适的心理感受。

(二) 低调

低调指基调浓重的摄影作品，画面基本被黑色或深色大面积占据，拍摄低调作品需要选择色彩明度较低的物体，降低曝光度，并采用强烈的逆光或侧逆光拍摄。低调的摄影作品给人以稳重、浑厚、深沉、刚毅的心理感受。

(三) 冷调

冷调指大自然中冰冷、凉爽环境的象征颜色，这一类颜色使人在心理上有一种冷的感受，像蓝色和青色分别象征着海洋和森林，因此属于冷色。

(四) 暖调

暖调指大自然中炎热、温暖环境的象征颜色，这一类颜色给人一种暖的心理感受，像红色和黄色象征着太阳和火焰，因此属于暖色。

(五) 中间调

中间调是介于高调和低调、冷调和暖调之间的一个层次，其基调颜色一般包含灰色、紫色、绿色等，给人一种平缓、典雅、神秘的心理感受。

第三节　名作赏析

1. 《春树奇峰》(郎静山 1934年)

摄影传入中国后，许多摄影家便开始摄影艺术民族化的探索之路，尤其是受西方“画意”摄影的影响，很多摄影家开始从中国古典文化中寻找灵感，出现了很多具有中国画韵味的摄影作品，郎静山便是中国“画意”摄影艺术流派的先驱。《春树奇峰》(见图 6-8)是郎静山较有代表性的一幅摄影作品，作品以中国山水画理论为准则进行取景构图，再通过暗房对所拍摄的相片资料进行后期集锦制作，画面中的山体云雾缭绕，营造出气韵生动的画面效果，前景树木造型生动、清晰，与背面的雾气产生强烈对比，层次丰富，意境深远，从写意画的表现方式中展现中国画的美学思想，再加上题字和盖印，俨然就是一幅水墨山水名作。郎静山不仅开创了摄影民族化的艺术形式，更是将他这一实践的技法和理论公开发表，为中国“画意”摄影流派奠定了重要的理论基础。

2. 《白求恩大夫》(吴印咸 1939年)

一幅优秀的现实主义摄影作品并不只是对事件的简单记录，更重要的是能让观者真切、生动地感受作品背后的伟大故事。第二次世界大战期间，日本侵略中国的火力越来越猛烈，面对强大的敌军，毛主席制定了游击战战术以抵御敌军的进攻。为有效消灭敌人，战区经常设在敌军心脏地区，白求恩为争取对伤员抢救的时间，不顾自身安危毅然将救治伤员的手术室设置在抗日前线。《白求恩大夫》(见图 6-9)是延安电影团摄影队长吴印咸 1939 年前往抗日根据地拍纪录片时所拍摄的，画面以白求恩为视觉中心，通过大面积的阴影衬托出正在救治伤员的白求恩，作者巧妙地从侧面抓拍白求恩头部、身躯和手部组成的动态线，把观众的视线自然地引向手术台，完美展现了白求恩聚精会神的工作状态，面对敌人猛烈的炮火而若无其事，加上特定的场景，使作品具有深沉的历史感。《白求恩大夫》不仅表现出白求恩在极其艰难的条件下仍极力抢救八路军伤员的情景，更让观众深刻地感受到白求恩无私奉献的道德情操和崇高的国际主义精神。

图6-8　《春树奇峰》(郎静山 1934年)

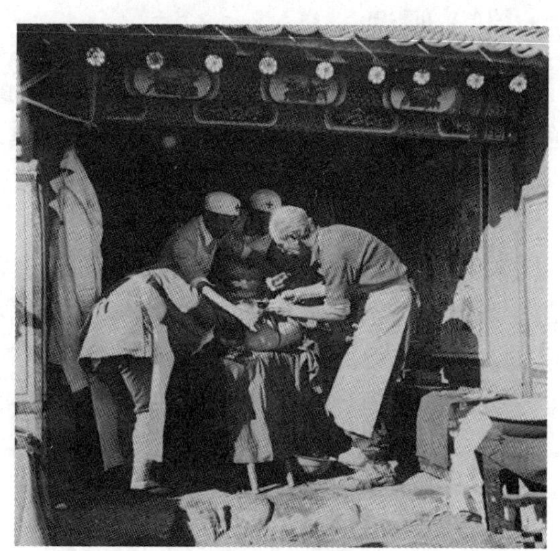

图6-9　《白求恩大夫》(吴印咸 1939年)

3. 《开国大典》(陈正清 1949年)

摄影打破了人类认知世界的时空界限，改变了人类认知世界的方式，摄影家以独特的视角和特别的感受力展现震撼人心的每一个瞬间。自诞生以来，所有重大的历史事件几乎无不被摄影所记载，它是历史的见证者，正如 1949 年陈正清在天安门城楼上拍摄的《开国大典》(见图 6-10)终将成为中国摄影史上的优秀典范。时值中华人民共和国成立的重要历史时刻，毛主席在天安门城楼上宣读《中华人民共和国中央人民政府公告》时余音未落，摄影家陈正清不失时机地按动快门记录下这一激动人心的时刻，成就了这幅经典之作。画面以毛主席为视觉中心，通过大特写的构图形式塑造了一位伟大领袖的光辉形象，测光精准，影调浓郁而细腻，几乎没有任何色调的偏差，就是这样一幅技术精湛的摄影作品将新中国领袖初登天安门城楼的风采生动、具体地传向全世界，也给人们留下永不磨灭的历史记忆。

图6-10 《开国大典》(陈正清 1949年)

4. 《东方红》(袁毅平 1964年)

摄影艺术已经超越了传递信息的本质属性，以满足人们的审美需求，从而激发人们内心的情感，发挥摄影的审美功能。《东方红》(见图 6-11)是摄影家袁毅平在 1964 年拍摄的一幅具有时代意义的摄影作品，其灵感来自著名歌曲《东方红》。画面中，一轮旭日从天安门的东方冉冉上升，满天的霞光和云彩渲染出一幅雄伟壮观、欣欣向荣的景象。作者为展现气势磅礴的朝霞特意将地平线压低至四分之一的位置，舍去地面的大部分细节，只留下象征着社会主义新中国成立的天安门与东方旭日相互烘托，充分表现了我国社会主义发展下特定的时代气息。作者创作《东方红》的过程并不是单纯地展示天安门壮丽的视觉效果，而是通过写实的方式来传写意境，以深入人心的美来寄托作者对祖国的热爱。虽然这样一场旭日东升的景象几乎每天都在发生，但完成主题思想的酝酿和意象的表达，作者却用了三年的时间，从感受到感情的投入，从主题的诞生到作品的呈现，对构图、角度、色彩、光影等技巧的多方实验，是这幅摄影作品背后难能可贵的故事经历，也只有如此，摄影艺术才能够在“赏心悦目”的基础上“以情动人”。

图6-11 《东方红》(袁毅平 1964年)

5. 《大眼睛女孩》(解海龙 1991年)

摄影师在记录各种客观事物和社会现象的同时，会通过摄影的各种造型语言将自己的观念、情感和审美融入作品中，而观众则通过作品中的形象与摄影师的思想意识产生共鸣，从中受到启发，对人生和社会进行思考，这便是摄影教育功能的体现。《大眼睛女孩》(见图 6-12)是我国著名摄影师解海龙拍摄于 1991 年的一幅关于民生主题的摄影作品，作品通过抓拍一位小女孩在艰苦落后的环境中渴望学习的神情来反映当时我国落后的农村教育的状况。画面中，小女孩手握铅笔，用渴望的目光凝视着镜头，一双大眼睛震撼了亿万中国人的心灵，引起了社会对我国农村义务教育的极大关注，以至于兴起了一阵“希望工程”的热潮，使落后的农村教育得到空前改善，改变了几百万贫寒学子的求学命运。作品中，大眼睛姑娘的形象不仅成了“希望工程”的标识性符号，也成了建设社会最富感召力的道德力量。

6. 《生命的礼赞》(杨卫华 2008年)

纪实型摄影作品具备叙事的特性，旨在记录现实生活或叙述某些重大历史事件，在诸多摄影门类中位居首位。纪实型摄影较为注重题材的社会意义，其关注的重点是如何以直观的摄影语言来表述瞬间发生的情节，思想内涵、文献价值及历史价值是纪实型摄影所必须具备的。纪实型摄影有一个重要分支是新闻摄影，作为大众传媒的重要工具，它所记录的必然是最新发生的事件，新闻性、时效性、真实性、瞬间性及现场感是其重要的审美特征。《生命的礼赞》(见图 6-13)是一幅反映我国 2008 年汶川大地震的纪实摄影作品，作品所拍摄的是一位三岁小朋友被解放军从地震废墟里救出那一刻，以敬礼这一纯朴的方式感谢解放军，瞬间成为抗震救灾过程中最撼动人心的一幕，触动了亿万人民的心灵。作品通过三角形的构图形式将敬礼的小朋友置于画面的视觉中心，解放军托着小朋友在废墟上缓缓移动，构图饱满，形象生动，背景中的残垣断壁更是明确地点出了作品的主题和所发生的事件。作品发表后立刻引起了强烈的社会反响，成为此次灾难中最具代表性和艺术感染力的经典镜头之一。

图6-12 《大眼睛女孩》(解海龙 1991年)

图6-13 《生命的礼赞》(杨卫华 2008年)

7. 《人生的两条生活道路》(英国 奥斯卡·雷兰德 1857年)

画意派是19世纪中期产生于英国的一个摄影流派，是世界摄影史上第一个形成的流派，也是影响最广的流派。此摄影流派讲究作品中“诗情画意”的境界，无论是构图形式还是布光影调都遵循极为严格的法则，以求尽量接近绘画作品的效果。流派的主要代表人物是英国摄影家奥斯卡·雷兰德，他擅长以照片剪切瓶贴和多层底片叠加冲印的方式进行创作。《人生的两条生活道路》(见图6-14)是雷兰德1857年以古典绘画的形式创作的一个有关教化的寓言题材的绘画性摄影作品，作品描述的是一个父亲养育的两个不同命运的儿子，画面中间是父亲，右边是受过正确教育，进入与道德和知识相伴的人生道路上的儿子，另一个儿子则选择与懒惰和堕落相伴度过余生。从技术层面看，这幅摄影作品制作工艺复杂而特殊，作品上的人物和场景都是单个曝光拍摄，再通过后期冲印拼接而成，这在当时来说具有重大的突破。通过一张照片描述两个人不同的一生，并表现具有教育意义的思想观念，是难能可贵的。作品一经展出，使摄影艺术在当时第一次获得与绘画持平的地位，摄影在此时才被人们承认为艺术，这也奠定了作者在摄影史上的重要地位。

图6-14　《人生的两条生活道路》(英国 奥斯卡·雷兰德 1857年)

8. 《青椒 NO.30》(美国 爱德华·韦斯顿 1930年)

摄影诞生之初为跻身于艺术殿堂而以模拟绘画为发展方向创立了“画意”派，但却丧失了自身所固有的形式特性，有些摄影师开始在摄影本体语言之中寻求审美个性，而美国纯影派的开拓者爱德华·韦斯顿所拍摄的《青椒 NO.30》(见图 6-15)就是被公认的“告别画意摄影的一面旗帜”。韦斯顿作品最大的特点就是善于发掘具有新意的题材，将一些普通的自然形态在瞬间展现出来的不为人知的特殊形象表现出来，并赋予高度的审美趣味。韦斯顿以敏锐的眼光，通过丰富的想象力拍摄了很多关于蔬果和昆虫的作品，《青椒 NO.30》是其中最为经典的一幅。作品以一颗青椒为拍摄主体，漆黑的背景不仅突显了主体物，也拓展了观者无限的想象空间，影调布置丰富，曝光精准，拍摄出物体柔滑细腻的质感和影纹。画面中青椒的生长形态异常奇特，作者通过对角度和构图的严格把控，为被拍摄的青椒注入一道活力，使之犹如一位健美男士刚劲的背部结构，富有审美感召力，也充分展现了摄影艺术之美，成为世界摄影史上不朽的作品。

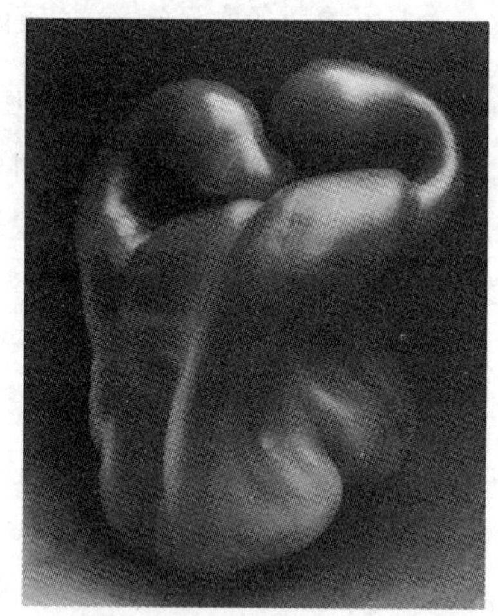

图6-15 《青椒 NO.30》(美国 爱德华·韦斯顿 1930年)

9. 《丘吉尔》(加拿大 尤瑟夫·卡什 1941年)

摄影是瞬间艺术，随着快门开合的一瞬间截取了事物在时空中发生的某一种状态，观察和捕捉瞬间的状态或神情是摄影师所必须具备的基本技能。《丘吉尔》(见图 6-16)是加拿大享有国际声誉的人像摄影师尤瑟夫·卡什拍摄于第二次世界大战期间的人像作品。第二次世界大战期间，欧洲各国遭受巨大浩劫，当战争的火焰蔓延到英国的危急之际，丘吉尔以英国首相的身份访问加拿大，以寻求支援，维护世界和平。加拿大摄影师卡什闻讯前来为丘吉尔拍摄一幅鼓舞全人类的人像作品，最终托好友——加拿大首相肯奇·金联系上丘吉尔而完成了这幅经典的人像照片。拍摄时，面对相机镜头的丘吉尔依旧习惯性地抽起了雪茄，作者认为这不太符合面对战争不屈不挠的首相形象，于是急中生智，把丘吉尔嘴上的雪茄夺走，丘吉尔瞬间严肃起来，右手的拐杖往地上跺了两下，左手叉腰，满脸怒火，犹如怒吼的雄狮，那咄咄逼人的瞬间神态随着卡什的快门而跃然纸上。这幅作品拍摄出丘吉尔的坚定和沉着、威武不屈的精神状态，传达了英国人面对强大法西斯的威胁而坚决反抗、顽强斗争的英勇气概，同时也大大鼓舞了各国盟军的士气。

图6-16　《丘吉尔》(加拿大　尤瑟夫·卡什　1941年)

10. 《原子的达利》(美国　菲利普·哈尔斯曼　1948年)

随着艺术的发展，20 世纪 30 年代超现实主义流派的兴起也对摄影艺术产生非常大的影响，继而诞生了摄影超现实派。摄影超现实派可以说是摄影画意派的一个特殊的分支，两者的艺术理论纲领和美学思想是一致的。摄影超现实派的多数作品同样也需要采用多重曝光和暗房剪辑技术完成，但随着摄影曝光技术的不断进步，有些作品可以运用高超的曝光技术一次完成。《原子达利》(见图 6-17)是美国摄影师菲利普·哈尔斯曼为好友超现实主义画家萨尔瓦多·达利拍摄的一张超现实派摄影作品。作品采用一次曝光的表现手法，未做过任何后期剪辑或拼贴，其创作的形式是要将所有被摄物体都像原子一样悬浮于空中，以此表达一种超现实的画面效果和艺术理念。作品的拍摄需要 4 位摄影助理同时协力完成，画面中达利在指定时间跃起，猫的飞跃，水的悬空，凳子、画架和画框的漂浮需要在同一时间完成，想要一次性完成超现实摄影作品，需要对场景及道具进行精心设计和对曝光时间进行精准把握，哈尔斯曼通过二十多次尝试才得到这一幅完美的超现实派摄影作品，充分展现了哈尔斯曼高超的拍摄技巧和精妙独到的构思，也拍摄出达利内心的性格特征。

图6-17 《原子的达利》(美国 菲利普•哈尔斯曼 1948年)

11. 《母亲给得水俣病的女儿美智子洗澡》(美国 尤金•史密斯 1972年)

第二次世界大战后，日本大力发展重化学工业，重化学工业的极度发展是以牺牲人类的健康为代价。20 世纪 50 年代，日本水俣市的一些重工业化工厂引发了严重的环境污染，造成了世界上最严重的汞中毒事件。美国知名的摄影记者尤金•史密斯退隐后受美国《生活》杂志编辑的委托，仍再次拿起相机前往日本报道这次严重的环境污染事件。史密斯夫妇通过融入日本水俣市来获取受污染村落中的真实场景，将各种亲眼所见的事实真相公诸于世。作品《母亲给得水俣病的女儿美智子洗澡》(见图 6-18)是史密斯所有关于水俣病人的作品中最著名的一幅，智子是母亲怀孕期间吃了受污染的海产品后所生的，其出生后便得了先天性水俣病，导致失明、瘫痪，生活无法自理。画面中构图的角度与智子母亲的神情犹如圣母抱着死去耶稣的画面，为这场悲剧蒙上一层神秘的宗教色彩。作品将污染事件对人类的影响表现得入木三分，从而深刻地揭露了这一“怪病”背后环境污染的内因。这个污染事件中，日本政府一直不作为，真相一经报道，便拉开了日本民众环保运动的帷幕，直至 12 年后，政府才公布水俣病的元凶。

图6-18 《母亲给得水俣病的女儿美智子洗澡》(美国 尤金•史密斯 1972年)

12. 《梨花公路》(英国 大卫·霍克尼 1986年)

大卫·霍克尼是英国著名的艺术家，也是当今国际上最有影响力的艺术家之一，在其艺术生涯中涉足过多个专业领域，摄影是其较为常用的一种实验性创作手法。他的摄影作品通常以多点透视的表现理念从同一场景的不同角度用宝丽来拍摄后再进行后期拼贴，以获得一种移动焦点的特效，这一背离客观真实、再现客观世界的艺术理念均来自立体主义。《梨花公路》(见图 6-19)是霍克尼众多摄影作品中较有代表性的一幅，作品的创作历时 8 天，篇幅巨大，画面中没有单一的焦点和视角，整幅作品由一百多张不同角度的梨花公路局部相片构成，这种通过对一处场景进行分解重构的创作手法开创了摄影艺术创作的新方向。霍克尼试图通过这一系列实验性摄影作品来摒弃传统观念，开拓新的思维模式，用一种全新的视角观察世界。

图6-19 《梨花公路》(英国 大卫·霍克尼 1986年)

思考练习

1. (　　)年，法国版画家尼埃普斯以“日光蚀刻法”创造了世界上公认的第一张永久保存的影像。

A. 1888　　B. 1837　　C. 1827　　D. 1833

2. (　　)属于超现实派摄影作品。

A. 奥斯卡·雷兰德的《人生的两条生活道路》

B. 菲利普·哈尔斯曼的《原子的达利》

C. 乔·罗森塔尔的《国旗插上硫磺岛》

D. 尤瑟夫·卡什的《丘吉尔》

3. 下列选项中，不属于光的性质的是(　　)。

A. 硬光　　B. 柔光　　C. 强光　　D. 逆光

4. 色彩中的暖调指大自然中炎热、温暖环境的象征颜色，这一类颜色给人一种暖的心理感受，(　　)属于暖调。

A. 蓝色　　B. 绿色　　C. 红色　　D. 灰色

5. 摄影在(　　)以后由西方引进中国。

A. 19世纪50年代　　B. 19世纪60年代　C. 19世纪30年代　D. 19世纪70年代

6. 银版摄像术是(　　)发明的。

A. 赛尚　　B. 卡罗　　C. 达盖尔　　D. 尼埃普斯

7. 中国第一本摄影论著是(　　)，书中对摄影和绘画的异同进行了详细分析，摄影艺术也由此被分为写真与写意两大类型。

A. 《天鹏》　　B. 《半农谈影》　C. 《摄影指南》　D. 《摄影集》

8. 摄影艺术自诞生以来发展了多种类型，大致可分为技术型、纪实型、传媒型及(　　)这四种。

A. 创作型　　B. 娱乐型　　C. 实验型　　D. 抽象型

9. 中国摄影艺术的先驱(　　)独创了最具民族特色的画意摄影艺术风格，中国传统艺术的意境首次以摄影的方式呈现。

A. 郎静山　　B. 袁毅平　　C. 徐悲鸿　　D. 吴印咸

10. (　　)发表后引起了社会对我国农村义务教育的极大关注，以至于兴起了一阵“希望工程”的热潮，使落后的农村教育得到空前改善。

A. 《东方红》　　B. 《大眼睛女孩》

C. 《生命的礼赞》　　D. 《梦境》

第七章　设计之美

我们观看世界的视角与感受世界的方法可能有千万种，只要能够下意识地将这些角度和感受方法运用到日常生活中，就是设计。

——原研哉

【学习目标】

1. 了解东西方平面及工业设计中部分经典作品；
2. 掌握赏析设计作品的方法；
3. 能够在生活中发现并体会设计之美。

【人文艺术主题：体验】

人类体验外部世界的方式多种多样，通过视、听、味、嗅、触5种感观感受外部世界是最基本的生理体验形式，此外还有更高层面的心理体验及精神体验。体验外部世界是人们每时每刻都要经历的事情，例如看电影、听音乐会、去饭店就餐、到公园散步以及居家日常生活等。使人在特定环境或对象中拥有特定的人本体验是设计活动的原发动力，例如人们欣赏影视海报是为了满足视觉体验，使自己对电影内容有一定的心理预期；完善音乐厅的吊顶设计是为了优化听觉体验，让人们在欣赏音乐的时候获得最佳的音质；设计符合人体工学原理的家具则是为了让人们在使用的时候更加舒适；在充满花草植被的公园中散步能够使人们疲惫的身心得到放松；舒适的居家环境设计则是为了使人们获得归属感等。

由著名平面设计师原研哉主持设计的1998年日本长野冬奥会开幕式节目册(见图7-1)是将设计体验发挥到极致的一件作品。设计师的想法是要在这本节目册中展现冬季特色，以迎合冬奥会的主题。经过反复的构思和无数次的论证后，设计师描绘的一幅美妙画面渐渐地展现了出来——冬季的乡村下了一整夜的大雪，清晨的第一缕阳光洒来，目光所及的田野里白茫茫一片，人们的脚踩在松软的雪地里，发出咯吱咯吱的声音并留下一条一条新鲜的足印。对于如何体现这种雪乡的情感，设计师将设计的重点放在节目册的用纸上。设计师选用具有肌理感的白色松软纸张，以特殊的压凹和烫透工艺，将文字的金属模板加热然后压在纸上，文字的部分出现凹陷，部分纸的纤维融化成冰一般的半透明效果，最终使文字在纸上留下了“雪的痕迹”。通过这些手段让观众在观看并触摸纸张的同时唤起他们在脑海中对于冬天的记忆。

图7-1　1998年长野冬奥会开幕式节目册封面——踏雪的记忆

节目册版面的正中心是用烫金方式表现出来的奥运圣火图案，红亮的“圣火”与柔软的“雪痕”形成了鲜明对比，图案的动与静、材质的光滑与粗糙、色彩的冷与暖等信息交织在一起给观众带来了极佳的复合体验。

通过“设计”创造“体验”是原研哉在其设计实践过程中一直遵循的原则，他认为这些体验活动是人与人、人与物、人与环境之间交流的重要平台。

第一节　发展历程

“设计”一词的概念非常宽泛，广义的设计是指把一种设想通过合理的规划、周密的计划及问题的解决方法通过各种形式传达出来的过程。设计的核心内容包含三个方面：第一，初始计划、构思的形成；第二，利用视觉传达方式将之前的计划与构思展现出来进而让人理解；第三，计划通过之后的具体应用。20 世纪以来，随着设计技术及理念的飞速发展，可以说，设计是在社会客观环境下所做的积极的创造性活动。

一、中国设计发展历程

(一) 中国古代设计

从设计学的发展角度来讲，平面及工业设计都是西方艺术界兴起的艺术表达形式，而中国古代传统工艺中往往透露着我们本民族特有的设计理念和设计手法，它们具有巧妙的构思及精湛的技艺，成为我国灿烂文化中最为浓墨重彩的部分。

原始社会时期，先民们就创造出多种设计艺术形式。我国新石器时期大量彩陶艺术品中，出现了繁多的装饰纹样，这些纹样可认为是我国最原始的平面设计作品。新石器时期早期的半坡彩陶中出现了带有大量动物形状的纹样(见图 7-2)，例如人面纹、鱼纹、鸟纹等，它们多以几何元素(三角形、竖线、斜线、波浪线等)构成，线条运用简洁大胆，富有张力；中期的庙底沟彩陶纹样则更加注重点线面的穿插组合，利用弧线、三角、圆点等元素组成二方连续花纹，纹样多绘制在凸出的器腹用以增强器皿造型的丰满度；后期的马家窑彩陶线条的形式变得更加繁复，比如漩涡纹、水波纹等。

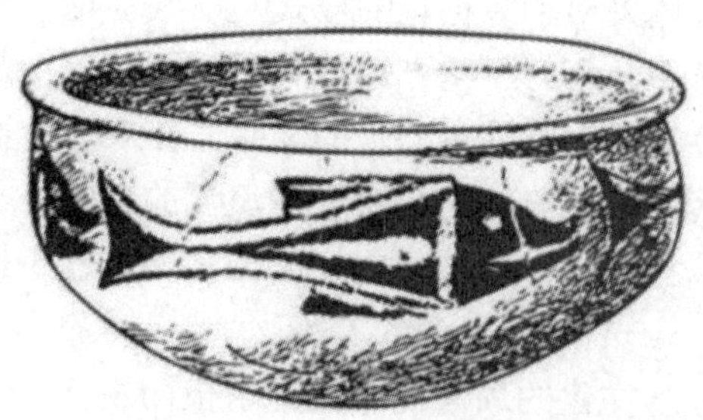

图7-2 半坡彩陶中的鱼纹纹样

先秦时期，伴随青铜器的出现以及生产工艺水平的提升，器物表面的纹样造型变得更加丰富多彩，工匠在纹样线条的样式上做了相当细致的规划，线条的疏密、曲折、粗细变化极为考究，并且能够熟练地使用重复、渐变等手法来进行图形构成。该时期主要以几何纹样与动物纹样为主，代表性的纹样有云雷纹、窃曲纹、饕餮纹、夔纹等，其中云雷纹是商周时期青铜器上出现的最多的几何纹样，经常以底纹的形式出现，装饰在器物的主要突出部位；饕餮纹则是典型的动物形状的纹样，通常配合云雷纹一起使用以烘托神秘的气氛。此外，春秋战国时期列国伐交频频，青铜及铁质材料在军事武器上得到广泛应用，普通士兵使用的武器如剑、戟、矛的韧性和强度得到进一步的加强，并且出现了大型的攻城器械如云梯、投石机等。

秦汉时期，青铜器制品逐渐走向衰落，陶土制品的使用率日渐增加，其中以画像砖与瓦当最为著名。画像砖一般用于记载重要的历史事件或市井活动，例如河南新野出土的“戏车图画像砖”，表现的是集市上杂耍游戏的片段，画面内容非常生动、形象。而瓦当是装饰、美化和遮蔽建筑物檐头的建筑构件，最著名的当属四神纹瓦当，分别刻有青龙、白虎、朱雀、玄武四方神物镇守四方，作品线条变化多样，概括力强，虚实的对比亦十分巧妙，是兼具实用性与艺术性的佳作。

三国两晋南北朝是我国前所未有的民族大融合时期，在家具设计方面表现尤为突出。北方少数民族的高椅方凳传入中原，中国古代家具样式得到了全新的发展并深刻影响后来中国人的日常生活，国人开始席地坐与垂足坐并存，椅、凳、床、墩等高足家具渐渐成为家具的主角。

隋唐时期国力强盛，生产力水平空前提高，在建筑、手工艺、染织、兵器、农具等方面的成就都达到了历史高峰。在纹样设计方面，随着丝绸之路的重新畅通，中原文化与西域文化交流密切，促使丝织工艺品在中国传统图案纹样的基础上吸收了外来装饰纹样。隋唐时期，织物纹饰繁丽多样、色彩丰富，形成清新华美、富丽大气的艺术风格，主要的纹饰种类有联珠纹、对称纹、团窠纹、宝相花纹、卷草纹等。从公元6世纪中叶直到7世纪初(隋、唐前期)，联珠纹是中国最重要的装饰纹样之一(见图7-3)。联珠纹由一个个的小圆珠组成，圆珠或排成条带等形状，或围成一个圆圈，称为联珠圈，用以包围主题纹样，内置纹样的构图方式可单独也可对称。宝相花纹是中国古代汉族传统装饰纹样的一种，在纺织品、铜镜、金银器、唐三彩、建筑装饰中多有应用。宝相花纹是由盛开的花朵、花的瓣叶、花的蓓蕾和叶子等素材按放射对称的规律重新组合而成的装饰花纹。十字、米字、圆形辐射三种模式是唐代宝相花纹的基本结构特征，花纹本体采用了多种花的样式，唐代前期主要为莲花，唐代中后期则是牡丹。军事方面，马槊、横刀、陌刀、明光铠等兵器被军队广泛装备，其中唐横刀以其成熟的锻造工艺和优秀的实战性能成为中国古刀剑的翘楚。在农业方面，唐代农用器物的发展也有着长足的进步，其中唐代中后期出现的曲辕犁将汉代的直辕、长辕改为曲辕、短辕，并在辕头安装可以自由转动的犁盘，使得曲辕犁更加小巧轻便且易于操作，农业生产效率得到进一步提升。

两宋时期是中国封建社会文化的顶峰，宋代追求极简主义的美学特征，其中中国传统平面设计形式中的画面构图受两宋山水画影响极深。两宋山水画重视对文人士大夫内心世界的抽象描绘，追求画面的内涵与意境美，在构图上讲究留白，精于图面元素的布局。此外，宋代印刷术的发明促进了书籍印刷业的兴盛，形成了汴京、成都、临安、建阳四大刻书中心，宋代刊刻字体成为后世仿宋体的样本。北宋时期，四川还出现了世界上最早的纸币——交子(见图 7-4)，纸面上有纹样、文字和图画，并遵循一定的版式设计规则。

图7-3　唐代联珠团窠纹织物

图7-4　北宋纸币——交子

明清时期，我国的家具设计水平和园林设计水平达到了成熟时期。明式家具自明代中叶开始兴起，尤以太湖地区的家具制作最负盛名，代表性的家具种类有案、桌、凳、几、床、榻、屏风、橱柜、衣架等(见图 7-5)。明式家具以造型优美、选材考究、制作精细为主要特点，使用的材料以紫檀、杞梓、花梨等硬木为主，主要部件之间以榫卯结构进行连接，拆装方便。家具的纹饰雕刻题材也是广泛多样，有云纹、灵芝、花鸟、走兽、人物、凤纹、卷草、莲纹、竹节、吉祥图案等。著名学者王世襄将明式家具的特点总结成“十六品”：简练、淳朴、厚拙、凝重、雄伟、圆浑、沉穆、浓华、文绮、妍秀、劲挺、柔婉、空灵、玲珑、典雅、清新，这可谓是对明式家具的最好诠释。明清园林以江浙一带私家文人园为代表，在精神层面映射了中国士大夫阶层“天人合一”的世界观与人生观，将代表儒家思想“人居观”“伦理观”

的建筑住宅与代表道家思想“自然观”的园林景观合二为一，形成了“居中有园，园中有居”的园林格局。在造园手法上，文人园设计倡导以小见大、步移景异，通过对游园动线的巧妙规划，运用空间主次与虚实的对比，使观赏过程丰富而有变化。此外，在园林材料、园林植被的选取上也颇具匠心，比如园石讲求瘦、漏、透、皱的意趣，苏州留园一景冠云峰就是典型，而富有人文内涵的松、竹、兰等植物亦是常见。文人园林中最精妙的设计当属苏州网师园(见图 7-6)，设计师通过在有限的空间内对园中水面进行视觉上的放大处理，辅之以小巧精致的石拱桥、精心配制的园林植物，将园主心中的理想山水世界完美地勾勒出来。

图7-5　明代铁力木四出头官帽椅

图7-6　网师园

(二) 中国近现代至当代设计

鸦片战争打开了中国同西方世界对话的大门，西方审美方式同中国传统审美观进行了激烈的碰撞，我国自此开始出现现代设计的概念并逐步形成了自己特有的设计风格。中华民国成立之后，由于工业基础薄弱，并没有大规模的工业产品问世，反倒是平面设计异军突起。受孙中山先生倡导的“三民主义”思想的影响，民国设计体现了鲜明的人文特色，许多文人都直接参与到书籍、报纸、杂志的封面设计活动中来，所以作品多带有很强的人文情怀。例如丰子恺先生为《东方杂志》《宇宙风》(见图 7-7)杂志绘制的封面就带有浓浓的中国风。在图面处理上，民国时期的平面设计对传统纹饰的应用十分广泛，如回纹、如意纹、八卦、年画、版画和民间剪纸等图案都是设计师喜欢用的形式。此外，女性地位的空前提升使得女性元素在民国时期的电影海报、宣传画及日常消费品包装中占有相当大的比例。民国平面设计在版式上以突出字体为特点，在早期平面设计案例中文字的设计较为简单，通常直接引用书法字体，在后期则开始对黑体字进行变化处理，字形较为浑厚粗重、庄严醒目，仪式感很强(见图 7-8)。

中华人民共和国成立后，平面设计的主题以表达劳动生产与时代主旋律为主。例如由吴彭越、鞠文俊等雕刻师设计的第三套人民币，就具有相当浓厚的时代气息。在工业设计上，基本继承了苏联工业的模式，1956 年我国生产出第一辆解放牌汽车，结束了我国不能自主生产汽车的历史。

图7-7 《宇宙风》杂志封面

图7-8 民国时期屈臣氏广告

改革开放之后，中国的平面设计及工业设计犹如雨后春笋般兴盛起来，设计题材变得多样，并出现了一批具有顶尖设计水准的设计大师，如靳埭强、陈幼坚、李永铨、黄海等，他们的作品风格有的华美艳丽，有的气势恢宏，有的含蓄抽象，风格迥异，力求在西方美学与中国传统文化中间寻找最佳契合点。

二、外国设计发展历程

(一) 古典时期至浪漫主义时期的设计

古希腊艺术带有鲜明的人性与科学特征，例如希腊神庙的设计彰显对人体尺度的绝妙应用，著名的帕特农神庙的内部空间和正立面均符合黄金比例构图原则。古罗马人的设计相较于古希腊则带有更多的实用主义精神，使设计真正从为神而生转向为人而生。古罗马的陶器、玻璃、家具制品设计工艺已经达到相当的水准。古罗马人采用模制技术及吹制技术制造玻璃器皿，造型呈现出严谨的古典风格。家具设计上，古罗马人倾向于进行大面积的细部装饰，用材上往往使用高端木材并配有名贵的象牙或金属装饰，神话形象成为主要的表现素材。

中世纪时期，神权思想在欧洲居于统治地位，所以宣扬神权的宗教场所顺理成章地成为该时期艺术品的制作中心，其中各种宗教手抄文本装饰精美，在版式上具有相当高度的排版设计逻辑。例如完成于 8 世纪的《林迪斯法恩福音书》(见图 7-9)以工艺精湛、色彩绚丽而著称，被誉为宗教手抄本艺术的顶峰之作。此外，由于哥特式风格在建筑上的广泛流行，中世纪家具设计中也带有明显哥特式风格的影子。

文艺复兴运动否定了神权，宣扬了人权，其实质是借复古之名行创新之举，主要的成就集中在绘画、雕塑与建筑设计上。在这一时期，“设计者”逐渐脱离“手工艺者”成为独立的、具有较高地位的社会群体，设计活动也渐渐脱离手工艺活动而为高雅艺术所独享。

17 世纪出现的巴洛克风格以华丽繁缛的装饰为特征，象征着神权与王权，在建筑与室内设计中表现得最为抢眼。巴洛克时期的建筑艺术是一种综合性的艺术，它将建筑本体、室内装饰、家具陈设、壁画雕塑及光影色彩都作为视觉效果的一部分。其中巴洛克家具造型饱满丰腴，装饰夸张且华丽，强调节奏的运动与变化，家具的腿部常使用交织的植物及人物纹样。之后出现的洛可可风格是在巴洛克风格的基础上发展起来的，以具有纤细、轻巧的妇女体态的造型，华丽和烦琐的装饰为特征，装饰题材带有明显的自然主义倾向，主要体现在室内装饰及家具造型上。

(二) 新古典主义时期至第二次工业革命时期的设计

新古典主义设计追求古典风格和简洁、典雅、节制的品质，追求形体的单纯、独立与完整，减少纯装饰构件，它是对巴洛克与洛可可风格烦琐装饰的反叛，是对理性的积极探索。第二次工业革命的发起使得新技术、新材料和新结构在设计中得到进一步应用。19 世纪初，德国人森纳菲尔德发明的平版印刷术在操作上比之前雕刻图案的凹版印刷和凸版印刷方式简易灵活得多，应用范围更加广泛，成为书刊印刷及广告海报设计的首选，被誉为 19 世纪印刷领域最重要的发明。此外，对材料的创新应用是工业革命时期设计师探索的重要成果，尤其是在公共建筑及桥梁设计中将具有良好采光性的玻璃与韧性强度俱佳的铁制品相结合，成为一时之风尚。1851 年伦敦世界博览会的“水晶宫”及 1889 年巴黎世界博览会的“埃菲尔铁塔”就是新技术、新材料革新的代表。在家具设计领域，奥地利设计师索涅特(Michael Thonet)发明的曲木技术在现代设计真正出现之前就已经含蓄地否定了手工艺的观念，它标志着以大机器生产为主要特点的现代设计的开端(见图 7-10)。

图7-9　林迪斯法恩福音书

图7-10　索涅特设计的14号椅

(三) 19世纪末至“二战”前的设计

第二次工业革命结束之后的 19 世纪末，英国艺术家厄尔夫・拉斯金(Ralph Erskine)、威廉・莫里斯(William Morris)等人掀起一场以反对产品机械化生产为目的的工艺美术运动，拉开了近现代设计运动开始的序幕，在艺术实践上主要体现在首饰、书籍、家具设计等方面，在装饰上推崇自然主义和东方装饰(见图 7-11)。工艺美术运动率先提出了美与技术相结合的原则，但反对机械美学与机械制造，反对设计上的华而不实，主张设计应回溯到中世纪的传统，同时提出恢复手工设计的状态。工艺美术运动之后的新艺术运动更是将对传统和自然形态的解读发挥到了极致并延伸到各个设计门类。在形式上，新艺术运动完全放弃了任何一种传统装饰风格，突出表现曲线、自然纹样和有机形态，崇尚手工的制作方式，是现代设计演化过程中的重要阶段。法国设计师吉玛德(Hector Guimard)为巴黎地铁站所做的设计使用了玻璃、青铜等金属材料，将地铁口栏杆处理成植物的枝干或藤蔓的造型；西班牙建筑师高迪(Antonio Gaudi)在他最著名的作品圣家族大教堂中注入了鲜明的有机特征，同时透露出强烈的神秘色彩。归纳起来，工艺美术运动和新艺术运动都是在工业化大生产背景下所做的反叛，具有一定的时代局限性，故并没有产生更为深远的影响。虽然之后出现了类似“装饰艺术”这种在艺术与技术之间寻求平衡的设计探索，但是并不能阻挡工业化生产迅猛前进的步伐，也不符合愈发浓重的社会民主思潮。

图7-11　莫里斯设计的《吉奥弗雷·乔梭作品集》扉页

20 世纪 20 年代，工业技术的迅猛发展与工具、设备滞后之间的矛盾日益突出，现代主义设计应时而生。现代主义设计是迄今为止影响最为深远的设计运动，它提倡设计功能至上，反对装饰，追求设计的民主性和服务性，将以往为少数权贵服务转变成以为广大人民服务为己任的探索，努力创造一种能够被大多数人所接受的新设计模式。现代主义设计在实践上坚持标准化、批量化的生产方式，设计作品带有明显的中性化色彩。在欧洲，现代主义设计在经过荷兰风格派和俄国构成主义的大量实践积累后，以建筑师格罗佩斯(Walter Gropius)领导的包豪斯设计学院为主阵地继续迅猛发展并最终走向成熟。在这一时期，包豪斯设计学院培养了一大批有识设计师，同时也提出了大量现代设计思想。在设计教育上，包豪斯建立了以三大构成(平面、色彩、立体)为基础的现代设计教育基础模式并一直影响至今。在授课形式上，学院形成了小型作坊式样的教学模式并与工厂和企业建立广泛的联系，在培养学生的实践动手能力的同时也较好地实现了设计作品与工业化生产的衔接。德国法西斯政府上台后，包豪斯设计学院被迫关闭，现代主义设计在欧洲的影响力逐渐衰落，大批设计师开始移民美国。与此同时，美国规模化的工业设计开始兴起，美国市场的商业化和消费需求使工业设计成为市场促销、市场竞争的重要组成部分而渐渐被人们接受。在造型样式上，流线型设计成为 20 世纪中叶工业产品的主流，着重体现了样式设计的内涵，即寻找一种能够快速被大众认可的设计样式，并且能够满足材料、工艺、审美变革所带来的冲击。流线型设计影响了从电熨斗、烤面包机到火车、汽车和飞机的诸多设计领域，成为 20 世纪中期最受欢迎的设计样式。美国工业设计的兴盛使得工业设计师出现职业化的趋势，其中最有代表性的有设计柯达相机的沃尔特 • 提格(Walter Teague)、设计壳牌石油公司 logo 的雷蒙 • 罗维(Raymond Loewy)等。另外，一些著名的制造企业，例如通用汽车公司、西尔斯百货公司，都成立了自己的设计部门，工业设计的形式开始由个人化向企业化、团体化过渡，设计流程变得更为严谨、规范。

(四) “二战”后至21世纪的设计

“二战”之后，现代主义设计思想转移到了北美大陆并有了新的发展，设计师们对设计理念和设计风格的探索也从没停止，各种设计运动和设计流派竞相出现。从流线型设计到高技派，从解构主义到后现代设计，从平面设计的瑞士国际主义风格到工业设计的乌尔姆设计学院体系无一不映射了时代发展的潮流。从更深层次的角度来看，层出不穷的设计运动归根结底都是设计师在消费需求日益增加的社会发展趋势下做的探索与尝试。另外，一些新兴的辅助设计学科如“人体工程学”“环境行为学”“消费心理学”等迅猛发展起来，它们着重解决的是“人”与“设计产品”之间的矛盾，使设计活动更加趋于严谨、科学、合理。但与此同时，过度追求设计的商业效应以及提倡过度消费也引发了一系列的社会问题，譬如 20 世纪 50 年代流行于美国的“有计划废止运动”，强制性地推出新产品用于替代老产品并且有目的性地更新设计潮流，最终导致资源的严重浪费，在设计上形成了只讲形式、不讲功能的形式主义恶习，从而激发了一系列的社会问题。

现代主义设计在美国衍生出国际主义风格之后，它的宗旨和理念却被严重扭曲了，国际主义风格将之前现代主义设计为了追求“功能”而形成的“形式”演变成了直接追求的风格特征，最典型的例子就是对建筑师密斯 • 凡 • 德罗(Mies Van der Rohe)“少即是多”风格的硬性模仿，之前为大众服务的宗旨变成了为资本主义企业服务的符号，与现代主义设计的初衷渐行渐远。现代主义设计在 20 世纪后半期受到了越来越多的批判，在这些批判的浪潮中，尤以后现代主义设计运动声势最为浩大。后现代主义设计强调设计作品审美的重要性，主张追求具有人情味的、装饰的、非理性的、变化的表现形式，这是与现代主义设计的原则相背离的。奥地利建筑师汉斯 • 霍兰(Hans Hollein)的作品“玛丽莲椅”一反现代主义家具设计的理性形象，将曲线、不对称与动感在家具上表现出来。在平面设计上，以沃夫冈 • 魏因加特(Wolfgang Weingart)为代表的新浪潮设计运动，虽然依然沿用现代主义的基本构图方法，但对所有的设计元素进行了形式主义加工，赋予其一定的戏剧性和个人韵味。21 世纪后，环境及社会问题日益凸显，越来越多的设计师认识到设计应该成为人类生活与自然和谐相处的桥梁，诸如“绿色设计”这样倡导可持续发展的设计潮流迅速流行开来，开启了人类设计活动的新篇章。

“二战”后，不同国家的设计道路各具特色，其中斯堪的纳维亚家具设计高度重视设计细节，善于采用自然的材料并将人体工学原理应用其中，追求使用的舒适、方便和安全，受到世界各地人们的欢迎；意大利现代设计在“二战”后迅速起步，以复兴本国设计传统为己任，在诸如汽车、家电、家具等工业设计领域均具有相当高的水准；日本现代设计在朝鲜战争后得到迅猛发展，以龟仓雄策(Yusaku Kamekura)为代表的“二战”后日本新一代设计师们努力将本国文化与西方设计思潮相结合，使日本的现代设计呈现出新面貌；而外销品的工业与平面设计则表现出低饱和度、极简、紧凑的样式特征。以索尼电子为代表的企业建立了完善的品牌设计体系和设计策略，将工业设计作为企业发展的重要支撑力量，使品牌的国际影响力得到空前提升。

“二战”后的德国设计也是现代设计的重要代表。德国产品一度成为高品质工业设计的代名词。著名的西门子家电(见图 7-12)就以其高度的功能化、秩序化、细节化、理性化的特质成为德国现代设计的典范。荷兰的现代设计同样带有鲜明的现代主义特征，尤其受风格派艺术形式的影响最深，偏爱使用抽象化的几何元素，在细节上力求做到精益求精。荷兰财政部 1977 年发行的荷兰盾鸟版纸币(见图 7-13)被称作“极具美感的货币”。美国的“二战”后设计成为世界设计潮流的主导，表现为多元化、幽默化、大众化、高度的商业化和实用化。纽约著名设计师弥尔顿·格拉斯(Milton Glaser)设计了 *I ♥ NEW YORK*(我爱纽约)标志，该设计帮助当时的纽约市民从经济萧条的状态中建立信心，是美国设计幽默性的代表。

图7-12　西门子家电

图7-13　荷兰盾鸟版纸币

第二节　审美特征

设计师不同于艺术家，他们在创作过程中更关注问题本身，而不是通过自己所做的工作表达某种情感。可以这样讲，设计师在设计过程中对自己的主观情绪是保持压抑的，设计的过程并不完全是发现问题、解决问题的过程，而更多的是平衡各种问题的过程。设计作为一种复合的感官体验艺术，想要给人带来较好的美感要通过许多不同的方面去实现。美感在主要以视觉体验为基础的平面设计和主要以触觉体验为基础的工业设计中的评价标准也有差异，如果用统一的标准去衡量其实是十分困难的。但是，好的设计往往都具有一些共有属性，下面选择其中具有代表性的方面进行阐述。

一、设计作品艺术美的基本要素

（一）形式美

1. 构图及造型美

所谓构图，就是在需要通过二维画面表达设计成果或设计构思时，根据题材或主题的需要，将各个设计基本元素按照一定的美学逻辑进行组织和协调，从而构成一个完整、和谐的画面的过程。画面的基本元素可以是点、线、面这样的抽象形态，也可以是具体的图形图像。构图是设计作品的骨架，是连接设计本体与设计思想的桥梁，是设计作品中最基础且最重要的层面。归纳起来，构图的基本原则有对齐、均衡、重复、变化与统一、比例、韵律、正负形等。

对齐与均衡是构图的基础，它们的主要作用是使画面具有稳定性。对齐就是使画面元素按一定的秩序排列整齐，而不至于显得杂乱无章。比如书籍排版设计中的许多文字和图片相互之间需要对齐，营造视觉上的规则感。对称是均衡的一种表现形式，它能够带来稳定和秩序的美感，但均衡并不完全指绝对的平均，而是使设计元素达到相对平衡与和谐的状态，比如满足黄金分割的构图原则。变化与统一也是重要的构图法则，画面中元素的大小、聚散、宽窄、疏密、虚实、动静、曲直、色彩，以及点、线、面的变化都影响着作品的最终效果，没有变化的画面就会显得没有条理与主次。而统一主要是指形式与功能的一致性和整体格调的一致性，所以进行设计的时候往往讲究在变化中求统一，在统一中求变化。此外，基于格式塔心理学的正负形构图在平面设计中的运用亦十分广泛，正负形构图的根本在于使图面中的每一个元素都不孤立存在，需要与其他元素整体看待，这也是中国传统美学中阴阳虚实原理的体现。

造型是对需要表达的物体进行推敲、修整从而达到最终理想效果的过程，通常针对具有三维形态的工业设计作品而言。造型的基本原则主要有体量、平衡、对比、比例、韵律等。产品设计在造型上要符合结构美学及人体工学原理，例如座椅的靠背和高度要满足人体背部的结构特征；电子遥控器按键的大小、色彩、触感的不同体现不同按键的功能；电竞显示器的弧形造型是为了满足人颈椎的活动舒适性要求以及人眼的视域要求；超级跑车的流线型造型在满足空气动力学原理的同时也彰显了其品质与品位等。家喻户晓的可口可乐在诞生初期急需寻找一种与众不同的瓶体造型用以区别其他同类产品，要求制瓶商的方案必须达到“哪怕在黑夜中也要一下就能辨认出可口可乐”的标准，最终美国鲁特玻璃公司设计的弧形瓶脱颖而出，独特优美的双曲线造型最终成为可口可乐饮料的标志。建筑大师密斯•凡•德罗为配合 1929 年巴塞罗那世博会德国馆的室内陈设而设计的巴塞罗那椅是体现家具产品造型美的经典之作，它由经一体锻造的不锈钢支架配合真皮坐垫组合而成，形态简约、优雅、大气，坐垫与靠背形成的自然夹角不仅极具动感，人在使用时也会感觉非常舒适。

2. 色彩美

色彩是大千世界的美丽外衣，人眼所看到的自然界色彩是由不同波长的可见光照射在物体上，反射到眼睛中，刺激人眼中的视觉细胞产生的视觉感应。色彩包含三个基本要素，即色相、明度与纯度。简言之，色相就是色彩的倾向，明度就是色彩的亮度，纯度就是色彩的饱和度。红、黄、蓝是组成万物色彩的基本色，其他色彩都是由三原色在三要素的基础上衍生和调和产生的。

设计中的色彩美，即色彩的搭配、调和之美。色彩三要素配比以及色与色搭配的不同带给人的感受不尽相同，色彩能带给人冷暖、收放、轻重、进退、平衡、软硬、兴奋与沉着、朴素与华丽的感受，这也就是人们常说的色彩情感。暖色系色彩能产生强烈的膨胀感，冷色系色彩则会产生向内的收缩感；补色的互相碰撞会给人带来较强的视觉冲击力，而邻近色的使用则往往用来表现相对稳定的主题；高纯度的颜色能带给人兴奋感和活跃感，但注视时间过长会导致视觉疲劳，如果大面积使用有造成色彩污染的潜在可能，而中性色往往带给人冷漠的感觉，但却能让人心情比较平静，等等。在优秀的设计作品中，色彩一定是经过合理规划的，不同的主题、场景、材质、载体、受众都影响着色彩的使用。由黄永玉绘制，邵柏林设计的庚申年猴票(见图 7-14)，画面中一只金猴栩栩如生，配合着大红色底色，整个画面充满喜庆的意味。

图7-14　庚申年猴票

3. 材质美

如果说构图和造型是设计作品的“骨”，那么材质就是设计作品的“肉”。材质是承载设计作品的媒介，同时也是设计作品的重要组成部分，无论是平面设计还是工业设计，材质永远是被热议的话题。材质的种类多样，主要有纸、木材、金属、陶瓷、纤维、橡胶、玻璃、塑料、纤维及新型复合材料等。对于工业设计产品中的材质，设计师必须找到最平衡的状态才可能达到最佳的设计及使用效果。比如餐具的设计，如果使用不锈钢材质，外观会显得更高档，但是同时要考虑到金属材质的快速导热性对使用者的影响，而如果使用玻璃材质，又要考虑其潜在的安全性问题。木材由于其温润的特性受到家具设计师的喜爱，但它的强度和韧度却不如金属材质，这时候设计师就要做出合理规划，比如与人体直接接触的部分使用木材，而承重部分和关键节点则要使用更高强度的材料，能根据材料的不同特性进行设计也是评价设计师创作能力的一项重要指标。随着科技的不断进步，新型复合材料如人造纤维在现代设计中的应用越来越广泛，意大利设计师安东尼奥·奇特里奥(Antonio Citterio)设计的“喂喂 Moshi-Moshi”沙发好似一块光洁平整的白色鹅卵石，只要按下遥控器上的按钮，椭圆形的沙发就能缓缓地升起一个靠背。设计师使用了一种名为 Finex 的具有强韧、柔顺特性的多层可拉伸材料，沙发内部安装的机械装置升起支撑件可以随意改变它的形状，也可以随时恢复原状，该材料的特殊属性使沙发的形态和使用方式得到颠覆性的改变。平面设计对纸材品质的要求非常高，不同性能的纸张配合现代印刷工艺可使作品呈现不同的美感。

(二) 应用美

1. 使用美

现代主义设计的奠基人格罗佩斯提出，“设计是为人服务的，设计的实用性是第一位的”，这说明设计作品必须有很强的实用功能，可以解决某种需要解决的实际问题。人在使用设计作品的过程中，通过感官与之产生直接或间接关系的过程被称为“设计体验”或“设计交互”。比如，翻看一本被精心设计的书籍时，首先会感受到书籍的尺寸、厚度、封面形式、色彩、文字的形式等；拿起书本时，用眼睛欣赏优美的文字、版式和插图，通过触觉感受书籍的重量和纸张的肌理，甚至用嗅觉感受纸张的味道，在这个过程中必须保证人们从始至终拥有舒适的阅读体验。在平面招贴设计中，能否在兼顾美学效果的同时将所要表达的信息及时、快速地传达给观众直接关系到设计的成败。而工业设计的要求更高，比如座椅靠背的造型是否符合人体背部生理结构，汽车方向盘的材质是否能够做到防滑，手机的键盘设计能否满足单手使用的需要，等等。设计师马克·纽森(Marc Newson)设计的 Lockheed 躺椅，造型独特、用材光鲜考究，就像一件雕塑艺术品，但实际使用时会遇到许许多多的问题，比如表面过于光滑、材质对人的皮肤并不友好，以及造价过高等，它给人带来的实际使用感受可能还不如一把普通的木质躺椅。

2. 意向美

根据美国心理学家马斯洛的需求层次理论，从基本的生理需求到最高级的自我实现需求呈现递进的关系。人在设计作品中获得了基本的使用需求后，才可能会产生意向上的更高层次的满足感。意向是一种心理倾向，人在意向上的美感就是在心理上得到满足和肯定。对于一件设计作品而言，它所呈现的美感更多的是一种“恰如其分”的舒适感和认同感，这就是所谓的意向美。设计作品就是在解决问题的过程中不断做动态平衡的过程，比如要为一部电影做宣传海报，要考虑电影是何种主题和基调，具体采用哪些设计元素与形式，排版的手法怎样，怎样能够让观众快速又深刻地获得需要的信息，等等。设计师应该考虑使用者的实际感受，而使用者在接收这些设计信息的过程中平衡种种矛盾就是为了追求一种意向上的平衡美感。

设计体验的趣味性也是意向美的体现，产品设计师深泽直人曾设计了一款茶包，他将茶包的线绳部分设计成类似提线木偶的控制板形状，茶包的主体设计为人的造型，喝茶的时候提住上部将茶包浸入水中，这个过程很像在操控一只提线木偶，将原本枯燥无味的泡茶过程趣味化，这种在使用过程中收获的快乐感与满足感正是这件设计的精髓所在。

3. 取向美

从柯布西耶的“光明城市”理念到坂茂的“阪神地震纸管住宅”方案，设计实践往往带有鲜明且积极的社会属性，许多设计师希望通过设计作品表达对某种公众问题的关注并给出实际的解决策略。德国戴水道设计公司设计的新加坡碧山宏茂桥公园就是将水敏性城市的设计理念引入城市设计之中，把原有的陈旧且利用率低下的城市河道与水系改造成集水土生态保护和提升人居环境于一体的美妙空间，不仅充实了周边居民的日常生活，也为城市环境的健康发展做了有价值的尝试。

有些设计作品给人带来的感受甚至是不“美”的，会给观众带来“震惊”和“愤怒”，但它们达到了传递某种“积极价值”的目的，则同样是非常成功的作品。例如绿色和平组织(Greenpeace)做的关于减少一次性塑料瓶的招贴设计，将已经死亡的海鸥身体设计成可口可乐瓶身的形状，将表示“窒息、哽咽”的“choke”字样替换掉可口可乐瓶上的“coke”字样，海鸥张开的嘴里面还有一个瓶盖。设计师用这样触目惊心的视觉语言将“减少塑料垃圾，保护环境刻不容缓”的理念传递给人，唤起人的反思。

二、设计作品的类别

设计按照空间形态划分，可分为二维设计和三维设计。按照设计形式划分，设计可分为平面设计、空间设计、工业设计、交互设计。平面设计包含书籍装帧设计、招贴海报设计、视觉导视设计、数字媒体设计等；空间设计包含建筑设计、景观设计、室内设计、展示设计等；工业设计则包含交通工具设计、设备仪器设计、生活用品设计、家具设计、电子产品设计、家电设计、玩具设计等。

第三节　名作赏析

1. 榫卯

榫卯是中国古代传统工艺中最富于匠心的创造，它集中体现了中国传统工艺设计含蓄内敛的个性，无论是在建筑装饰设计还是在家具设计中都能够看到它的身影。榫卯通常由两部分组成：突出的部分被称为榫头，凹洞的部分被称为卯眼，最基本的榫卯结构就是将榫头插入卯眼中以保持构筑物的稳定。榫头的形状有多种样式，大体可分为直角榫、燕尾榫(见图 7-15)、直榫、椭圆榫、圆榫、片榫等，根据卯眼的深度可分为明榫和暗榫。在距今 7000 年前新石器时期的河姆渡文化中就出现了榫卯技术应用的痕迹，后经过不断演化和发展，榫卯技术在唐代和明代分别在建筑设计和家具设计中达到了应用的巅峰。以燕尾榫为例，相传由战国时期的鲁班发明，他将榫头部分设计成等边梯形，插入卯眼后能够保持相当的稳定性，常用于直角转折部分的衔接，之后又演化出螳螂头榫、银锭扣榫等其他样式，被称为万榫之母。

2. 《呐喊》封面

《呐喊》收录了鲁迅先生 1918—1922 年所作《阿 Q 正传》《狂人日记》《药》等 14 篇小说。《呐喊》的封面(见图 7-16)为鲁迅亲自设计，封面分别以暗红和米白为底色，标题图形对应使用黑色和红色。标题图形整体呈横向长方形，书名“呐喊”和作者姓名“鲁迅”以阴文形式按上下两层分列其中，文字外以框线装饰。“呐喊”二字采用隶书笔意写就，笔画左右参差错落，作者有意突出三个“口”的部分，好似在齐声呼喊，这与书籍本身的主题相暗合。此外，文字从右至左的排列手法借鉴了中国传统书籍的阅读顺序，在民国初年新文化浪潮席卷中国大江南北的历史背景下，彰显了作者对中国传统文化与现代文学如何实现共生的思考。

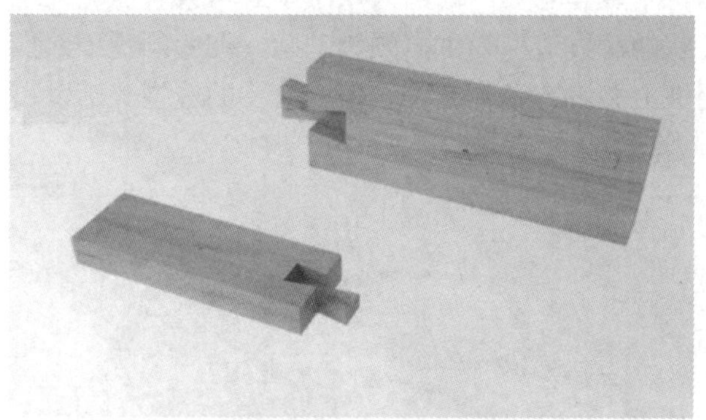

图7-15　燕尾榫

图7-16　《呐喊》封面

3. 《汉字》系列招贴

《汉字》系列招贴(见图 7-17)是中国香港设计师靳埭强先生的代表作品，靳埭强善于使用中国传统元素如水墨晕染、中式器物，并利用现代设计的构成手法进行演绎。《汉字》系列招贴共有“山”“水”“风”“云”四幅，作者利用汉字书法的表现形式，将水、墨、纸之间的融合晕染效果表现得淋漓尽致，同时，四个主题配合四种传统器物——笔、纸、砚、墨，将山高水深、风云变幻的情境以及传统山水画般的意境完美地展现出来。

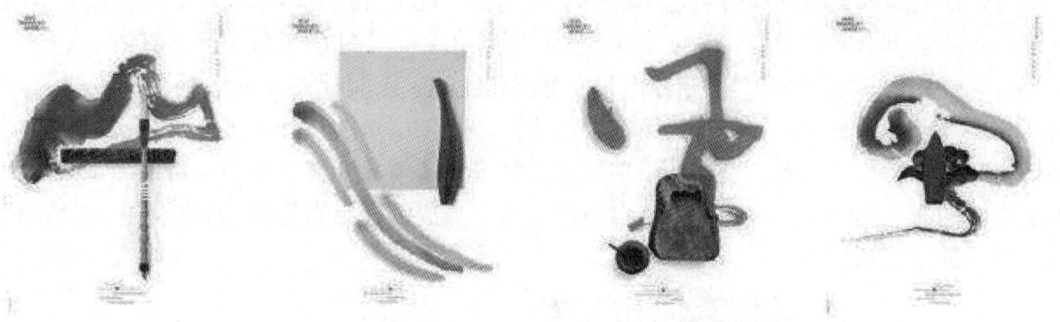

图7-17　《汉字》系列招贴

4. 《我在故宫修文物》系列海报

《我在故宫修文物》系列海报(见图 7-18)由中国当代颇具影响力的平面设计师黄海设计。被称作“当今中国电影海报设计第一人”的黄海善于通过幽默、隐晦却富有表现力的设计语言巧妙地传达影片主题。这一系列海报分别以宋代“汝窑天青釉弦纹三足樽”、元代“剔红水仙花纹图盘”、明代“竹鹤图轴”、明代“自在观音像”、清代“黑色绸绣菊花双蝶图竹柄团扇”、清晚期“掐丝珐琅万寿无疆中碗”等 6 件国宝级珍贵文物为背景，经过设计师的巧思构图，在海报中将缩小的修复师身影巧妙安置在文物残损处，使其若隐若现。画面形神兼备，把“大历史，小工匠，择一事，终一生”的工匠精神完美展现给了观众。此外，海报的标题字体选用传统隶书的手写形式，与海报主题紧密呼应，使整幅作品富于人情味和厚重感。

5. 大众甲壳虫汽车

大众甲壳虫汽车(见图 7-19)是德国汽车设计师费迪南德 • 保时捷于 1934 年设计的，在甲壳虫汽车诞生之前，汽车大多呈直线型，显得笨重和老套。德国大众汽车公司具有前瞻性地采用了保时捷的设计方案，整部车以呈纺锤状的流线造型为主，颇具动感，彻底颠覆了人们对汽车的固有印象。甲壳虫汽车虽然在实用性上并没有做到完美，但它独特的造型美感以及给人带来的个性时尚感直到今天依然被人津津乐道。

图7-18 《我在故宫修文物》系列海报

图7-19 甲壳虫汽车

6. 苏州博物馆

苏州博物馆由美籍华裔著名建筑师贝聿铭设计，位于苏州古城东北，毗邻拙政园。整座博物馆延续了贝聿铭作为现代主义建筑大师的设计语言，空间中大量采用如直线、矩形、三角形等几何元素。与此同时，也充分借鉴了苏州传统建筑及园林设计风格，将粉墙灰瓦的“江南意向”展现得淋漓尽致。苏州博物馆中心庭院(见图 7-20)的设计尤其具有匠心，庭院的北侧墙体与隔壁拙政园共用，设计师将墙体当作背景，墙体前配置了与中国传统山水画中山体形态神似的深色花岗岩，这些岩石在白色的墙体上形成的一组组生动的剪影，像是在白色的纸上画出的水墨画，极富东方美学内涵。

图7-20 苏州博物馆中心庭院

7. Aeron座椅

Aeron 座椅(见图 7-21)由美国赫曼米勒(Herman Miller)现代家具厂设计并制造。在材料选择上，整个椅子材质大部分都采用可降解回收塑料，椅子的表面没有任何坐垫或衬料，使用的新型 Pellicle 悬浮织物材料有助于空气流通，能够快速导热，因此就算使用者长时间坐在椅子上也不会感到闷热。在造型上，整把椅子没有直线，全部采用曲线，这样能够更好地和人的身体相贴合，座椅靠背可以自然支撑骨盆，托住脊椎，防止背部酸痛。座椅的造型能够科学地分配人体重量，从而减轻着力点的压力，促进血液循环。这款座椅以其独特的外观、先进的人体工程学理念，彻底改变了人们关于办公椅的思维定式，被称为世界上最舒适的座椅。

图7-21　Aeron座椅

8. 2012年伦敦奥运会可口可乐广告

2012 年伦敦奥运会可口可乐广告(见图 7-22)是可口可乐公司作为奥运会官方赞助商为伦敦奥运会设计的一套招贴作品，它将奥运会运动项目同可口可乐商标进行创意化的组合。这组广告以可口可乐商标标准的大红色为底色，画面上的人物由简单的色块组成。设计师将 Coca Cola 的标识的部分形态提取出来，配合人物动态映射某种奥运会运动项目。整套作品构图精妙，大面积的留白及概念化的造型给人留下丰富的想象空间，在宣传奥运精神的同时对产品做了很好的宣传。

9. 深泽直人的CD播放器

深泽直人的 CD 播放器(见图 7-23)由日本产品设计师深泽直人设计，可谓是工业设计中的一件“叛逆”之作，它打破了人们对于一些设计产品给人留下的“根深蒂固”的印象。设计师将传统造型的 CD 播放机设计成类似厨房里通风扇的样式，人们拉动下方的绳状开关，优美的音乐就能够像微风一样在房间里四散开来，虽然这种造型会削弱一部分使用功能，但它以一种戏剧化但又符合情理的方式感染着使用者，具有很强的意向美。此外，设计师将播放器电源线与开关合二为一，这也凸显了日本现代设计简约、实用、追求效率的理念。

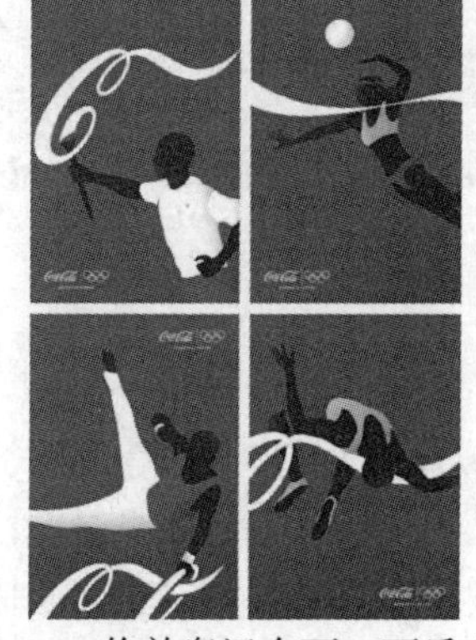
图7-22　伦敦奥运会可口可乐广告

图7-23　深泽直人的CD播放机

10. 外星人榨汁机

外星人榨汁机(见图 7-24)由法国设计师菲利普•斯塔克(Philippe Starck)于 1990 年设计，正如斯塔克的其他设计作品一样，该作品也有着的有机的造型、极简的风格和丰富的情感。这款外星人榨汁机一经面世就轰动了世界，成为人们热议的话题。外星人榨汁机总体体现了极简设计的原则，它并不像其他榨汁机那样有着复杂的内部构造以及千篇一律的外部造型，只使用了一个简单的类似一只巨大的蜘蛛的支架，荒诞且怪异。通体使用不锈钢材质，隐隐地体现出一丝科技感与时代感。使用时，将水果放在顶部按压，果汁能够顺着它表面的凹槽向下流，体现出很强的趣味性。从功能主义的角度来说，这款榨汁机并不实用，但是它从一个侧面反映了有时产品的最终价值取决于它给人带来的积极的心理感受、良好的经济效益及广泛的社会评价，这是对工业美学的另类阐释，也是情感化设计产生的动因。

11. 世界自然基金会的海报

世界自然基金会的海报《我们消费了自然》(*We breathe what we buy*) (见图 7-25)由新加坡自然基金会设计，呼吁人们减少日常生活用品的消耗以达到减少雾霾排放的目的。人们经常使用的唇膏、牙刷在制作的过程中需要消耗大量的东南亚棕榈油，而棕榈油是雾霾产生的重要因素之一。过度使用这些生活用品会使全球雾霾问题严重化，造成全球变暖和温室效应，继而引发森林火灾，动物们会因此丧失赖以生存的家园。这组作品用简约、直观的图底效果和异质同构理念，生动、形象地将保护环境的理念表达给观众，呈现出令人震撼的视觉效果。

图7-24　外星人榨汁机

图7-25　*We breathe what we buy*海报

12. 萨沃伊花瓶

芬兰设计师阿尔瓦•阿尔托设计的萨沃伊花瓶(Savoy Vase)(见图 7-26)是“象征性设计”的代表作品。设计灵感受到芬兰北部极地圈萨米爱斯基摩妇女做皮衣的方法启发，在造型上完全突破了传统瓶子的概念，呈现出了鲜明的有机形态。瓶子的开口为不规则的造型，因此将花束置入其中时，不需要费心将鲜花重新摆置，只需要将花梗往外散开，便可呈现极度自然的美感，低调而又不失生机。在材质的运用上采用著名玻璃制品制造商 Iittala 的玻璃成形技术，无论是硬度还是透光度，都与水晶玻璃不相上下，但是它却没有一般水晶玻璃所含的铅成分，对人体和环境不会造成额外负担，颇能体现环保主义理念。

图7-26 萨沃伊花瓶

思考练习

1. 包豪斯设计学院的创始者是(　　)。
   A. 迈耶　B. 沙里宁　C. 格罗佩斯　D. 柯布西耶
2. 巴黎地铁站入口设计是(　　)的代表作品。
   A. 新艺术运动　B. 装饰艺术运动　C. 工艺美术运动　D. 后现代设计运动
3. 色彩的三要素不包含(　　)。
   A. 色相　B. 明度　C. 饱和度　D. 冷暖
4. 俄国构成主义代表人物是(　　)。
   A. 蒙德里安　B. 李维斯基　C. 纳吉　D. 伊顿
5. 最早的纸币交子出现在(　　)。
   A. 唐代　B. 明代　C. 宋代　D. 隋代
6. 苏州园林中的太湖石的特点不包括(　　)。
   A. 漏　B. 皱　C. 厚　D. 瘦
7. 民国时期杂志《宇宙风》的封面是(　　)设计的。
   A. 鲁迅　B. 丰子恺　C. 陶元庆　D. 刘海粟
8. 被誉为日本平面设计之父的设计师是(　　)。
   A. 福田繁雄　B. 亀仓雄策　C. 田中一光　D. 佐藤晃一

9. 著名的巴塞罗那椅的设计师是(　　)。

A. 赖特　B. 柯布西耶　C. 密斯·凡德罗　D. 沙里宁

10. 宋代四大刻书中心不包含(　　)。

A. 南京　B. 汴京　C. 临安　D. 成都

第八章　服饰之美

服装和举止不能造就一个人，但他被造就成人时，服装和举止就会极大地改善他的外貌。

——比彻

【学习目标】

1. 了解服饰艺术的发展历史；
2. 掌握服装艺术的审美特征。

【人文艺术主题：制度】

在多元化的现代社会，人们的着装打扮已越来越个性化，每个人的穿衣风格只需要遵从自己的审美标准，形成了个性化着装氛围。在古代的封建社会制度下，人与人不仅在工作、生活中都有严格的等级划分，就连穿衣也要遵照统治者的规定。在古代，如果一个人随意着装的话，则被视为“服妖”。

《尚书•洪范•五行志》云：“貌之不恭，是谓不肃，厥咎狂，厥罚恒雨，厥极恶，时则有服妖。”《汉书•五行志》亦云：“风俗狂慢，变节易度，则为剽轻奇怪之服，故有服妖。”“貌不恭”和“风俗狂慢”是“服妖”的两个重要指征，前者是指对服饰制度的轻慢，后者是指对风俗礼制的背离。在古代，没有按照服饰制度着装者是要受到官府处罚的。

《晋书》中就有相关的记载，一位大臣有急事要见当时的魏明帝，由于匆忙，魏明帝身着短袖，外面套着绣帽就出来见面了。这位大臣丝毫不顾皇帝的面子，直言不讳地说，这是“服妖”。贵为一国之君的魏明帝没有反驳，默认了这种说法。就连皇帝穿“服妖”都会被大臣指出，更何况是底层的百姓。不同的朝代，不同的阶层采用不同颜色的服饰，如《旧唐书》中就阐述了当时社会的着装规范：“武三品以上服紫，金玉带。四品服深绯，五品服浅绯，并金带。六品服深绿，七品服浅绿，并银带。八品 服深青，九品服浅青，庶人以白，屠商以皂，士卒以黄。” 古语有言：“天下见其服而知贵贱”，说的正是这个道理。

第一节　发展历程

服装的出现与人类的起源是紧密联系在一起的，服装作为一种历史文化，有着自身的起源。从服饰诞生那天起，人们就已将其生活习俗、审美情趣、色彩爱好等投射于服饰上，形成了服饰文化的丰富内涵。

一、中国服饰发展历程

素有“衣冠王国”称誉的中国，服饰的发展有着悠久的历史。几千年来，中国人民创造了无数具有民族特色的衣冠服饰，给中华民族文化增添了灿烂的光辉。

(一) 先秦时期

远古时期，人类穴居深山密林，过着原始的生活，最初仅以植物花草遮蔽身体，后来逐渐通过狩猎活动，捕获猎物，通过取兽皮包裹身体。

旧石器时代晚期的北京周口店山顶洞人和河北阳原虎头梁人等遗穴里，曾发掘出用各种兽骨制成的骨针(见图 8-1)，证明早在几万年前，我们的祖先就已懂得缝纫的原理，并能从事简单的缝制，将猎取到的野兽皮毛缝制成衣(见图 8-2)，用来抵御严寒。原始服装的出现，揭开了服装史的序幕。从兽皮裹身发展到以麻布缝制衣服，标志着人类社会的进步。

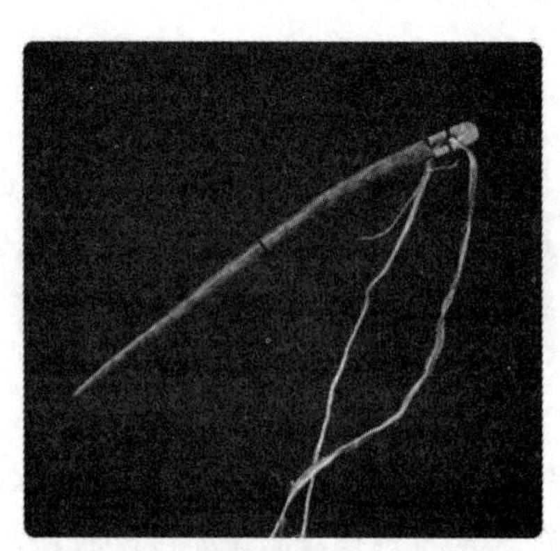

图8-1　骨针

图8-2　兽皮制成的衣服

中国的衣冠服饰制度大约在夏商时期初见端倪，到了周代逐渐完善，并被纳入“礼制”范围，成为“昭名分、辨等威”的工具。从此，天子后妃、公卿百官的衣冠服制更加详细，等级制度也越来越严格，主要通过冠帽的造型，装饰物的多少，服装的材料、颜色和图案花纹等体现。如同为冕冠，天子祭上帝所戴者前后无旒，享先王则用十二旒，享先公只有九旒(见图 8-3)。衣服上所绣的纹样也有变化，例如在最隆重的典礼时用十二种图案，有日、月、星辰、山、龙、华虫、宗彝、藻、火、粉米黼、黻，合称十二章纹(见图 8-4)。

战国时期，中国社会发生剧烈的变革，学术上呈现百家争鸣的局面。例如儒家提倡“宪章文武”，主张一切衣着装束都必须“约之以礼”；墨家则提倡“节用”，不必拘泥于繁缛的等级制度；荀子则提倡“冠弁衣裳、黼黻文章，雕琢刻镂，皆有等差”。这些思想的争辩一直延续到战国末期。

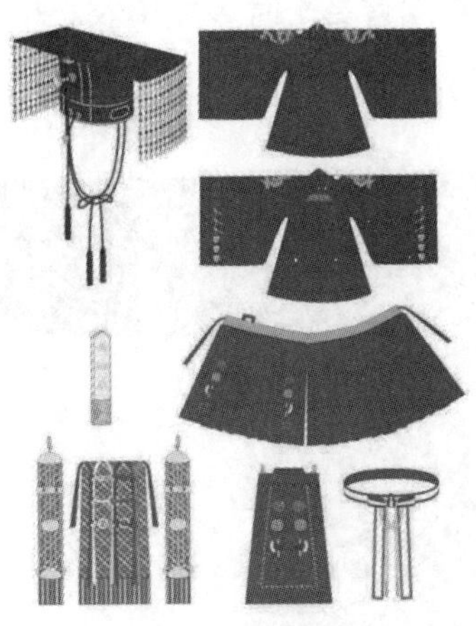

图8-3 冕服

图8-4 十二章纹

春秋战国之际，又出现一种新的服式，称为“深衣”(见图 8-5)，这是一种上下连属的服装。深衣的出现改变了过去单一的服装样式，深受人们欢迎，用作常服、礼服、祭服。战国时期，赵武灵王为了满足战争的需要，在军队里推广胡服(见图 8-6)。随后，胡服在各地广为流行，成为一时风尚。

图8-5 深衣

图8-6 胡服

(二) 秦汉时期

西汉建元三年，张骞奉汉武帝之命出使西域，开辟了中国与西域各国的陆路交通。成千上万匹中国丝织物通过张骞走过的道路，被运往中亚、西亚各个国家，深受各地人民的欢迎。

汉代服饰的职别等级主要通过冠帽及佩绶来体现。不同的官职有不同冠帽，如文官戴进贤冠，武官戴鹖冠，执法官戴獬豸冠等。同为文官，进贤冠的式样也不相同，这些冠制虽能反映戴冠者的身份和职务，但区分得还不够严格。为了解决这个问题，汉代又规定了佩绶制度。绶是官印上的绦带，故又称印绶，这种印绶由朝廷统一发放。图 8-7 所示为戴佩绶者。从皇帝到各级官员所佩之绶在尺寸、颜色及织法上都有区别，使人一看就知道佩绶人的身份。

秦汉时期的男子服装以袍服(见图 8-8)为主。袍服样式以大袖为多，袖口则做得很小。秦汉两代，这种袍服一直被当作礼服，于朝会、礼见时穿着。官员平时多穿单衣。单衣样式与袍服略同，只是不用衬里，所以一般不在外穿着。

图8-7 戴佩绶者

图8-8 袍服

(三) 魏晋南北朝时期

魏晋时期的服制大体上沿用秦汉旧制。南北朝初建政权时，各民族仍按本族习俗穿着。后受汉族文化的影响，也穿起汉族的服装。孝文帝自平城迁都洛阳，为加强对中原地区的统治，全面推行汉化政策，对服饰制度也进行改制，几乎完全采用汉魏制度。这次大规模的改革史称“孝文改制”。

男子首服，以幅巾为主。这种风俗开始于汉末，当时不少王公名士都觉得礼冠累赘，往往以幅巾扎首。这种风气一直延续到魏晋，仍十分流行。

汉族男子服装主要是衫，衫有单、夹两式。尤其在魏晋和南朝，上自王公名士，下及黎庶百姓，皆以大袖宽衫为尚。在风靡一时的魏晋玄学和佛教、道教影响下，一些文人突破旧的礼教，不但衣着宽敞，而且有袒胸露腑的习俗(见图 8-9)。

图8-9 魏晋穿衫的男子

汉族妇女的发饰有着鲜明的时代特点。在贵族妇女中，曾流行在发髻上镶金饰。普通妇女除将头发挽成各种式样之外，也有借用假髻的。另有不少模仿西域少数民族习俗，将头发挽成单环或双环髻式，高耸发顶。

(四) 隋唐时期

盛唐时期，经济、文化得到了全面的发展，为服饰制度的改革和发展提供了有利的条件。当时的首都长安是世界著名的都会和东西方文化交流中心，与唐朝政府来往过的国家最多时有三百多个，最少时也有七十多个，灿烂的中国文化因此而传播到世界各地。唐代在绘画、雕刻、音乐、舞蹈等方面都吸收了外来的技巧和风格，对外来的衣冠服饰也采取了兼容并蓄的态度，使这个时期的服饰大放异彩，更富有时代特色。

男子服饰主要有幞头、纱帽和圆领袍衫。圆领袍衫(见图 8-10)是隋唐男子服装的主要形式，除祭祀典礼之外，平常都可以穿。官员的常服，一般都用织有暗花的料子制作，并以颜色区分等级。

图8-10 唐朝穿着圆领袍衫的男子

初唐妇女的发饰比较简单，至太宗时，发髻渐高，款式丰富，并在髻鬟上插有各种金玉簪钗、犀角梳篦等作为装饰。天宝以后，又流行起假髻，并在髻上插戴花朵。妇女十分讲究脸部妆饰，脸上敷以铅粉，抹上胭脂；额上画有鸦黄；眉毛的画法也有十多种；额眉间还饰有金、银、羽翠制成“花钿”。有的妇女在面颊两旁用丹青、朱红等颜色点出各种形象，名叫“妆靥”。嘴唇则以胭脂点染，根据不同造型，也有多种名称。

隋代及初唐妇女的服装(见图 8-11)仍以小袖及长裙为主，裙腰束至腋下。盛唐以后衣袖逐渐宽大。衣服的领子有各种形式，如圆领、方领、斜领、直领和鸡心领等，特别是在盛唐以后还流行过一种袒领，里面不穿内衣，袒露胸脯。下裳主要是裙。裙子的质料、色彩、式样以及装饰都大大超过前代。普通妇女则以穿着石榴红裙为尚。这种裙子一直流传到明清时期，仍为广大妇女所欢迎。天宝年间，妇女中还曾流行过穿着男装的风气。

图8-11 唐朝女子服饰

(五) 宋代

宋代的衣冠服饰总体来说比较拘谨和保守，式样变化不多，色彩也不如唐代那样鲜艳，给人以质朴、洁净和自然之感。受到当时程朱理学“存天理、去人欲”思想的影响，人们的美学观点也有了相应变化。整个社会舆论主张服饰不宜过分华丽，而应崇尚简朴。

宋代，隋唐时期的幞头已成为男子的主要首服，上自帝王，下至百官一般都佩戴着。宋代的幞头已经脱离了巾帕的形式演变成一种帽子(见图 8-12)，幞头的背后一般都伸出两脚，内用铁丝、琴弦或竹篾做支撑，外裱纱罗，并弯制成各种不同的形状，有直脚、曲脚、交脚等名称。

图8-12　宋代幞头

宋代男子的服装仍以圆领袍衫为主。百官公服也是如此，除祭祀朝会之外，都穿袍衫，并以袍衫的颜色区别等级(见图 8-13)。凡穿紫色和绯色公服的官员，都必须在腰间佩上一个以金、银为饰的鱼袋。“穿紫佩鱼”被视为荣耀的象征。

图8-13　穿着不同颜色袍衫的官员

宋代妇女的发式仍承晚唐五代的特点，以高髻为尚。梳成这种高髻，一般都掺有假发，有的还用假发编成各种形状的假髻，用时直接套在头上。宋代缠足之风盛行，尖足着靴不便，故多穿鞋(见图 8-14)，有绣鞋、锦鞋、缎鞋、凤鞋、金缕鞋等。

图8-14　缠足妇女的鞋子

(六) 辽金元时期

五代十国以后，中国社会先后出现了辽、西夏、金、元等以少数民族为主体的政权。这些民族崛起之后，在掌握政权的地区，衣冠服饰等虽然保存了一部分汉服特点，但更多地体现了少数民族的服饰特点。

辽代服装以长袍(见图 8-15)为主，男女都可穿戴。皇帝大祀穿白绫袍，常服穿绿花窄袍。皇后穿络缝红袍，臣僚穿窄袍、锦袍等。长袍的样式一般都是左衽、圆领、窄袖，颜色偏灰暗，贵族阶层的长袍比较精致。

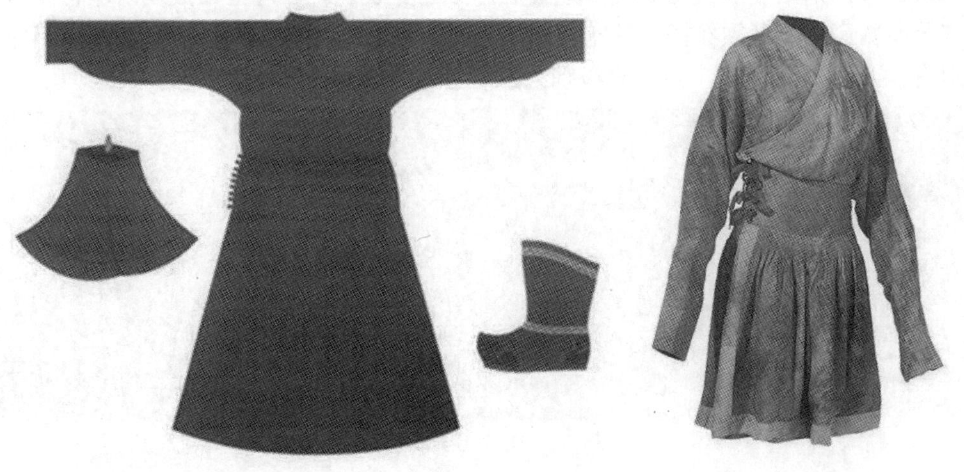

图8-15　长袍

金代服饰基本上保留女真族的形制，但法定服饰一度也承继辽代之仪。

元代服装以长袍为主，其样式较辽制为大。男子公服多从汉俗，以罗为之，大袖、盘领、右衽，下长至足，并以颜色及纹样区别等级。

蒙古族妇女亦以袍服为主，其制多用左衽，袖口较为紧窄。下体则穿套裤，无腰无裆，仅有两只裤腿，穿时用带系在腰际。山东等地的元代墓葬中曾有不少实物出土。

汉族妇女仍以襦裙为主。由于受蒙古族习俗影响，服装的样式也有变化，有时也用左衽，色彩比较灰暗。

这个时期，汉族的鞋履仍采用唐宋遗制，北方少数民族的男女多穿皮靴(见图 8-16)。

图8-16　皮靴

(七) 明代

明代对整顿和恢复传统的汉族礼仪十分重视。首先，明代废弃了前朝的服制，然后根据汉族的传统习俗，上取周汉，下取唐宋，对服饰制度做出了新的规定。

明代男子的巾帽主要有乌纱帽、幞头、网巾、四方平定巾、六合一统帽等。

这个时期的男子服装(见图 8-17)恢复了唐宋传统特色，以袍衫为尚。职官朝服，仍按照规定，文武官员在祭祀等重要礼节时都戴梁冠，穿赤罗衣裳。以冠上梁数及所佩带绶辨别等级。职官公服则穿袍，盘领右衽，袖宽有三尺长。袍服的颜色也有规定：一至四品用绯；五至七品用青；八至九品用绿，并按照级别绣织各种纹饰。

图8-17　明代男子服装

(八) 清代

顺治元年(1644 年)，清兵入关，强令汉族男子依照满族习俗剃去额发，结发为辫，京城内外，十日之内务必实行。清代服饰形制在中国历代服饰中最为庞杂、繁缛。

清代政府制定的服制，既保留了汉族服制中的某些特点，又不失其本民族的习俗礼仪。例如以中国传统的十二章纹作为衮服、朝服上的纹饰，以绣有禽兽的补子作为文武官员职别的标识，以金凤、金翚等纹样作为后妃命妇服饰上的装饰，而废弃以衮冕衣裳为祭祀之服的传统制度。经历了两千多年的变迁，具有悠久历史的冠冕衣裳到了清代遂告终止。图 8-18 所示为皇帝朝服。

清代男子的冠帽分为两种：一为冬天所戴，名叫暖帽；一为夏天所戴，名叫凉帽。按照规定，每年三月，始戴凉帽，八月换戴暖帽。帽顶中间装有红色丝绦编成的帽纬(见图 8-19)，帽纬上又装有顶珠，颜色有红、蓝、白、金等，区别佩戴者的级别，顶珠之下另装一支两寸长短的翎管，用以安插翎枝。翎枝有花翎、蓝翎之别。官吏士庶平常家居多戴小帽。最为常见的是瓜皮帽，制同明代的六合帽。

图8-18　皇帝朝服

图8-19　帽纬

男子服装有袍、褂、袄、衫、裤等形制。袍褂是最主要的礼服(见图 8-20)。清代长袍多开衩，官吏士人开两衩，皇族宗室开四衩。袍上所用的纹样也有严格规定，除皇帝、皇后绣有龙纹之外，其余以绣蟒为贵。褂子多穿在外，所以也叫外褂。褂之外，又有马甲，男女都可穿着。

图8-20　袍褂

满族妇女多梳“叉子头”，也有称“两把头”“把儿头”的。到了清末，这种发髻越增越高，渐渐变成了牌楼式的固定装饰，用时只需要套在头上，再加一点花朵即可，名叫“大拉翅”(见图 8-21)。

图8-21　大拉翅

妇女的下身多穿裙子，颜色以红为贵。裙子的样式，初期尚保存着明代习俗，其来又有许多变化：有在裙上装满飘带的，有在裙幅底下系以小铃的，也有在裙子下端绣满水纹的，等等。清末，普通妇女还流行穿裤，一为满裆裤，一为套裤。

(九) 民国时期

辛亥革命爆发，推翻了清王朝的统治。民国成立以后，发出《剪辫通令》，全国各界人士闻风而动，终于推翻延续二百八十多年的辫发规定，衣冠服饰也发生了巨大的变化。首先废弃了千百年来以衣冠"昭名分、辨等威"的传统观念及制度。20 世纪 30 年代以后，妇女的装饰之风越来越盛，加上外国衣料源源输入，更起了推波助澜的作用。尤其在上海，人口集中，工商业和文化事业都比较发达，所以成了妇女时装的中心。

20 世纪 20 年代起，上海等大城市的男性教师、公司洋行和机关的办事员等开始穿着西装，但多见于青年，老年职员和普通市民穿着较少。长衫、马褂作为主要的礼服，仍有一定的地位。

妇女的发式随着社会风气的转变而不断变化。年轻妇女除将头发梳成各种髻鬟之外，还在额上留下一绺头发，俗称"前刘海"。20 世纪 20 年代末，烫发从国外传入，在妇女中产生了强烈的反响。大城市的妇女大多模仿西方，将头发烫成卷曲的模样，有的还把头发染成红、黄、棕、褐等各种不同的颜色，以此作为时髦。

中国近代妇女服饰中的最大特点是普遍穿着旗袍(见图 8-22)。旗袍本是满族妇女的服装，20 世纪 20 年代以后，汉族妇女也开始模仿穿着，并在原来的基础上推陈出新，不断改进，终于使它一度成为中国妇女的主要服装。旗袍之所以能够受广大妇女的普遍喜爱，主要有两个原因：经济便利、美观适体。

图8-22　穿着旗袍的女性

二、外国服饰发展历程

(一) 古埃及

古埃及文明是世界上最早的文明之一，辉煌灿烂的文化至今让人赞叹不已。

古埃及男子的衣服主要是一块白色的亚麻布，用于缠绕在腰上，形式种类较多，有的当腰带使用，有的是兜裆。上层阶级的人也穿一种叫帕纽的兜裆。后来帕纽逐渐加长，织物更加精细，上层阶级常用糨糊把布固定形成很密的褶，这些褶是经过压折或者熨烫定型的直线褶。

女子的服装与男子的服装没有太大的区别。妇女们一般穿着丘尼克，它是古埃及妇女的正式服装，一种从胸到脚踝的筒形紧身衣，形式也较多。

埃及人无论男女都将头发剪至最短的长度再戴上假发，而假发的长短与形状用于区分等级地位，另外剪短发而戴假发也是为了防晒。自第四王朝后，头巾成为法老的重要装饰物，而女性不佩戴头巾，但是新王国后，贵族妇女开始佩戴发饰。冠帽亦是古埃及社会阶级区隔之象征，一般埃及人不能佩戴，法老王和神祇戴着不同的冠帽，也有着不同的意义。项链是古埃及人普遍采用的饰品，一般由宝石或者陶器的瓷片组成，除了有装饰作用，也具有避邪、祈求神灵保佑的含义。而化妆术在古埃及也很发达，眼影是埃及人脸上最明显的装饰，无论男女，皆以矿物粉末画出大眼睛，据说以墨画眼能减少阳光对眼睛的照射，从而保护眼睛。图 8-23 所示为古埃及人的服饰。

图8-23　古埃及人的服饰

(二) 中世纪时期

中世纪时期，早期由于基督教严酷的统治，所以艺术也十分乏味、单调，后来东方先进的生产技术及优质的产品传到西方，东方艺术被吸收并冲击着宗教教义，文化艺术开始有了生机。

拜占庭时期的手工业不断发展，已经出现许多名贵的高级面料，男女服装一般采用单色布料，配上颜色相异的刺绣布条。中世纪早期的服饰和罗马帝国相比没有太大变化，到了中后期，随着基督教文化的展开和普及，服装外形慢慢变得呆板和保守。男女都穿达尔马提克，这是一种长袖直筒外衣，由古罗马的丘尼卡演变而来的长衫，小圆领口，衣长至膝盖以下，裙身宽大，腰间束上腰带，帝国后期，款式逐渐变得瘦窄，袖子袖口变得贴身，衣服更加精致华丽。

哥特式风格深深影响了中世纪服饰的审美和创造，在男女服饰的整体轮廓上强调纵向的垂直线，服装左右非对称的奇异色彩刻画，袖子做羽翼化的处理，以及长长的尖头皮鞋、贵妇高高的尖顶帽，都充分呈现出锐角三角形的形态。

中世纪初期，哥特式服装男女区别不大，13 世纪后，罗马式收腰合体的意识得到发展，出现了立体化的剪裁，使服装裁剪由平面剪裁向立体剪裁的方向发展。服装裁剪和缝制技术变革中最有代表性的便是格陵兰衣裙，它是古代裁剪技术和现代裁剪技术的分水岭，消除了以往筒状腰部出现的不合体褶皱，把人体躯干的自然形态表现出来。无论男女都穿波兰那尖头鞋，鞋子由丝绒或软皮制成，在鞋尖填充绵软的东西，等级不同，鞋尖长度也不同，王公贵族可达脚长的 2 倍，平民百姓只有 1/2。图 8-24 所示为中世纪时期的服装。

图8-24　中世纪时期的服装

(三) 文艺复兴时期

文艺复兴时期，文艺复兴思潮活跃在社会各领域，宣扬人生价值和人性解放，追求美好事物。在人体造型上，男服强调上身的宽大魁梧和下体的瘦劲，构成 V 造型，女服强调细腰丰臀，构成 X 造型，形成男子上重下轻，女子上轻下重的对立局面，一直影响西方服饰发展近 500 年。

此时，欧洲各国男女服装和鞋帽上都盛行切口装饰。顾名思义，就是将服装外衣剪成一道道规律的口子，从开缝处露出里面的衬里或者白色内衣，形成内外不同的色泽，层次丰富。文艺复兴时期还有一种特色鲜明的服饰部件——拉夫领(见图 8-25)。这种领子成环状套在脖子上，用亚麻或者细棉布制成，前期流行窄领，后期流行宽领，有时长达七八寸，将佩戴者面部烘托得更加醒目，但是活动不便。为了强调男性造型，男子服装的肩部、胸部、手臂和短裤皆有不同程度的衬垫填充，使其看起来神气十足。欧洲女子开始流行使用紧身衣和裙撑，满足了人们的审美需求。

图8-25 切口装饰和拉夫领

(四) 巴洛克时期

16 世纪，文艺复兴思潮的影响迅速扩大，至 17 世纪形成了绘画与建筑样式上的巴洛克风格。巴洛克意为“变形的珍珠”，其特点为装饰性强的色彩、优美而流畅的线条、注重光的效果、自由奔放的情感，形成整个时代的统一风格。这种风格的服装的特点也极其明显，如膨大的腰围、敞胸的上衣、马裤，以及运用在服装上的大量精致花边。种种迹象表明，这是一个追求豪华、奢侈的时代。

巴洛克时期的服饰具有虚华矫饰的风格，尤其在男装上极尽夸张雕琢之能事。巴洛克时期的服装(见图 8-26)在造型上强调曲线，装饰华丽，不乏男性的力度，而活泼奔放中也难免矫揉造作，其华丽的纽扣、丝带、蝴蝶结及花纹围绕的饰边成为最显著的特点。

图8-26 巴洛克时期的服装

(五) 18世纪

18 世纪前半期的法国仍处于路易王朝的统治下，其风格沿袭了巴洛克的艺术风格。男装仍是衬衫、长外衣或短外衣、长大衣或长至膝盖的短裤、紧身袜，受英国男装的影响逐渐收敛起 17 世纪遗留的脂粉气息。首先，去掉了衬衫袖子上华丽的花边，花哨的装饰物变少或变小，外衣袖子的翻折变小、袖口变瘦，这时袖形的最大特征是在袖窿处饰以卷拢的蓬松皱褶。领口的装饰减少，领形的特征是“斯托克”的宽大、硬挺式的筒状领饰，绅士们把它围在颈部作为假领使用。

18 世纪后半叶的法国处于路易十六统治时期，男装的基本样式仍是路易王朝时代的洛可可式(见图 8-27)，但后期由于受法国革命的影响，人们的着装观念也发生了深刻的变化。男装开始流行细长的式样，这种服装的新概念对西方服装观念的更新起了很大的促进作用，可以说 18 世纪后半叶是古典主义服饰向近代服装过渡的时期。从 1789 年法国大革命到 19 世纪的前 30 年，欧洲古典主义的服饰风格彻底结束。

图8-27　18世纪的服装

(六) 19世纪

19 世纪经历两次重大的经济变革，使这个时期的社会、政治、经济得到了飞速发展。1870 年发电机问世和 1878 年电力发动机使用以来，现代机械工业的发展标志着人类进入了一个快节奏、高效率的新时代。机械工业的高速发展对服装款式、面料和纹样产生了巨大的影响，更重要的是，飞速发展的机械化使人们的审美观念发生了根本的变化，人们不再热衷烦琐和华丽的服饰，开始崇尚率直、简洁、大方和整体感。简洁的男装、充满古今情趣的优美女装与新式纺织产品面料是 19 世纪服饰风格的主旋律(见图 8-28)。这个时期，女子服饰向浪漫主义风格迈进，日渐完善的紧身胸衣，增大裙撑的维度，上衣领口线开得更低，露出双肩，强调女子上体娇小、下体膨大的形象，腰线位置逐渐下降，直到最自然的位置。受女装影响，男装也逐渐收紧腰身，肩部耸起，整体造型很精神。

图8-28　19世纪的服装

(七) 20世纪

第一次世界大战给西方社会文化带来严重的冲击，其服装风格也发生剧烈的变化，这种改变特别体现在女装上。之前新艺术运动风格的特色快速地消退，女性裙摆长度变短，服装的功能性提高。

20 世纪，男士服装仍延续固定化、标准化的特色，正式服装主要是以西服外套、短背心、衬衫、领带或领结、西裤为标准的组合，塑造的方正挺拔、威武庄严、坚定不移、英俊潇洒的男子形象一直保持到 20 世纪中期。女性在外观形象上以年轻、幼稚、苗条为主，在服饰方面，以平直、简洁、不强调腰线、长到膝盖的洋装为主。这时的服装简洁而轻柔，没有花边或其他累赘的装饰(见图 8-29)，裙子短到露出膝盖，衣服和裙子是直线裁剪，忽略了腰部、臀部和胸部的曲线。

图8-29 20世纪的服装

20 世纪 20 年代是西方女装发展的重要时期，现代形态不仅得到了确立，其设计理念也对整个 20 世纪的服装设计产生了重要影响，其重要意义之一是女装中性化概念的提出。当时，法国女装设计上出现了男性化的设计趋向。

后工业时代背景下的生活观念和生活方式开创了服装界新的设计格局，引起了设计理念的深刻革命，以简约取代烦琐，以平民化取代贵族化，以商品标识取代血统标志，以标新立异取代循规蹈矩。这种状况直接影响 20 世纪末到 21 世纪的服装风格走向。

第二节 审美特征

服装美学属于美学研究的一部分，本质上它与其他美学有着共通之处，又有自己的研究重点、独立体系，以及由此产生的切合文化人类学研究的崭新立意和构思。服装美学，就是通过服装美的主客观效应，去发现服装创作的艺术根源与内外因影响，从而确立服装艺术在美学中的落点。

一、服装的整体美

服装美的第一个特点是整体美(见图 8-30)，包括服装、饰物、化妆，并与人体和环境相互协调，与着装者的身材、容貌、气质、文化品位等融合为一体所表现出的整体形象。

图8-30　服装的整体美

服装作为一种视觉艺术，必须以具体而完整的“形象”(造型、结构、图案、色彩的组合体)来传情达意。服装的外形结构是服装大效果的体现，它对服装的外观美起着决定性作用。通常在不影响其功能的基础上调节服装的肩宽、三围、裤脚或裙摆形成不同风格的造型效果，但光有外形的设计而没有局部的结构变化往往会显得空洞而呆板，局部又要服从整体的需要，相得益彰。服装整体之美不是部分与部分相加，而是服装款式、材质的应用、色彩图案、饰物、工艺制作，甚至头饰、妆容等诸要素之间的组合构成。同时，还要兼顾服饰品的搭配组合，包括帽子、手套、围巾、包、发饰、项链、耳饰、首饰、纽扣、领带、鞋、腰带等。各要素要相互联系、相互作用，相映成趣，给人以有机整体的美感。对服装造型而言，整体性是服装美的主要灵魂。

服装属于立体造型艺术，设计时应考虑服装穿着后人体各部位的立体感和动静感，其整体美要有主有宾，要有重点。总之，服装的整体美既包括人体与服装的和谐统一关系，也包括服装整体设计中局部与整体的和谐关系。另外，人总是在一定的空间、时间中活动，所以，服装也要考虑与环境协调一致。

二、服装的动态美

服装的动态美(见图 8-31)，指服装随着人体在空间运动、变化时所产生的一种美。人在活动时，人体的各部分比例和形态都会发生变化，原来无生命、静止状态的服装，随着人的活动而产生各种各样的姿态和形状，呈现了服装美的另一个特点——动态美。服装的动态美是随同人体在空间运动、变化时所呈现的相应的美学特征，服装被设计师称为动感的艺术。因此，服装一旦与着装者结合在一起，就会随着人的活动而被注入灵性，这种动态的美反映出着装者的气质与风度，充分体现了服装本质的真实效果。庄重的西装、洒脱的猎装、粗犷豪放的牛仔装以及线条简洁明快的夹克等，均显示出男士健壮、成熟宽大的阳刚之美；而曲线毕露的旗袍、套裙、丝绸衬衫和毛线衫等则表现出女士的阴柔之美。宽松的衣袖和裙子随着微风或舞蹈的动作而旋转，形成美丽的曲线。连衣裙可以尽现女性的飘逸，T 恤衫则使女性举止更潇洒。而服装在人体的动态中所呈现的曲线和不确定性，使其显示了生动的姿态和无限的意味。日本设计师三宅一生认为，人活动的时候是表现个体的最佳时机，出色的时装能够将穿着者的身形释放出来。他的作品即使是同一款式也不会有固定的模式，而是随着人体的运动充分展示出服装的灵活性和多变性。因此，服装设计必须符合人类生活中各种丰富多变的活动方式以及在活动方式中所形成的立体造型，必须从不同的距离、角度进行设计，而不能只顾正面这一个方向。

图8-31　服装的动态美

三、服装的主题美

主题美是艺术作品中思想、情感、追求的体现，是艺术家选择、描绘、诠释作品现象时所显示出来的中心思想，是作品思想内容的核心。因此，服装的流行与传播同艺术品一样，是时代的产物，不可避免地会受到社会活动和社会思潮的影响，而某种社会活动、社会思潮又使服装成为时代的装束和标志。每款服装在设计时都要围绕一定的主题或表达一定的文化内涵和艺术风格(见图 8-32)。例如，超短裙的流行被认为是自由的 20 世纪 60 年代的代表，而紧身胸衣则被看成维多利亚时代的象征。此外，还有法国的皮尔•卡丹讲求造型的旋律感、时代感、青春感，法国的安德烈•库雷热塑造的未来主义风格……无不展现出现代女性迷人的身姿与靓丽的面容，表现女性穿着舒适、洒脱的浪漫主题。20 世纪 90 年代末，国际上出现了后现代主义思潮的多元化，亦导致时装主题的多元化。由于环保意识的提倡、怀旧情绪的出现、高科技的冲击等，环保时装应运而生，许多设计师都将环保理念贯穿服装设计之中，使当今时装的表现主题十分明确。对过去的怀念和对未来的构想，又使人们在时装上同时表现着复古和前卫的主题，中式服装的回归和现代版洛可可风格的出现，以及以高科技面料制作的可开合式前卫时装都很好地说明了这一点。因此，当服装作为表现主题的一种形式而置身于总体文化的氛围中时，由于其中包含的内容极其丰富、历史积淀深厚，因而具有极强的视觉冲击力和时代审美特征。

图8-32　服装的主题美

四、服装的艺术美

服装的艺术美(见图 8-33)指服装艺术在长期的发展演化中与其他视觉艺术形式相互依存、相互影响所产生的艺术美。纵观东西方服装发展史，其间无不渗透着绘画、建筑、雕塑、装饰等多种艺术的滋养，这些姊妹艺术是服装设计的创作源泉，相通的形式美法则把服装艺术与其他造型艺术连接在一起，而且在相同的历史时期不约而同地反映相同或相似的内容。另外，在服装上佩戴各种首饰，施以各种手工刺绣、挑花、贴花以及运用蜡染、扎染、手绘、机印花布等艺术手段，使服装既表达有限空间的视觉美，又符合人体视觉的比例关系，是服装艺术美的重要表现方式。

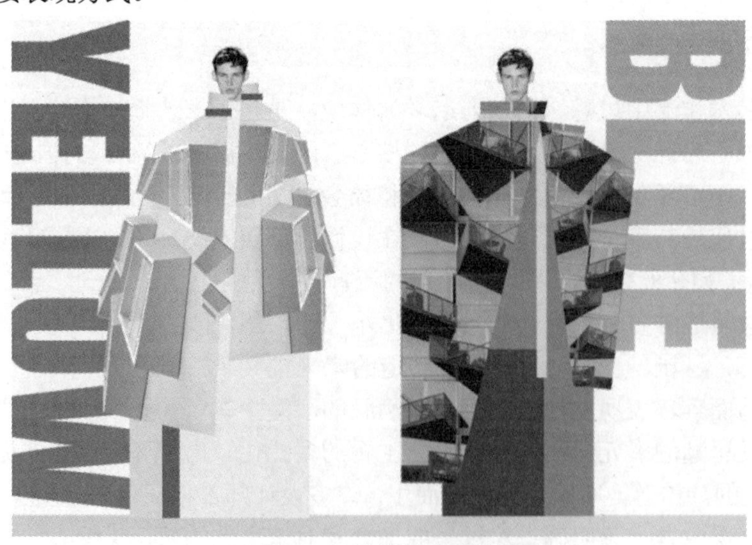

图8-33　服装的艺术美

现代服装设计更是与各种视觉艺术休戚相关，无论是整体风格还是细部处理上都能反映其他艺术形式对服装的影响。例如，现代音乐影响服装设计中的不规则的结构造型和色彩造型：古典音乐给服装带来对比柔和的线条和色彩，出现了乐于表现“流水般柔软和动感”的德国时装设计大师卡尔·拉格菲尔德，以及善于从古典艺术和现代艺术中同时吸取精华的意大利服装大师范思哲等。现代造型艺术和现代艺术思潮给服装带来了更加丰富的设计。例如，20 世纪 30 年代受超现实主义艺术影响而产生的超现实主义时装，创造了一种梦幻中的现实；受俄罗斯构成主义艺术的影响，出现了几何形式和抽象形式的建筑风格时装、带有视幻艺术风格特征的时装、波普艺术风格的时装；伊夫·圣·洛朗受抽象派画家蒙德里安作品的影响而创作的蒙德里安式样等。日本著名时装设计师杉野芳子认为“服装是布的雕塑”，说明现代服装设计在构成意识上很重视服装的体积空间效应。在这方面，服装受到雕塑语言的影响是不言而喻的，如量感、触觉感、节奏运动感、线条、肌理、光影、色彩，甚至包括浮雕的直观表现形式等对不同视觉艺术的借鉴，使服装的造型具有更加强烈的艺术性，也使服装设计更有新意。

五、服装的材料与技艺美

服装材料是形成服装设计美的基本条件之一。服装材料在视觉上会给人带来心理和审美的感受，并成为影响人们选择、穿着服装的重要因素。当材料与一定的工艺造型组成一个统一的有机体，服装也就具备了由材料与技艺带来的审美特征(见图 8-34)。

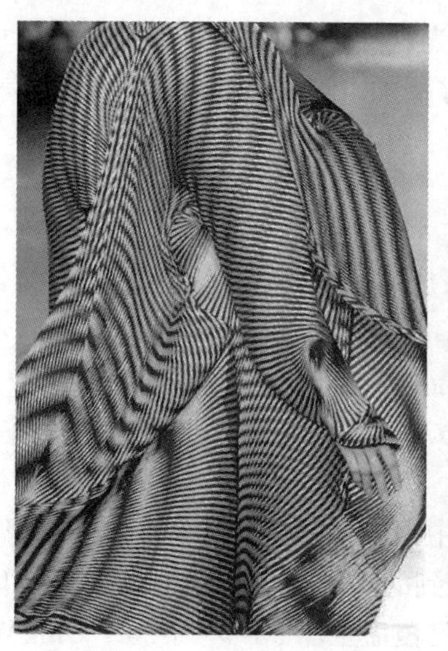

图8-34　服装的材料与技艺美

人对服装材料的感受是综合性的，由视觉、触觉等生理感受而形成心理的和审美的感受。这种经验性审美、心理感受反过来又会影响服装材料的选用趋向。服装材质肌理变化所产生的多种视觉效果十分丰富，不同的质地和肌理都会引起相应的视觉美感。除视觉外，触觉在现代人类感性发达的体验中也占有重要位置，人对服装材料的视觉感受与人对材料的表面触觉是结合在一起的。人们在挑选服装、布料时，触觉对肌体的适应性和舒适感尤为重要。这些都直接影响服装的审美效果，并成为服装设计师表达独特风格的内在条件。

无论是天然纤维，还是合成纤维般都要经过纺织，然后印染，再做整理。决定服装面料外观美的因素是纱支、织物组织结构、肌理、色彩、图案等，其中织物上的图案与色彩属于衣料的工艺加工部分。许多服装设计师利用先进的设计和工艺，最大限度地改变材料的外观，使许多材料重放异彩。例如著名时装设计师三宅一生更是竭尽创意之能事，用拼凑、烧烙、火烧、刮擦、压褶等处理手法提高材料的品质，使材质本身所具有的潜在视觉美感得以最大限度地发挥。

衣料是通过工艺加工制成服装成品的。现代技术不仅改变生产本身，而且改变了人的观念、审美意识，并使人们重新认识和发现包含在技术中的美。服装的技艺美体现在整个加工过程中，通过工艺材料、形式和功能三个方面表现出来。服装技艺通过加工材料成就款型，这是以美的规律为基础的，技术加工的技巧能够唤醒材料自身中处于休眠状态的自然之美，把它从潜在形态引向显性形态。因此，工艺加工制作中对材料的利用不仅对服装的实用功能有决定意义，而且也是形式美的内容之一，它展示着来自材料、结构、功能、形式等合目的性的美与技术美。

第三节　名作赏析

人们对服装的追求，不仅出于遮体避羞的需要，更为重要的是体现了人们对美的追求。20 世纪以来，服装的线条、款式、色彩、图案和材质拥有了更加丰富的内容，追求服装之美已经成为人们日常生活的重要组成部分。

1. 王汁设计的作品

王汁(Uma Wang)是中国独立服装设计师中的翘楚，1996 年毕业于中国纺织大学(现东华大学)服装设计专业，2002—2003 年进入伦敦圣马丁艺术与设计学院进修，2009 年开始其作为独立设计师的生涯，并在伦敦注册 UMA WANG 品牌。她对女装针织品的设计、开发、制作尤为擅长，并在羊绒材质的运用及设计方面极具天赋，作品见图 8-35。经过多年的发展，UMA WANG 已逐渐成为主流时装设计先锋品牌。

自从推出个人同名品牌 UMA WANG 之后，中国设计师王汁开始在伦敦、巴黎和米兰时装周的秀场上展示设计系列作品，因其对物料独到的理解、精湛的剪裁和含蓄内敛的美学而在国际上名声大噪。目前销售 Uma Wang 的店铺已覆盖全球 30 多个国家。Uma Wang 曾进入 2015 年福布斯中国设计师榜单，并连续 6 年被选为 BOF500 成员之一。王汁被意大利版 *Vogue* 点名为“值得重点关注的新生代设计师”，也是首位入围“CFDA 设计师协会/*Vogue* 杂志中美交流计划”的中国设计师，是国际上最为成功的中国本土设计师领军人物之一。

图8-35　王汁的作品

2. 加布里埃·香奈儿设计的作品

加布里埃·香奈儿(Gabrielle Bonheur Chanel，1883—1971)出生在法国农村。早在第一次世界大战期间，她就在杜维尔开设了一家女装商店，她借鉴海员的上衣和男子的羊毛编织套衫创作出新式女装的风格，取得了成功。1935 年，她摒弃了第一次世界大战前那种复杂烦琐的华美长裙和缀满假珠宝的外罩长袍，而选用高级时装设计家不屑一顾的平纹针织衣料，设计出“香奈儿套装”风格的时装。这款套装是由无领外套、上衫和短裙组成的，主题思想表现了一个“穷女郎”，实际上却有着优雅的风格。她在当时敢于冲破传统，解除长裙对女性的束缚，塑造出现代职业女性的新形象，这一创举对现代女装的形成起着不可估量的历史作用。香奈儿说：“我设计的女装，要使妇女们愉快地生活、呼吸，自由、舒适，看起来年轻。”她指出了近代女装的设计方向——实用简练、朴素、活泼而年轻。此外，对材料的综合运用方面，她提出应根据不同使用功能来选用不同的材料，面料上更加考虑肌理的变化。针织材料因具有随意、合体的特性而成为她重视的面料。香奈儿对服装艺术的鉴赏趣味和美学思想，得到了公众的赞扬和时代的认可。在香奈儿风格的影响下，服装日渐紧凑、短小，一些服饰品如手套、鞋袜也显得重要起来。“香奈儿套装”(见图 8-36)作为一项革新的设计，至今流行不衰，成为传统的古典式样。

图8-36　加布里埃·香奈儿的作品

3. 克里斯汀·迪奥设计的作品

被誉为20世纪最伟大的女装设计师之一的克里斯汀·迪奥(Christian Dior，1905—1957)出生在法国诺曼底，33岁时才涉足时装设计，1946年，他在棉花大王马赛尔·布萨克的帮助下，开创了第一家“迪奥时装店”；1947年崭露头角，推出了“新风貌”时装款式，轰动欧美，标志着服装“纯粹性”设计思想的全面形成。服装的“纯粹性”主要包含了三个方面的内容：一是服装首先是为了能更好地生活而设计的，它的美必须建立在实用的基础之上；二是服装通过人的穿着才形成它的形态，服装是以人体为基准的立体物，是以人体为基准的空间造型；三是服装随人体活动而活动，是具有时间变化的时间造型。这些特点在迪奥的服装设计作品(见图8-37)中都得到充分表现，特别是“新风貌”女装中那种建立在人体结构上的空间美感，是其他任何流派所无法比拟的。它对后来的服装设计大师皮尔·卡丹创造的“宇宙服”，以及玛丽·奎恩特女士设计的风靡世界的超短裙都产生了很大影响。“新风貌”的巨大成功使迪奥在第二次世界大战后10年的服装设计生涯中，一直发挥着领导世界时装潮流的作用。

图8-37　迪奥的作品

4. 克里斯特巴尔·巴伦夏加设计的作品

克里斯特巴尔·巴伦夏加(Cristóbal Balenciaga，1895—1972)出生在西班牙盖塔利亚。他的代表作品有1947年推出的南瓜袖、1955年推出的茧形大衣和气球式裙子、1957年推出的直筒衬裙式服装等。巴伦夏加像其他西班牙艺术家一样，具有非凡的艺术天赋，当时的《妇女时装日报》这样评价他：“在一定时期巴伦夏加统治着时装界，就像毕加索统治着艺术界一样。”

在时装的历史中，没有一个设计师像巴伦夏加那样，创立了如此之多的“服装标志”，把“女性之肩”“袖裆技术”“和式翻领”“镂空的金属扣”等都融入了他的“巴伦格式”的经典设计中，使人们从他的技术中获得无尽的艺术享受。他在一生传奇的职业生涯中始终保持着时装界最高的裁缝技术水平，被誉为“裁缝中的裁缝”。严谨而淳朴是巴伦夏加一贯的职业态度，他的作品(见图8-38)融合了古典和时尚，吸收了东方含蓄内在的艺术品质，极具艺术感染力。

图8-38 巴伦夏加的作品

5. 瓦伦蒂诺·格拉瓦尼设计的作品

瓦伦蒂诺·格拉瓦尼(Valentino Garavani)是意大利时装设计三杰之一，1932 年出生于意大利北部的佛杰拉城，中学毕业后到米兰学习服装设计。19 岁时，他成为时装设计大师让·德塞的助手。从 1956 年起，瓦伦蒂诺同著名时装设计大师盖依·拉罗舍合作，逐步形成了自己的设计风格。1960 年，他在罗马成立了瓦伦蒂诺公司，从此声名鹊起。1969 年，他荣获时装界的耐曼·马尔克斯奖。瓦伦蒂诺服装遍布世界各大都市，成为世界著名的时装品牌。

瓦伦蒂诺具有高雅的审美观和精益求精的严谨作风。他的作品(见图 8-39)既有法国时装的创意与浪漫气息，又有意大利时装简洁务实的特色；既有典型意大利时装风格，又有现代感强烈的剪裁与细节处理，将新与旧完美地融合在一起。他后期的作品中也注入了浓郁的东方气息，着重突出女性优雅、高贵的气质，因而备受青睐。

图8-39 瓦伦蒂诺的作品

思考练习

1. 下列选项中，(　　)不是服装起源的猜想。

A. 遮羞说　　B. 保护说　　C. 身份说　　D. 装饰说

2. 深衣这一服装出现始于(　　)。

A. 秦朝　　B. 春秋战国　　C. 唐朝　　D. 清朝

3.(　　)为了战争的便利性，推广了胡服。

A. 秦始皇　　B. 康熙　　C. 孝文帝　　D. 赵武灵王

4. 唐代女性在眉眼之间所做的装饰叫(　　)。

A. 妆靥　　B. 腮红　　C. 花钿　　D. 黛眉

5. 关于隋唐时期的幞头发展到宋代所延伸出来的两脚的类型，下列说法中错误的是(　　)。

A. 直脚　　B. 曲脚　　C. 交脚　　D. 卷脚

6. 宋代凡穿紫色和绯色公服的官员，都必须在腰间佩上一个(　　)。

A. 玉佩　　B. 烟袋　　C. 鱼袋　　D. 铃铛

7.(　　)开始，就实行剃去额发，结发为辫。

A. 明代　　B. 清代　　C. 宋代　　D. 民国

8. 文艺复兴期间还有一种特色鲜明的服饰部件——(　　)。

A. 拉夫领　　B. 立领　　C. 青果领　　D. 圆领

9. 服装作为一种视觉艺术，它必须有具体而完整的“形象”，形象不包括(　　)。

A. 造型　　B. 图案　　C. 结构　　D. 面料

10. 下列选项中，(　　)不是服饰的主要审美特征。

A. 整体美　　B. 动态美　　C. 艺术美　　D. 旋律美

第九章　声乐之美

音乐是比一切智慧、一切哲学更高的启示，谁能参透我音乐的意义，便能超脱寻常人无以自拔的苦难。最好的音乐是这种音乐，它能够使最优秀、最有教养的人快乐，特别是使那个在品德和修养上最为卓越的一个人快乐。

——贝多芬

【学习目标】

1. 了解中国声乐与西方声乐的部分经典作品；
2. 掌握声乐作品的审美特征与欣赏方法；
3. 能够运用专业术语介绍和分析声乐作品。

【人文艺术主题：爱情】

爱情，有史以来就是人类永恒的主题。在人们的日常生活、外部的真实世界以及人文艺术作品中，爱情都占据了无上的地位。它在无数的诗歌、小说、歌剧、电影和戏剧中，是快乐和痛苦的源泉，而且往往同时身兼这两种角色。尽管诗歌和歌曲中的温情往往强调爱情永恒，我们仍然必须把爱情放到一定的历史背景中审视。在不同的时间、特定的情境，爱情有不同的意义，有一见钟情，也有相濡以沫；有生死相随，也有游戏人间；有轰轰烈烈，也有细水长流。艺术家从不同方面对爱进行诠释，有的体现爱情的欢愉，有的强调爱的痛苦，有的衬托爱情的伟大……

《孟姜女》描述孟姜女万里寻夫送寒衣，哭倒长城八百里的故事。歌词有12段，且分别以春、夏、秋、冬四季时令和一年十二个月的花为名，故又名《十二月花名》，系江苏小调，是中国传统音乐中流传最广、影响最大、最具代表性的古代民间歌曲。孟姜女雕塑像见图9-1。

图9-1 孟姜女雕塑像

孟姜女的故事讲述了秦始皇统一中国后，征集数十万民夫，于公元前214年，将秦、燕、赵三国北围的城墙连通，修缮合一，这便是后来举世闻名的万里长城。秦始皇在全国各地抽调大批民夫修筑长城，日日夜夜拼命干，民夫们被累死、饿死的不计其数。为了加快工程进度，统治者又到处抓民夫补充。孟姜女的丈夫范杞良也被发配去充当修长城的民夫。转眼一年过去了，范杞良杳无音信，急得孟姜女不知如何是好。后来，孟姜女决定去寻找丈夫，发誓找到丈夫才回家。她历尽千辛万险，终于到了修长城的地方。一打听才知道，为修长城死了很多人，丈夫范杞良早已累死，被埋在长城下，连尸骨都找不到了。孟姜女忍不住伤心痛哭，这哭声惊天地，泣鬼神，哭倒长城一段段，哭到哪里倒到哪里，足足有八百里。最终哭倒长城，沥血找到了丈夫的遗骨，立誓要把丈夫的遗骨带回家乡安葬。她背负遗骨在归乡路上历尽坎坷，最终在陕西西安府潼关县饥渴而死。当地老百姓为孟姜女的真情感动，收埋他们的遗骸立祠纪念，至今香火不断。歌曲《孟姜女》表达了对主人公深切的同情和对统治阶级的愤恨，揭示了社会的黑暗不平。

该曲曲调为典型的起、承、转、合式民歌结构形式，以级进为主，乐句整齐，旋律委婉动人，感情细腻，从具体的生活描绘入手，从而引出真情，具有江南特色。改编后的曲调对原民歌主题做了多次变奏，突出了孟姜女悲怨之情。

改编后的女声独唱曲共分4个乐段：第一乐段基本上是对原民歌的重复，表现了孟姜女夫妇离别的伤心情景，哀怨委婉。第二乐段在原民歌基础上加花发展，表现孟姜女盼望与丈夫相见的心情，乐句具有流动感。第三乐段转入新调，音域更加宽广，叙述了孟姜女为丈夫赶制冬衣的情景，慢而凄凉，真切地描绘出孟姜女一针一线为丈夫缝寒衣的情景。从“再把心口一丝热”起，歌曲逐步推向高潮，并用了戏剧性的紧拉慢唱的手法，烘托出孟姜女失去丈夫的悲痛心情，呼天抢地，震山河。第四乐段进入全新调式，是作者对歌曲的拓展，在“大雪纷飞”中，运用了戏曲的紧打慢唱，从“哭倒长城八百里”开始，逐步渐快渐强，到“漫青山”后，出现慢板，一直在高音区级进，哭天抢地，悲痛欲绝，从而准确、生动又极其自然地描绘了秦始皇时期人们为修长城而经历的颠沛流离的生活。

曲调不仅在吴方言区和北方方言区的广大区域内流传，而且在闽、粤方言区中也可以听到。它不仅以时调形式流传于祖国各地，而且广泛地被说唱音乐、戏曲、器乐曲所吸收。

人们如此相信爱情，以至于一直追寻着它。无论他(她)取得何种成就，如果没有爱过也没有被爱过，那么他(她)很可能认为自己已浪费了生命。这也是爱情能够成为千古永恒不变的主题的主要原因。

第一节 发展历程

声乐作为一门艺术，它既不同于哲学和社会科学，又区别于器乐与诗歌。它不是以理服人，而是以情动人，以美怡人，以音感人，以言育人，这就是声乐独特的艺术特征。声乐艺术经过长期的发展，已经成为高度完整的艺术，有着繁多的表现形式和不同的演唱方法，有着既广阔又复杂的表现空间。

一、中国声乐发展历程

(一) 远古时期

《打硪歌》

最原始的音乐就是声乐，它是人类劳动与自然斗争的结果。先人在共同劳作时为减轻扛木负重的疲劳而喊出“邪许邪许”“杭育杭育”之类的声调和节奏，类似号子类的劳动呼声(见图 9-2)。《淮南子 • 原道训》中记载：“今举大木者，前呼邪许，后亦应之。此其于举大木者善矣。”即在抬木头的时候，前面有人喊，后面有人和，团结众人的力量抬起巨大的木头，这可以说是中国最早有记载的劳动号子。远古音乐是歌、舞、乐三位一体的，其中，声乐演唱占最重要地位且较突出节奏因素。这个时期虽然没有形成完整的声乐艺术形式，但已经有了固定音高，并出现了简单的音阶，节奏较明显和突出。

图9-2 劳动号子

(二) 夏商周时期

夏商周时期，声乐演唱作为重要的音乐形式更加盛行，声乐艺术逐渐形成并发展起来。对后世影响深远的当属《诗经》的诞生，《诗经》记载了当时存有的305首歌曲，分为“风”“雅”“颂”三类。“风”有15首民歌，基本上是北方民歌，流行范围大约在陕西、山西、河南、山东、湖北的北部和四川的东部。“雅”一般是贵族、文人的作品，其中，有不少反映社会现实、同情劳动人民、揭露统治阶级内部矛盾的作品。“颂”大多为古老的祭歌。西周诞生的“大司乐”是我国古代最早的音乐教育机构，负责音乐教育和执行礼乐，承担着贵族子弟和学士的音乐教育任务，对我国声乐艺术的发展起着积极的推动作用。

《诗经·周南·关雎》改编

(三) 秦汉时期

《相和歌》

秦汉时期，特别是汉武帝统治期间，中国民族声乐、民歌逐渐走向高峰。相和歌(见图9-3)作为民间的宫廷声乐演唱形式在此时兴起了。最初，相和歌是没有伴奏的，随着时间的推移，发展成一人唱、众人和的形式，还加入了乐器伴奏。相和歌进一步发展，又形成了相和大曲，相和大曲已经具备了三段式的歌舞曲基本结构，相和歌与相和大曲是秦汉时期比较大型的声乐艺术形式。除了相和歌、相和大曲等声乐艺术形式以外，还出现了饶歌、琴歌等声乐艺术形式。饶歌是通过胡曲发展起来的，要求乐器和男生齐唱相结合，是我国大型交响合唱的先驱；琴歌是一种自弹自唱的民族声乐艺术形式。

图9-3　相和歌

(四) 魏晋南北朝时期

魏晋南北朝时期，音乐艺术的标志是清商乐，它是在承袭汉、魏相和歌和诸曲的基础上，吸取了当时的南方民间音乐而发展产生的女乐歌舞，主要用于宫廷、官宦人家节庆和祭神活动。清商乐由吴声、西曲组成，其风格较为柔婉、抒情。由于语言、地域的不同，吴声、西曲又分为歌曲、舞曲两类。吴声的歌曲有《子夜》《凤将雏》等，舞曲有《前溪》《阿子》《团扇》《欢闻》等，两者一般由一首或多首五言四句短诗组成的唱段构成。西曲的歌曲称为“倚歌”，比较短小，歌词均为五言四句短诗，如《攀杨枝》《寻阳乐》等；舞曲一般较长，歌词由多首五言四句短诗构成。吴声和西曲的伴奏方式也有所不同：吴声伴奏时采用拨弹乐器，而西曲伴奏时采用吹管乐器及打击乐。清商乐的最高级形式是清商大曲，由三部分组成：开头有四至八段器乐演奏的序曲，称为“四部弦”或“八部弦”；中间是全曲的主体，由多段声乐曲组成，每段歌唱的结尾都有一个“送”的尾句，称为“送歌弦”；结束部分又分几个器乐段，称为“契”或“契注声”，这部分可以是多件乐器合奏，也可由一支笛子独奏。

(五) 隋唐时期

《霓裳羽衣曲》

隋唐时期，尤其是从“贞观之治”到“开元盛世”这段时期，文化艺术随着社会的繁荣而快速发展，我国民族声乐艺术的发展进入辉煌时期。该时期有一些值得称颂的贡献：一是诞生了我国最早成立的音乐教育机构——教坊和梨园；二是产生了燕乐大曲，它是歌舞音乐发展程度最高、最具代表性的音乐形式，是综合器乐、歌唱、舞蹈，含有多段结构的大型歌舞音乐，分为散序、中序和曲破三部分，《霓裳羽衣曲》是唐代著名的大曲作品；三是民间俗乐中的曲子和变文开始盛行，推动了声乐演唱艺术的发展和兴起。曲子可以填词歌唱，歌词被称作曲子词。曲子词的特点是因曲填词，先有曲调再按其曲谱来填制歌词，所以兼有文学与音乐两方面的特点。变文是唐代的佛教寺院进行宗教宣传的说唱形式，其名称来源于佛教语汇，是一种散文和韵文交替出现的表演方式，表演者先用散文来叙述一遍故事内容，之后用韵文的形式演唱一遍。

(六) 宋元时期

《暗香》

宋元时期，歌舞在社会生活中的地位逐渐缩小，取而代之的是戏曲、曲艺。为满足城镇市民的文化生活的需要，北京的各城镇普遍设立了瓦舍勾栏等娱乐场所，这样市民音乐迅速发展，同时涌现出了大批著名曲词作家和唱词艺人。宋词是一种将文学与音乐相结合的声乐演唱的形式，当时叫小曲、小唱或词曲。元朝时期，音乐出现巨大转折，由歌舞转向戏曲形式，将声乐演唱和歌舞结合在一起，将中国声乐艺术推到了一个新的高度，从此中国古代民族声乐艺术基本分为两个纵向发展：声乐演唱和戏曲，其中《西厢记》就是一个代表性的戏曲作品。元代时，声乐演唱已出现了独唱、对唱、齐唱与合唱等形式。

(七) 明清时期

《月儿弯弯照九州》

明清时期，正值我国封建社会末期。传统的说唱、民歌、戏曲、歌舞、器乐是这一时期的五大类音乐，声乐艺术已演变成戏剧、曲艺、声乐演唱等形式，戏曲无论从词曲结构还是演唱表演上都得到更深入的发展，并走向成熟。明代南戏有海盐腔、余姚腔、弋阳腔、昆山腔四大声腔；清代中期的“乱弹”诸腔的主要代表剧种是梆子戏、皮黄戏，是这一时期的影响广泛的音乐艺术。

(八) 近现代时期

近现代时期，各国列强的入侵强行打开了中国的大门。这时，很多传教士被外国教会组织派往中国，既在中国传播了宗教思想，又引入了西方的音乐文化，于是宗教合唱与唱诗班就在中国的教堂礼拜中出现了。1919 年爆发的“五四运动”使中国的音乐文化进入了一个崭新的历史发展阶段。一批留学西方并接受了西方教育的中国音乐家，在欧美等国的流行歌曲曲调的基础上重新填词，在我国的新式学堂中教唱，以学堂乐歌为标志的国民音乐教育在全国广泛推广，同时造就了一批中国音乐史上成就斐然的早期启蒙音乐教育家。学堂乐歌大部分以“反帝”“富国强兵”“抵御外侮”等思想为主题，代表作有《何日醒》《黄河》等。图 9-4 所示为学堂乐歌学员。

图9-4　学堂乐歌学员

与此同时，我国音乐教育事业也得到了区域性的蓬勃发展，早期专业音乐学校和音乐科系逐步建立起来；著名教育家蔡元培提出了“美育”的教育主张，在反对封建文化及旧思想的束缚，推动新音乐的传播，发展我国学校音乐教育事业等方面发挥了重要的作用；以肖友梅、黄自等为代表的音乐理论家、作曲家、教育家，则成了我国近现代音乐教育的奠基人；周淑安、应尚能、喻宜萱等大批优秀声乐演唱家归国任教，他们在国内外系统地接受了西方美声声乐演唱的教育，丰富了我国的声乐表演艺术。

(九) 抗日战争时期

《游击队歌》

抗日战争时期，作曲家们积极投身于抗日救亡运动，创作出了大量的具有时代精神的救亡歌曲，如《抗敌歌》《游击队歌》《到敌人后方去》《黄河大合唱》等。另外，在中国共产党领导的抗日根据地，还产生了大量的解放区民歌，如《南泥湾》《绣金匾》等。

(十) 中华人民共和国成立后

《我的祖国》

中华人民共和国成立后，在党的“双百”方针指引下，我国声乐艺术事业空前繁荣。声乐演唱家们一方面致力于世界声乐艺术交流，努力学习和研究西方的声乐演唱技法，使越来越多的青年歌手进入世界级声乐比赛，获得了各国专家的认可；另一方面，在继承民族声乐传统的基础上，借鉴西方的科学发声方法，为丰富和完善民族声乐体系做出贡献。作曲家们更是积极投身社会主义建设，勇于开拓、创作出了许多富有时代气息、具有鲜明民族特色的优秀声乐作品，如《我的祖国》《克拉玛依之歌》《我爱你中国》等。

(十一) 改革开放以来

改革开放以来，我国声乐艺术百花园中，更是“百花齐放”“百家争鸣”。不同风格的声乐作品、演唱形式及演唱方法不断涌现，新人辈出。不仅国内声乐舞台上群星灿烂，而且世界顶级声乐比赛和世界歌剧舞台上也屡现中国人的身影，当今世界最伟大的声乐大师也纷纷来中国演出、交流、讲学，中国留学生的足迹更是遍布世界各大音乐学院。我国的声乐艺术事业不仅在参与人数、参与程度、参与水平和人才质量上有了质的飞跃，而且在声乐教育、教学的层次和声乐基础理论研究的整体水平方面发生了质的飞跃。显而易见，中国的声乐艺术事业正在赶超世界先进水平。

二、外国声乐发展历程

(一) 古希腊、古罗马时期

人类最古老的文化产生于欧、亚、非三大洲的交汇处，这里是古老音乐文化的中心，现代欧洲文化则源自古希腊文化。古希腊音乐是单音音乐，人们毫无和声观念，因此在悲剧、喜剧中出现众多的“合唱”也仅仅是齐唱而已。古希腊音乐、诗歌、舞蹈形成“三位一体”的艺术形式，当时主要的体裁形式有悲歌、颂歌、饮酒歌、婚礼歌等。

古罗马音乐文化承袭了古希腊音乐文化遗产，却忽视了希腊音乐中的道德意义和教育作用，更加强调其娱乐性。一方面，出现了反映人民内心感情的民间创作，这些民间创作是来自街头巷尾、田野乡村的歌谣、叙事诗、饮酒歌、婚礼歌、神话故事、谚语等，这些歌谣反映了人民的生活和情感，并对这一时期的抒情诗人产生了重大影响；另一方面，由于古罗马帝国的对外侵略，扩展疆土，大批来自欧、非、亚的乐师、歌手和艺人以奴隶身份进入古罗马成为贵族们的奴仆，同时在这些掳掠来的民间艺人中出现了一批专业歌手，这些歌手经过严格的专业训练，具有高超的演唱及演奏技巧，是奴隶主享乐的工具。

(二) 中世纪时期

欧洲中世纪处于封建社会初期和全盛时期，该时期的音乐文化又可称为基督音乐文化。这个时期的文化发展，几乎完全处于宗教神权的统治之下，教会成了文化中心，教会音乐占据了统治地位，遭到压制、排斥的世俗音乐则顽强发展。

1. 教会音乐

5 世纪末的罗马教皇格里高利一世对基督音乐进行了改革，其在职期间在流传的大量宗教歌曲中选取许多典型的歌词，确立为“教堂歌调”，修订了许多演唱规则，不准擅自改动，在各种教仪上演唱并编成“唱经本”，通令各地教会广泛使用。“唱经本”用金链子系在罗马的圣·彼得大教堂的祭坛上，成为一部经典，后被人们称为“格里高利圣咏”(格里高利圣咏乐谱见图 9-5)，

《格里高利圣咏》

对后来西方音乐的发展产生了很大的影响。

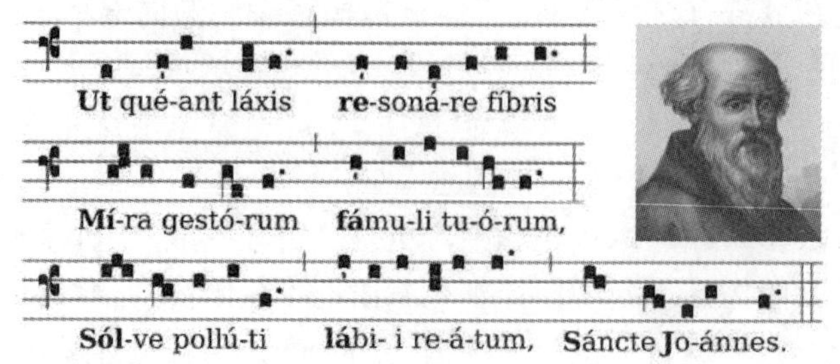

图9-5 格里高利圣咏乐谱

2. 世俗音乐

中世纪的世俗音乐逐渐突破教会音乐的藩篱发展起来，它是一种和教会音乐相对立的音乐文化。这种音乐深深根植于民间，非常富有生活气息。它的歌曲内容摆脱了宗教音乐的束缚，转向描写人民现实生活的世俗性，内容广泛，包含叙事歌、浪漫曲、晨歌、暮歌、讽刺歌、饮酒歌、牧歌、圣诞歌等，演唱的语言也不再局限于拉丁文，而是采用了各地的方言。中世纪的民歌流传下来的并不多，它们都是单音音乐，由一个声部独唱或齐唱。

(三) 文艺复兴时期

文艺复兴时期指 14—16 世纪欧洲文化的繁荣时期，文艺复兴实质上是思想和文化上的一场反封建大革命。文艺复兴思潮对欧洲音乐文化起着巨大的推动作用，欧洲的世俗音乐空前繁荣，其发展大致经过了三个阶段：14 世纪预示文艺复兴精神的新艺术音乐；15 世纪出现的尼德兰音乐；16 世纪文艺复兴时期兴盛期的宗教音乐。

1. 14世纪的新艺术音乐

14 世纪上半叶，法国音乐家菲利浦•德•维特里(Philippe de Dirty)发表了一篇题为《新艺术》的音乐理论著作，提到了一些当时看来比较新的作曲法，如提倡禁止使用连续八度和连续五度以及相关对位法理论，采用短时值和以二分音符为单位的时值关系等。“新艺术”逐步发展成为法国和意大利的重要音乐艺术，它是复调音乐艺术在新历史条件下的进一步发展。

2. 15世纪的尼德兰音乐

尼德兰即荷兰、比利时与法国北部的总称。在当时的尼德兰，不仅教堂，而且各王公贵族都有自己的唱诗班，当时最著名的诗班是康布雷(Cambrai)市的唱诗班，经过长期发展形成尼德兰乐派。唱诗班学员人数为 12～24 人，每一个唱诗班都是由训练有素、经验丰富的声乐演唱家组成；演唱作品大多为弥撒曲、经文歌等宗教乐曲，也有许多世俗性歌曲；其演唱形式一般有两种：一种是轮唱，另一种是四重唱或五重唱。尼德兰唱诗班的兴起催生了大批作曲家、专业歌手，对声乐艺术的发展起了巨大的推进作用。

3. 16世纪的宗教音乐革新

16 世纪，马丁•路德领导了德国的宗教改革运动，推动了宗教音乐的革新。他认为创造新教歌曲是宗教改革的重要措施之一，坚信音乐具有不可替代的教育功能，要求信徒经常参加各种音乐活动；他废除了宗教仪式及圣咏中的拉丁文并代之以本国语言。路德本人和他周围的一些音乐家进行了新教圣咏的编写工作，新教圣咏的来源广泛，有来自民间的流行曲调，有从宗教歌曲中选取的古赞美诗、叙唱曲，甚至格里高利圣咏，这些富于世俗性的曲调的作用已远远超出了宗教音乐。在马丁•路德的倡导下，还恢复了全体会众同唱赞美诗的制度。这种经改革的新赞美诗被称为众赞歌，他本人创作的众赞歌《我们的上帝是座坚固的堡垒》被称为“16 世纪的《马赛曲》”。

这个时期，欧洲其他国家如法国、瑞士等也相继进行宗教改革运动。法国卡尔文领导耶稣新教徒运动，卡尔文派的作曲家于 1565 年出版了名为《诗篇歌曲》的新教圣咏，废除拉丁文的宗教歌曲，改用法文，并配上民间流行曲调制成多声部乐曲。同年，《诗篇歌曲》被译成德文，被莱茵河彼岸的德国新教的礼拜堂所采用，后来又被各国新教教会所采用。

(四) 巴洛克时期(17世纪)

在文艺复兴运动中，意大利音乐艺术的发展相对来说较为缓慢，直到歌剧的诞生才显示出了它的巨大影响，所以歌剧是该时期的重要标志。16 世纪末，一些具有人文主义思想的进步音乐家，如诗人里努契尼，声乐演唱家兼作曲家佩里、卡契尼、卡伐利埃里，以及理论学家伽利略(物理学家、天文学家伽利略之父)等，组成了一个集团，叫作“同志会”。他们探讨艺术理论并进行各种创作实践，意图使音乐和戏剧相结合，加强音乐的艺术感染力。1594 年，佩里根据诗人里努契尼的副本写出了意大利最早的抒情音乐剧《达芙妮》，该剧于 1597 年在柯尔西伯的官邸中首演，在佛罗伦萨引起轰动，但这部歌剧没能保存下来。1600 年，为了庆祝法王亨利四世和玛利亚•德•梅迪契的婚礼，佩里根据里努契尼的另一个剧本写出了歌剧《尤丽迪茜》，该剧取材于古希腊神话，是现存最早的一部抒情歌剧，这个年代被认为是歌剧开始与盛行的年代。

(五) 古典主义时期

在 1750-1820 年期间，意大利、法国的喜歌剧诞生了大量的优秀作品，维也纳古典声乐开始活跃。这个期间的音乐旋律追求优美动人的气质，倾向于整齐对称的乐句结构。如海顿的清唱剧《四季》，充满了对四季时序的赞美。海顿用生动的音乐语言描绘暴风雨和晴空万里的自然景象，表达对农民日常劳动以及对爱情伦理道德的赞美。

(六) 浪漫主义时期(18—19世纪)

在德国，伴随最著名的、世界性的音乐家亨德尔与巴赫的问世，巴洛克音乐发展到一个顶峰，改变了德国音乐长期滞后的现状，进一步改变了德国音乐在世界音乐史上的地位。这一时期的音乐艺术史实际上是一部浪漫主义音乐历史，具有个性化的、理想化的、诗意化的特点。除了音乐，浪漫主义也表现在绘画、雕塑、文学等所有艺术形式中。该时期的音乐强调与诗歌、戏剧、绘画等音乐以外的综合艺术融合；提倡标题音乐；强调个人主观感觉的表现，作品常常带有自传的色彩；作品富于幻想性，描写大自然的作品很多，追求理想境界；重视戏剧，研究民族、民间的音乐文学，从中吸取营养，具有民族特色。该时期群星璀璨，代表性人物

《流浪者》

有韦伯、舒伯特、舒曼、肖邦、贝多芬等,《命运交响曲》《小夜曲》《蓝色多瑙河》等优秀作品层出不穷。

(七) 20世纪以后

20 世纪以后是西方工业文明的成熟发展时期，生产力大幅度提高，对人们的思想产生了巨大的冲击，这种冲击不可避免地渗透到了文化艺术领域。多元化的社会格局造就了多元化的文化形态，作为文化形态之一，声乐艺术也不可避免地打上了那个时代的烙印。继印象派德彪西之后，音乐艺术出现了多种风格、多种流派竞相争艳的局面：以理查·施特劳斯、拉赫玛尼诺夫为代表的新浪漫主义歌剧；以德彪西、拉威尔等人为代表的印象主义歌剧；以斯特拉文斯基、巴托克、兴德米特为代表的新古典主义歌剧；以勋伯格、贝尔格为代表的表现主义歌剧；以达尔贝特、夏邦带尔为代表的真实主义歌剧；法雅、格拉那多斯、柯达依等人创作的富于浓厚民间色彩的歌剧和以《猫》(见图 9-6)、《西贡小姐》等为代表的集中了多种艺术形式、运用新的商业运作手段而产生的美国百老汇音乐剧等。

《猫》

图9-6 音乐剧《猫》剧照

因此，20 世纪的声乐艺术不可能像巴洛克时期、古典主义时期那样，单纯地用一种风格来演唱，也就更不可能把它们综合归类，这一时期的音乐作品、演唱流派变化不断，不少作品完全抛弃了传统的唱法，如音乐剧中的 RAP(说唱)、表现主义歌剧中的“说白”等，甚至有的还没有形成一个固定的规律或传统，尚处于探索阶段。

第二节 审美特征

声乐演唱艺术作为一门表演艺术，对演唱主体而言，它是自己内心的印象、认识、感情、感想、愿望以歌曲为载体的一种表达，一种纾解，一种信息的输出。声乐演唱使得声乐演唱主体获得一定程度的精神满足，使心理压力得到缓解，心理平衡在一定程度上得以恢复。声乐对客体(听众)而言，是一种刺激、一种信息的接受，由此引起感情上的共鸣，使得客体的同类情感升起、高涨，也产生表达和行动的要求。主体的表达、纾解、减压和对客体的刺激、共鸣、激起就是声乐的双向功能，这种双向功能在表演中同时出现并统一在艺术美的表达和享受中。

一、声乐作品艺术美的基本要素

声乐演唱艺术的美以文学作品的语言美、音乐作品的旋律美、声乐演唱的声腔美、表演动作的形态美和乐器的伴奏美为基本要素。

(一) 语言美

声乐是用人声唱出的带有语言的音乐，语言音乐化的艺术体现限定了它的特殊性质。声乐以它对语言的美化程度及其感染力来体现它的艺术魅力，它的整个创造过程，无论是词的撰写、曲的谱就还是歌的唱成，始终贯穿着语言的因素与作用。因此，歌词或唱词的语言美是构成声乐艺术美的文学基础，是音乐文学特有的审美属性。

(二) 旋律美

曲调的旋律美由音调美、节奏美、和声美三部分内容组成。声乐艺术是音乐和文学高度融合的艺术，歌词的诗意化语言向音乐语言过渡，是声乐作品的创造过程之一。这时，诗意化的语言形象、内容、形式、结构、韵律、风格等都对曲调的创作起着决定性的影响，而曲调的旋律美更取决于词中优美的语言，这样文情与声情才能相互作用，相互统一。旋律被称作音乐的灵魂，它是音乐语言的核心，声乐美的魅力主要来源于曲调的旋律美。

(三) 声腔美

声腔美作为有声形态的美的声音造型，由声腔的音质美、字音美、行腔美等来共同体现。声乐是歌唱的艺术，歌词与旋律有赖于演唱中的声腔体现，只有当它被赋予了声情的美，它才能真正传达听觉的美感。因此，在声乐美的艺术构成中，演唱的声腔美就成了声乐美的主导因素。

二、声乐作品的类别

声乐作品按体裁可分为民歌、歌剧、艺术歌曲、进行曲、颂歌、抒情歌曲、诙谐歌曲、讽刺歌曲、舞蹈歌曲、组歌等；按演唱形式可分为独唱、重唱、对唱、轮唱、齐唱、合唱、表演唱、组合唱；按人声可分为童声、女声(女高音、女中音、女低音)、男声(男高音、男中音、男低音)。

三、声乐作品的欣赏方法

欣赏一首声乐作品，主要从以下 3 个方面入手。

首先，分析作品的创作背景，了解词曲作者的年代、生平、主要创作特点等，以歌曲作品《教我如何不想她》(乐谱见图 9-7)为例，这首作品的创作者是赵元任，我们仅了解创作者是远远不够的，还要了解他所处的时代、地区、生活背景等。据记载，赵元任于 1892 年 11

《教我如何不想她》

月在天津出生，1909 年考取了留学美国的官费生，在康奈尔大学主修数学，选修物理、音乐，并学习作曲、钢琴与和声，还上过多年的声乐课。他的歌曲作品，音乐形象鲜明，题材新颖，曲调优美流畅且富于抒情性，既保持中国传统文化和音乐的特色，又借鉴欧洲近代多声音乐创作的技法。他十分注意歌词声调和音韵的特点，讲究歌词字音语调与旋律音调相一致，使曲调既富于韵味，又十分口语化，具有独特的风格。从歌曲《教我如何不想她》的谱面上就能非常清晰地看出这些特色的体现。

教我如何不想她

1=E $\frac{3}{4}$ $\frac{4}{4}$
中速

刘半农 词
赵元任 曲

天上飘着些微云，地上吹着些微风。啊
微风吹动了我头发，教我如何不想她？
月光恋爱着海洋，海洋恋爱着月光。啊
这般蜜也似的银夜，教我如何不想她？
水面落花慢慢流，水底鱼儿慢慢游。啊
燕子，你说些什么话？教我如何不想她？
枯树在冷风里摇，野火在暮色中烧。啊
西天还有些儿残霞，教我如何不想她？

图9-7　《教我如何不想她》乐谱

其次，熟悉作品的音乐语言，进而借助这些音乐语言领会作品中的情感，理解作品中的音乐形象。《教我如何不想她》歌词由 4 个相同结构的段落构成，其段落结构为起、承、转、合的四句式，每段的合句都是完全相同的歌词，即“教我如何不想她”，充分点明了主题。4 段歌词分别描写了春、夏、秋、冬的自然景色，并通过对四季的描写流露出作者对祖国的眷恋及忧患之情。歌词中多次出现的“她”，按赵元任先生的解释，可以理解为代表一切心爱的他、她、它，包括亲人、友人、恋人、同胞以及祖国的大好河山。在此基础上通过诸如旋律、节奏、和声、调式、歌词等音乐语言要素，把握作品的主题思想、情感情绪、词中物象，以及情景营造等。歌曲结构为变奏曲式，即 A—A1—A2—A3。旋律建立在五声音阶的基础上，并渗透京剧唱腔的“过门儿”音调，既给人亲切之感，又具有典型的民族音乐的意蕴。丰富的钢琴伴奏织体为歌曲创造出意境、烘托出气氛，小提琴独奏使歌曲整体的情绪更加细腻、委婉、动人。

最后，提高自身的艺术修养和审美能力，平时多阅读、观看各种门类的艺术经典作品，有机会要多参加艺术实践活动，提升自己对声乐的欣赏能力。

第三节 名作赏析

1. 《红军不怕远征难》(长征组歌)

《红军不怕远征难》(首演剧照见图 9-8)是一部主题鲜明、内容丰富、形式新颖、风格独特的大型声乐套曲，完成于 1965 年。《红军不怕远征难》的作者肖华是长征的参加者，为纪念长征胜利 30 周年，他抱病写了 12 首构思已久的诗篇，作曲家晨耕、生茂、唐诃、遇秋从其中选取了 10 首，谱成组歌。该音乐根据内容的需要，融汇了各地民间音乐和红军歌曲的音调，以丰富的音乐构思生动地描绘了红军战斗过程中的壮丽图景，展示了工农红军的英雄性格，塑造了革命军队的光辉形象，谱写了一部宏伟壮丽的英雄史诗。1965 年第七期《解放军歌曲》发表了长征组歌《红军不怕远征难》合唱谱。1975 年、1978 年人民音乐出版社出版了合唱谱、总谱两种版本。

《红军不怕远征难》

图9-8 1965年8月《红军不怕远征难》首演剧照

这部大型声乐套曲表现了红军长征中 10 个不同的战斗画面，依次为《告别》《突破封锁线》《遵义会议放光辉》《四渡赤水出奇兵》《飞越大渡河》《过雪山草地》《到吴起镇》《祝捷》《报喜》《大会师》。形式上，它包括混声合唱、二部合唱与轮唱、女声二重唱、女声伴唱与混声合唱、领唱与合唱、男高音领唱与合唱、齐唱与二部合唱等多种声乐演唱形式。

2.《阳关三叠》

《阳关三叠》

《阳关三叠》是由作曲家王震亚根据我国唐代歌曲《阳关三叠》(近代琴家夏一峰演奏谱)改编的一首合唱曲，作于20世纪50年代。《阳关三叠》原是为唐代诗人王维所写的一首送别诗《送元二使安西》谱写的一首琴歌，后又被谱为古琴曲，曲作者已不可考。由于这首琴歌深刻地反映了唐代征戍徭役给人民造成的痛苦，抒发了诗人送友到塞外服徭役时的离愁别绪，久为人们所传唱。

原诗只有四句(见每叠的第一段)，经后代文人的加工发展，成今日的三叠。歌声中三次出现“西出阳关无故人”这一句和这首歌基本上以第一叠的旋律为基础，变化反复两次，故称《阳关三叠》。其古朴深沉、略带感伤的五声音阶旋律展行反复，诗词与音乐完美融合，叠叠引申，生动地表现了友人启程难舍难分的离别之情。音乐出版社于1956年出版了《阳关三叠》合唱谱。

3.《茉莉花》

《茉莉花》

《茉莉花》是一首非常典型的、广为传唱的民间小曲，明末清初就已经流传全国。东北、华北等地都有很多不同曲调变体而且各具特色，流传较广。它是五声徵调式、四二拍，为单乐段的分节歌形式，具有浓郁的民族特色。整首曲子有三段词，描绘了一个姑娘在花园里见到香气四溢的茉莉花时，想采又怕人发现、被人笑骂的复杂心理。这首民歌虽短，但所表达的感情十分细腻，歌词生动、含蓄，曲调婉转、细腻、柔美、淳朴，因而深受人们的喜爱。旋律以级进为主，富有南方民歌清秀雅致的特点。歌曲在对茉莉花的由衷赞美中，既委婉地表达了对恋爱自由的热切渴求，又透露了封建礼教禁锢下内心的纠结与矛盾。

1926年，意大利作曲家普契尼创作了他的最后一部歌剧《图兰朵》，由于这部歌剧的内容主要描写中国元代图兰朵公主在北京的一段传奇故事，很自然地把他认为欧洲人最熟悉的中国曲调《茉莉花》运用在歌剧中，用这首既能代表东方韵味又风靡中国的《茉莉花》作为主题音乐，来衬托中国人的爱情故事，令歌剧大为增色。

4.《唱支山歌给党听》

《唱支山歌给党听》

《唱支山歌给党听》由焦萍作词、朱践耳作曲，创作于1946年“向雷锋同志学习”的热潮中。雷锋同志生前为了自勉，经常从报刊上摘录一些名言警句，这首歌就是曲作者根据“雷锋日记”中摘抄的诗谱写而成的。乐句只有八句，却包含丰富的思想和感情。曲作者把它处理成具有鲜明对比性的三段：对党的热爱、对旧社会的仇恨和对革命的歌颂，真切地表达出雷锋同志向党诉述衷肠的情景。数十年来，这首情真意切的抒情歌曲一直在群众中流传。

这首歌是A宫调式(中部转升F羽调式)，四二、四三变换节拍，为带再现的三部曲式结。A段曲调亲切、流畅，表达了作者对党的无限深情。经过一段小过门，歌曲情绪一转，这时他想起在旧社会所经受的苦难。开始两小节连续用两个切分音符，表现痛苦和仇恨。“鞭子”这两个字用两个八分音符，接两个八分休止符“0”，表现恨得咬牙切齿。当唱到下一句，再现全曲的最低音，描写母亲的悲哀。此处，旋律中所用的连线和乐谱上标明强弱的力度记号以及渐慢处理，加强了歌曲痛苦凄凉的感情，具有极强的感人力量，催人泪下。随后，歌曲情绪骤然一转，速度加快，变得激昂起来。有了共产党，仇要报，冤要伸，受苦受难的人们要站起来。“$\overset{3}{\underline{5\,6\,5}}$”这三个音，不仅用的是三连音，而且每个音符上方都加有保持音记号，显得坚定有力、信心十足。“夺过鞭子”这一句用“模进”手法进行重复，加上渐强音的力度处理，生动而形象。当唱到“揍敌人”这三个字的时候，歌曲情绪达到了又一次高潮，表现了作者跟着党闹革命的决心。然后再经过一个由快速突然转变成慢速的过门，再现 A 段。这时作者想起党，心中感到无比温馨。

5. 《玛依拉》

《玛依拉》是一首脍炙人口的新疆哈萨克族民歌，歌词朴素无华，表现了一位名叫玛依拉的哈萨克姑娘天真活泼的性格以及玛依拉为自己的优美歌声而自豪的心情。这首歌采用七声宫调式，是二拍子和三拍子的变换节拍，结构是带副歌的单二部曲式。全曲分为两部分，前三乐句为一部分，后两乐句为另一部分。歌曲头两句用的是相同的曲调，旋律在高音区进行，充满乐观和自豪感。第三句再一次重复第一句的旋律，然后迂回下行，描绘姑娘的歌声引来许多羡慕者。结尾部分由衬词构成，旋律轻盈明快，不仅丰富了音乐的情趣，也增强了歌曲的艺术感染力，把天真美丽的玛依拉的形象表现得惟妙惟肖。在旋律上，巧妙地重复“56　53 45|4”和“32 34”这两个有特性的乐句，刻画了玛依拉天真活泼的性格。

《玛依拉》

6. 《海阔天空》

《海阔天空》是中国香港摇滚乐队 Beyond 的一首经典音乐作品，收录在 Beyond 于 1993 年发行的粤语专辑《乐与怒》内。歌曲通过记述 Beyond 乐队十年来经历的风风雨雨，刻画出他们的心路历程，有起起伏伏，有意气风发，有疲倦无奈，也有奋战不懈。这首歌曲带给人们的是一种积极向上的生活态度，鼓励人们坚持自己的理想，永远不放弃信念。歌曲所表达的辛酸、自由、不屈不挠、大气磅礴的力量，激励了整整一代人。

《海阔天空》

《海阔天空》具有流行摇滚音乐的所有特征，而且富于斗志，它唤醒了香港歌坛的主旋律意识，奏响了一种可以引起大众共鸣的音乐。只可惜这首标志着 Beyond 真正走向成熟的作品却成为黄家驹的绝唱，而这样残酷的现实却在某种程度上应和了《海阔天空》中悲怆的宿命感。

7. 《我和你》

《我和你》(演出照见图 9-9)由陈其钢为第 29 届夏季奥运会开幕式而创作。该曲选择了中国的民族五声调式，凭借大气而空灵的旋律、简单而委婉的风格，将中国对和平与和谐的诉求通过温暖的音乐传向世界。

《我和你》总共 12 句歌词，传递着和谐世界的人本理念，体现了别具匠心的创作风格，加上简单易唱的词曲节奏和世界巨星的完美演绎，成为奥运

《我和你》

会开幕式主题曲中又一首风格迥异却传唱不衰的曲目。

图9-9　第29届夏季奥运会开幕式主题曲《我和你》演出照

8. 《国际歌》

《国际歌》

《国际歌》是法国工人作曲家、家具制作工人狄盖特的作品。他生于比利时根特城的工人家庭，七岁进工厂做工，青年时投身于工人运动；1871 年 3 月，参加巴黎公社的无产阶级革命，领导工人合唱团体；1888 年 6 月，根据鲍狄埃的诗篇，谱成不朽的无产阶级革命战歌《国际歌》，表达了全世界无产阶级与劳动人民的意志。《国际歌》创作完成以来，已成为号召全世界无产阶级联合起来，推翻剥削制度，用自己的力量解放自己，实现共产主义理想的战斗号角。

《国际歌》原版有 6 节歌词。1906 年，俄国社会民主工党(布尔什维克)党员柯茨将《国际歌》译成俄文，只选了 6 节歌词中的 1、2、6 节。之后，俄文版《国际歌》就只有三节歌词，因此流传较广的中文译本(萧三版)的《国际歌》也只选用了三节歌词。歌曲为行板，降 B 大调，4/4 拍子。全曲只有一段贯穿首尾的旋律，为带副歌的二段体结构。悲壮的前奏过后，深沉的第一主题昂首进入，表现出革命志士们不屈的气节；乐曲的中段旋律在调性上实际转为属调(即 F 大调)，始终庄严、雄浑，曲调中愈发透出光明与希望；最后，乐曲的前奏经过自然再现，在气势宏大的高潮中结束，预示着共产主义的伟大理想一定会实现。

9. 《渴望春天》

《渴望春天》

《渴望春天》是莫扎特于 1791 年创作的一首深受全世界少年儿童喜爱的抒情歌曲。歌曲以孩子纯真稚气的甜美口吻，生动、明朗的音乐语言，表现出少年儿童渴望鲜花开放、小鸟歌唱的春天到来的心情。虽然莫扎特短暂的一生充满坎坷和不幸，但在他的创作生涯后期却写出如此欢乐、纯真的歌曲，这正说明乐观、热情、诚挚、质朴是莫扎特音乐语言的典型特征，也反映了他对幸福、光明未来的向往和对人生的坚定信念。

歌曲采用 D 大调，八六拍，结构为带再现的单二部曲式，以分解三和弦与级进音调相交替进行的旋律为基础，配合活泼跳跃的节拍，优美而洗练，流畅而清新，洋溢着青春的气息，表现了少年儿童渴望春天到来的心情。在尾声的钢琴伴奏中加用高音区的装饰音，让人感到好像是鸟儿在歌唱，使歌曲更加富于诗情画意。

10. 《伏尔加船夫曲》

《伏尔加船夫曲》

《伏尔加船夫曲》是一首古老的俄罗斯民歌。伏尔加河是俄罗斯境内的一条大河，地上、水下资源丰富，岸边森林茂密，俄罗斯人民称它为“母亲的河”，对它怀着深厚的爱。在帝俄统治的旧社会，绝大部分人都过着极其困苦的生活。《伏尔加船夫曲》是伏尔加船夫(见图9-10)劳动生活的真实写照，它以匀称的节奏、沉郁的音调，生动地反映了他们坚韧不拔的性格和向往光明的思想情感。

歌曲采用b小调，四四拍，为多乐句的变奏曲式结构。开始的呼号性旋律“5 3 6 3 0 |”不仅统一着船夫们拉纤的劳动动作和沉重的步伐，也表达了他们内心的不平和痛苦、呻吟和叹息。接着以四度上行，由具有号召性的音调结合而成，音乐显得更加沉重而有力量。高潮在最强音“3̇ − 3̇ . 3̇ |”上面重复，充分显示他们的力量和奔向自由、追求光明的决心。

图9-10 伏尔加船夫

11. 《手拉手》

《手拉手》

《手拉手》是由享有美国“通俗音乐之父”之称的乔治•莫罗德为第24届夏季奥运会开幕式创作的主题曲，体现了了解、友谊、团结的奥运精神，一经问世就广为传唱，为世人所喜爱。这首歌歌词内容浅显、易懂，主题鲜明、深刻，情感洋溢、激荡，具有很强的感染力。歌词分两大节，每节的前两句都强调了友谊、团结的主题。歌曲通过反复吟唱“我们手拉手，友谊传四方”，鲜明地突出友谊、团结、理解的主题，颂扬了友谊、团结和公平竞争的奥运精神，突出了体育给人们带来的美好的心灵感受。

歌曲为4/4拍，降E大调，单二部曲式，运用了弱起、附点、切分节奏，增加了歌曲的活力和时代特征，充分体现了热情奔放的情感。歌曲结尾处“阿里郎”的词句属于虚词，它本是朝鲜半岛人民最喜爱的民歌，在这里指代该届奥运会在韩国举行。

12. 《我心永恒》

《我心永恒》

《我心永恒》(*My heart will go on*)是电影《泰坦尼克号》的主题曲，由好莱坞主流电影著名作曲家詹姆斯•霍纳(James Homer)一手制作，具有浓烈民族韵味的爱尔兰锡哨在他的精巧编排下，更显悠扬婉转而又凄美动人。歌曲的旋律从最初的平缓到激昂，再到缠绵悱恻的高潮，一直到最后荡气回肠的悲剧尾声，短短四分钟的歌曲实际上是整部影片的浓缩版本。该曲成为全球最畅销单曲之一，全球销量过千万，还获得第70届奥斯卡最佳电影歌曲大奖和第41届格莱美奖。

歌曲为E大调，4/4拍，单二部曲式，开始的引子激动不安，把人们带进一个思绪万千的意境之中，为对恋人的钟情倾诉做了充分准备，第一乐段是由两个乐句构成的开放性乐段，共8小节，接着是第一乐段的变化重复。从第一乐句的主题开始，向下环绕后又向上级进构成音乐主题，好似倾诉性的对话，有点激动，两主音与导音的交替进行及中音与下属音的进行，更突出抒发了这种感情。第二乐段为复乐段结构，8小节一个大乐句。乐句的第一分句中出现五度、八度的大跳，跌宕起伏的曲调在中高音区进行，与第一乐段形成鲜明对比，是全曲的高潮所在，好似情不自禁地对恋人的高亢呼唤。其中，休止符的运用加强了表现力，第二乐句又加深了这种感情。在最后部分再现了音乐主题的材料，使全曲达到统一，使人感到，对恋人的爱永留记忆，对恋人的情永留终身。浓烈民族韵味的爱尔兰锡哨在歌曲中尽显悠扬婉转而又凄美动人。

思考练习

1. 远古时期，最原始的音乐是(　　)。

A. 声乐　　B. 器乐　　C. 打击乐　　D. 吹奏乐

2. 《诗经》中“风”有(　　)首民歌。

A. 12　　B. 15　　C. 14　　D. 10

3. (　　)是通过胡曲发展起来的，要求乐器和男声齐唱相结合，是我国大型交响合唱的先驱。

A. 相和歌　　B. 燕乐　　C. 饶歌　　D. 雅乐

4. 隋唐时期，我国最早成立的音乐教育机构是(　　)。

A. 教坊和梨园　　B. 大司乐　　C. 宫廷乐坊　　D. 民间乐坊

5. 魏晋南北朝时期的音乐艺术标志是(　　)。

A. 相和歌　　B. 燕乐　　C. 琴歌　　D. 清商乐

6. 古希腊音乐是(　　)音乐。

A. 二声部　　B. 单音　　C. 三声部　　D. 二声部或三声部

7. (　　)领导了德国的宗教改革运动。

A. 柏拉图　　B. 亚里士多德　　C. 苏格拉底　　D. 马丁•路德

8. 声乐演唱艺术产生了众多流派，主要有西洋唱法、(　　)、通俗唱法这三种。

A. 民族唱法　　B. 民间说唱　　C. 摇滚乐　　D. 乡村音乐

9. 著名教育家(　　)提出了“美育”的教育主张，为反对封建文化及旧思想的束缚，推动新音乐的传播，发展我国学校音乐教育事业，发挥了重要的作用。

A. 萧友梅　　B. 黄自　　C. 蔡元培　　D. 周淑安

10. 声乐作品按(　　)划分，可分为独唱、重唱、对唱、轮唱、齐唱、合唱、表演唱、组合唱。

A. 人声　　B. 演唱形式　　C. 演唱体裁　　D. 人数

第十章　器乐之美

音乐可以称做是人类的万能语言，人类的感情用这种语言能够向任何心灵谈话，被一切人理解。

——弗朗茨•李斯特

【学习目标】

1. 了解中西方乐器与器乐发展历程;
2. 掌握器乐作品的审美特征与欣赏方法;
3. 能够运用专业术语介绍经典器乐作品。

【人文艺术主题：自然】

古往今来，大自然一直是艺术家们丰富的创作源泉，四季不仅是大自然的动人杰作，也赋予音乐家无尽的创作灵感。用音乐演绎大自然一直是许多作曲家的基本目标，他们使用各种手法来完成这个追求。无论是在巴洛克时期还是在古典主义时期，作曲家们都喜欢以各种乐器作为画笔，用乐器模仿大自然的各种声音，生动描绘变化无穷的自然之美。浪漫主义时期更是风景描绘的时代，大自然不仅成为浪漫主义作曲家们逃离已丧失个性的现代城市生活的避难所，更是他们器乐创作中灵感、力量和思想觉醒的源泉。

巴洛克时期著名的作曲家、小提琴家维瓦尔第(见图 10-1)创作力蓬勃的一生中，留下了 500 多首协奏曲、40 多部歌剧等精彩绝伦的作品，但若要后世听众从中挑选一部最广为流传的佳作，那么无疑是小提琴协奏曲《四季》。作为最早用音乐抒写四季的作曲家之一，他笔下的春、夏、秋、冬辨识度极高，画面感十足，绝对算得上当今最令人耳熟能详的古典旋律之一。

《四季》创作于 1725 年，它并不是一首乐曲的曲名，而是一部由《春》《夏》《秋》《冬》四首小提琴协奏曲合成的标题音乐。每曲前写有一首十四行诗，例如《春》：(快板)春临大地/众鸟欢唱/和风吹拂/溪流低语/天空很快被黑幕遮蔽/雷鸣和闪电宣示暴风雨的前奏/风雨过境，鸟花语再度奏起和谐乐章/(广板)芳草鲜美的草原上，枝叶沙沙作响，喃喃低语/牧羊人安详地打盹/脚旁睡着夏日懒狗/(快板)当春临大地/仙女和牧羊人随着风笛愉悦的旋律在他们的草原上婆娑起舞……将这些诗作为引子借以描述乐曲的内容，与音乐的表现相当合拍。四首曲子均采用“快—慢—快”三乐章格式，旋律时而似暴风骤雨般洒脱热烈，时而又质朴单纯，甚至能让人闻到新鲜的泥土气息，间或出现的颤音、琴音及其他装饰音将日常生活中最微妙的细节描写到极致。作曲家深受自然环境影响，用乐器来模拟自然音响，借音乐刻画出大自然中四季不同的景象，用许多特别的技巧与构思呈现出每个季节不同的精神。

图10-1　维瓦尔第画像

巴洛克时期是西方音乐史的辉煌年代。维瓦尔第的诞生是巴洛克音乐新的里程碑，《四季》的完成具有开创性的意义：“快—慢—快”三乐章格式影响了其后一百多年的古典音乐协奏曲创作；作品的主调风格开启了新的音乐之门；标题音乐创作方式实现了形式和意境的完美结合，这种形式在浪漫主义时期得以继承。《四季》的诞生，对 18 世纪的艺术界也产生了相当广泛的影响。当时的画坛、文学界，甚至哲学界皆投身于大自然的风潮之中。

让我们在倾听大自然、感受大自然之美的同时热爱自然，与自然和谐相处！

第一节　发展历程

音乐始终伴随着人类的生活，音乐的发展始终伴随着人类的发展。器乐是音乐的重要组成部分，以乐器为物质基础，用乐器来表达思想感情。

一、中国器乐的发展历程

(一) 上古时期(先秦时期)

上古时期出现了目前所知中国最早的乐器——骨笛。20 世纪 80 年代，河南省舞阳县贾湖新石器遗址中出土的骨笛(长度为 20 厘米左右，直径约 1 厘米，多为 7 孔，可以吹奏 7 声音阶)，距今已有 9000 余年的历史，这体现了中华民族的音乐文化在久远的史前已经站在了世界的前沿。我们的祖先很早就开始用乐器来表达思想感情，他们用石块、木棒、竹子等原始劳动工具敲击节奏，配合歌舞、祭祀等活动。商代青铜器艺术，开启了礼乐文明的先声。周代起，周公制礼作乐造就了音乐的崇高地位，弹弦乐器如琴、瑟和吹管乐器如箫、笙等相继出现，打击乐器也日趋完备。春秋战国时期的礼崩乐坏，带来钟磬艺术的繁荣和世俗音乐的兴起，笛、筝、铜鼓等民间乐器在这个时期产生，琴成为一种重要的独奏乐器。1978 年湖北省随县曾侯乙墓出土的战国初期的编钟(见图 10-2)是目前已知出土乐器中规模最大、音域最宽、音准较好的一套大型定调型乐器，为今人研究古代音乐律制、音乐体系提供了重要材料。在“金声玉振”的先秦时期，钟、鼓、磬是最有代表性的乐器。

图10-2　曾侯乙墓编钟

(二) 中古时期(秦汉、魏晋南北朝、隋唐时期)

秦声、楚歌、相和歌这些民间音乐乐种均使用大量民间乐器：如《史记·廉颇蔺相如列传》中“秦王请赵王鼓瑟，蔺相如请秦王击缶”中的“瑟”和“缶”；又如《晋书·乐志》载“相合，汉旧歌也，丝竹更相和，执节者歌”(在弹弦乐器和吹管乐器的伴奏下歌者击节而唱，是唱奏并重的音乐形式)。曲项琵琶、唢呐、筚篥、腰鼓、达卜等一大批外来乐器随着张骞出西域而流入。魏晋文人音乐家多数擅长弹琴。南北朝时期的古琴文字谱《碣石调幽兰》是我国现存最古老的曲谱。隋唐时期，宫廷音乐繁盛，其中尤以燕乐歌舞大曲的高度发展为特征，同时以琵琶、筚篥等为代表的西域乐器风靡中原大地。与日本等亚洲各国的广泛交流，则使中华音乐文明远播域外。隋代的宫廷燕乐表演中，乐器种类繁、乐工人数多。唐代，出现了专习器乐的音乐机构；古琴艺术高度发展，出现了古琴减字谱；琵琶、筝、箜篌、琴等各种乐器的演奏随着频繁的音乐文化交流变得更完善和流行。图 10-3 所示为敦煌莫高窟壁画中的乐队。

图10-3　敦煌莫高窟壁画中的乐队

(三) 近古时期(宋、元、明、清时期)

随着歌舞音乐的成熟、民间说唱音乐的兴起和戏曲艺术的逐步成形，产生了许多新的音乐品种，音乐艺术的表演中心由宫廷转移到民间，声乐和器乐得到全面发展，为中国近代音乐奠定了基础。民族器乐进一步发展，出现了三弦、二胡、板胡、京胡等民族乐器。在宋代城市的娱乐场所中，器乐除了为声乐作品伴奏外，独立演奏形式也得到了一定程度的发展，笛、箫和一些拉弦乐器(如从阿拉伯地区传入的流行于西部边区的马尾胡琴)是这一时期重要的乐器；出现了细乐、清乐、小乐器、鼓板等多样形式的器乐合奏。元代对弦乐器的应用更为广泛，各国、各民族间的文化交流促进了外来乐器的引进，拉弦乐器胡琴普遍应用于军队和乐团合奏，乐器合奏仍以弦乐为主，并流行与蒙古乐器合奏；元杂剧音乐、南戏音乐以锣、鼓、笛、板为主要伴奏乐器(加笙、琵琶、三弦等为唱腔伴奏，可能是明代以后的情况)。明清时期，西安鼓乐、福建南音(见图 10-4)、十番锣鼓、山西八大套等诸多民间器乐合奏形式的产生和发展，将我国民间器乐带入了一个鼎盛的时代。

图10-4　福建南音(人类非物质文化遗产)

(四) 近现代时期

面对西方政治、军事乃至文化的侵入，中国音乐进入了一个崭新的时代。传统音乐不再是中国音乐文化的主体，受西方文化影响产生的“新音乐”很大程度上成为近代音乐发展的主导。同时，诸多民族器乐音乐家仍然坚持发展民族音乐，或基于中国音乐固有的音乐传统继续发展，或身先士卒进行民族器乐的改革，这些都为民族器乐在 20 世纪的发展奠定了基础。这一时期器乐领域较有代表性的社团有上海民间音乐团体“大同乐会”，该社团在挖掘和改革民族乐器方面做出了有益尝试。20 世纪 20 年代，音乐家刘天华从对西洋音乐的学习中探索改进国乐的道路，创办了“国乐改进社”，在民族器乐(二胡和琵琶)的改革和创作(代表作《光明行》《良宵》等)诸多方面做出了重要贡献，刘天华及其《二胡曲集》如图 10-5 所示。民间演奏家阿炳也为民族器乐的发展付出了毕生的心血。

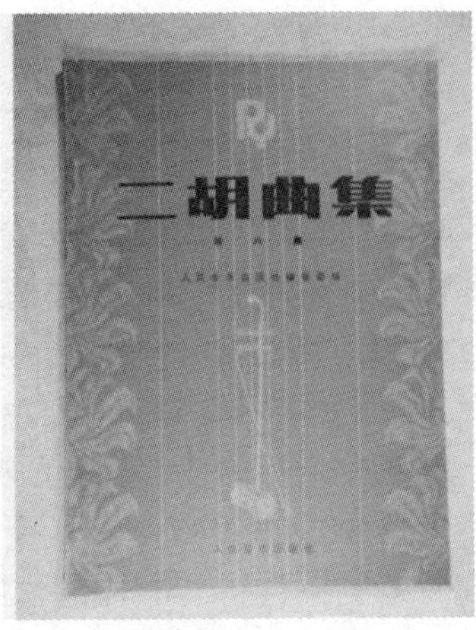

图10-5　刘天华及其《二胡曲集》

(五) 当代

当代，民族器乐的发展达到了空前高度，在发展新的表演形式、整理或改编传统曲目和创作新曲目等方面，都取得了举世瞩目的成就。二胡、琵琶等民族乐器的演奏艺术迅猛发展，涌现了一批优秀的器乐演奏家，民族管弦乐队也逐渐形成了自己的风格特点，成为展示民族精神和文化特征的重要载体。中央民族乐团 2018 年欧洲四国巡演——远扬的丝路精神如图 10-6 所示。

图10-6　中央民族乐团2018年欧洲四国巡演——远扬的丝路精神

二、外国器乐的发展历程

(一) 古希腊、古罗马时期

古希腊、古罗马时期的音乐奠定了西方音乐发展的基础。这一时期虽然流传下来的音乐作品很少，但是丰富的文字记述和雕刻向人们描绘了音乐文化的风貌。神话是古希腊艺术产生与发展的土壤，“音乐”(music)一词是由缪斯(Muses)演化来的，缪斯是分别掌管文艺、科学等学科的 9 位女神的统称。古希腊的乐器主要有弦乐和管乐两类：弦乐的代表是里拉琴(西方最早的弦乐器)。神话中众神的使者赫尔墨斯在龟壳上蒙上牛皮，支起两只羚羊角，架横木拉起琴弦便发明了里拉琴(见图 10-7)，多用于独唱伴奏，史诗弹唱，是祭祀阿波罗仪式中的主要乐器。在西方的文学艺术中，里拉琴一直是音乐的象征；管乐的代表是阿夫洛斯管，是一种芦管制成的单管或双管竖笛。在崇拜酒神的仪式及后来的酒神合唱和雅典悲剧合唱中，阿夫洛斯管是重要乐器。在西方现代文化观念中，里拉琴和崇拜阿波罗的音乐、阿夫洛斯和崇拜酒神的音乐，已成为性格相互对立的两大类音乐的象征。前者平静而节制，后者狂喜、放纵。

图10-7　罗马壁画中的里拉琴

随着古罗马帝国的扩张，罗马人吸收了古希腊音乐文化。古罗马乐器基萨拉琴由里拉琴演变而来，更适合专业音乐家演奏。蒂比管(骨制的)是古希腊阿夫洛斯管的变体，在宗教仪式和戏剧音乐中广泛使用，被认为可以驱除邪恶、唤起慈善，蒂比管演奏者在社会上颇有地位。古罗马人尚武，音量宏大的军乐成为古罗马音乐特有的传统，出现了具有成百上千人的大型管弦乐队，非常重用以大号为代表的铜制乐器。在音乐艺术的功能上，音乐朝向实用化、娱乐化发展。与古希腊重视音乐的教育功能不同，古罗马人非常重视音乐的享乐功能，在军乐仪式、公共场合、婚礼、葬礼及家庭宴会等各种场合，到处可以听到音乐，音乐在罗马人生活中占有非常重要的地位。

(二) 中世纪时期(5—15世纪)

中世纪时期的器乐处在一种比较低级和原始的状态，无论是在乐器制造、演奏还是在器乐曲创作上都不太发达。据推测，当时的器乐更多的是简单的歌曲、舞蹈伴奏，独立的合奏、独奏水平有限。器乐主要在民间流传，大多是即兴演奏，没有乐谱流传下来，即使个别乐曲有谱，也很难准确识读。教会是当时人们的生活重心，但教会音乐一般禁止器乐加入。该时期的主要乐器有：弓弦乐器提琴(3～5 条弦，有许多名称)、拨弦乐器竖琴(三角形，由基萨拉琴发展而来)；机械乐器轮擦提琴(见图 10-8)，形状奇特，琴弦借转轮摩擦振动，用键盘按弦，需要一或两个人演奏，是中世纪游吟诗人爱用的乐器；管乐器风笛(也是游吟诗人爱用的乐器)、号角(用于狩猎和军队活动)；键盘乐器管风琴，包括教堂里的超大型管风琴、可放在桌子上演奏的中型管风琴(需要一名助手来拉风箱)和小型的便携式管风琴(用一根皮带挂在脖子上演奏，左手操纵风箱，右手按键)。

图10-8 中世纪轮擦提琴演奏

(三) 文艺复兴时期(1450—1600年)

文艺复兴时期，器乐音乐从声乐曲中独立出来，成为一种独立的音乐形式，追求人性的解放与对人的内心情感的抒发。在此之前，尽管历史上出现过独立的器乐曲，如 13—14 世纪流行的埃斯坦比耶的舞曲，但总体来说，器乐音乐作为一种独立的表现形式，是从文艺复兴时期开始的。此时期乐器的发展主要体现在：①琉特琴是文艺复兴时期最流行的乐器；②管风琴等键盘乐器得到发展；③提琴族的维奥尔琴开始成组地运用到乐队中；④管乐器如小号、古长号、短号、低音管的使用较为普遍，木管乐器主要有竖笛、横笛、肖姆双簧管及木管号等，作曲家开始注意利用各种乐器的独特音色进行创作。文艺复兴时期的器乐演奏如图 10-9 所示。

此时期器乐音乐的特点包括：①一些室内重奏的出现，使音乐更加丰富，如用哨嘴笛、维奥尔，以及羽管键琴和管风琴等键盘乐器的重奏；②歌剧于 1600 年前后在意大利兴起，使管弦乐合起来为歌手伴奏。该时期的器乐大致分为三类：第一类是从声乐曲改编而来的，如从经文歌改编而来、使用模仿复调手法进行独立器乐曲创作的里切卡尔和从法国世俗歌曲尚松改编而来的赋格曲的前身康佐纳(用键盘乐器或琉特琴演奏)；第二类是用于键盘乐器的纯器乐曲，包括形式自由、音响丰满的托卡塔和篇幅较小、音响平畅的前奏曲及幻想曲；第三类是用于琉特琴等乐器的、从当时流行的各种成对的舞曲中改编而来的器乐曲。这种舞曲通常是将两首不同的、在速度和节奏上有对比性的乐曲连在一起，一首速度较慢，舒缓流畅，常为二拍子和四拍子；另一首速度较快，很活跃，常为三拍子。法国称这种舞曲为帕凡和加亚尔德舞曲；意大利称之为帕萨梅佐和萨尔塔雷洛；而德国称之为迈步舞曲和跳跃舞曲。

图10-9　文艺复兴时期的器乐演奏

(四) 巴洛克时期(1600—1750年)

巴洛克时期的乐器及演奏技巧逐渐成熟，器乐得到了前所未有的发展，音乐极尽奢华，加入了大量装饰性音符。这一时期，欧洲音乐的记谱法已经完全成熟，调性体系也得到确立。随着印刷术的完善，音乐的传播更加便利。器乐开始与声乐处在了平等的地位(确切的时间是18世纪以后)。复调音乐盛行，在J. S. 巴赫时代发展到极致，代表新趋势的主调音乐正在兴起。数字低音(通奏低音)及即兴创作是巴洛克音乐重要的组成部分，管弦乐团编制尚未标准化。各种重要的器乐体裁，如奏鸣曲、协奏曲、组曲诞生于这一时期，其中奏鸣曲、协奏曲基本是以弦乐作品为中心，伴以键盘乐器的“数字低音”的合奏音乐。乐器也有很大的改进：以提琴为代表的拉弦乐器成为主导乐器(意大利是弦乐艺术的中心)，取代了文艺复兴弹拨乐器的地位。科莱里、维瓦尔第是这一时期弦乐艺术的最杰出代表，键盘乐器也有长足进展——管风琴、古钢琴(以德国的管风琴和法国的古钢琴最为著名)都在这一时期取得很高的艺术成就。弗朗索阿·库普兰是法国古钢琴学派的大师，他的音乐具有贵族气息的典雅、高贵，非常注重装饰细节，这是洛可可风格在音乐上最准确的对应物。巴洛克晚期，音乐逐渐从意大利向德国和奥地利转移，代表人物为西方音乐历史上两大重要作曲家J. S. 巴赫和亨德尔，他们在1750年左右的先后离世，标志着一个时代的结束。图10-10所示为最壮观的乐器管风琴。

图10-10　最壮观的乐器管风琴

(五) 古典主义时期(1750—1820年)

古典主义时期的音乐一般比较客观、含蓄、庄重、高雅、节制且有分寸。这一时期器乐领域最重要的成果是交响曲、奏鸣曲、室内乐等，出现了多乐章的交响曲、独奏协奏曲、弦乐四重奏、多乐章奏鸣曲等体裁。乐器制造得到进一步发展，出现了现代钢琴的前身(见图 10-11)，18 世纪末叶，羽管键琴、楔槌古钢琴逐渐让位于更现代的钢琴。奏鸣曲式在这一时期达到空前成熟，它和回旋曲式成为古典时期和浪漫时期最常见的曲式，影响之深远直至 20 世纪。该时期的乐团编制比巴洛克时期大，乐团由指挥带领逐渐变成一种常规。作曲家的生计受到法国大革命的影响，由最初依赖宫廷、教会供养转变为独立的经营者。

图10-11　现代钢琴的前身(羽管键琴与楔槌古钢琴)

古典主义经历了前古典时期和古典主义盛期两个发展阶段。前古典时期(18 世纪中下叶)，器乐不再像巴洛克时期那样以教堂和宫廷为主要舞台，而是搬到公众音乐厅里，普通市民听众也像贵族一样，成为器乐的主要欣赏者和参与者，他们对各种乐器独奏或合奏音乐的兴趣越来越浓厚。新的主调音乐风格在器乐体裁中逐渐成熟。值得一提的是，奏鸣曲这种器乐体裁经过了巴洛克时期的三重奏鸣曲及独奏奏鸣曲的大量实践，发展到前古典时期已趋成熟。

巴洛克时期的独奏奏鸣曲多为提琴、长笛作品，前古典主义时期的发展则更多地体现在键盘乐器(羽管键琴或钢琴)作品中。该时期的作曲家渴望与公众保持更为密切的联系，力图通过器乐表达更多的个人情感，因此他们非常重视独奏奏鸣曲，而这同样是业余音乐爱好者消遣娱乐首选的形式。C. P. E. 巴赫、D. 斯卡拉第、D. 阿尔贝蒂等人的创作成为此时期独奏奏鸣曲的代表作。

18 世纪 70 年代，古典主义音乐进入盛期，维也纳古典乐派以“维也纳三杰”(海顿、莫扎特、贝多芬)为代表的作曲家们发展了一种器乐化的动力性音乐语言，并把它广泛运用到各种音乐体裁的创作中，在短短的几十年内使为不同乐器而作的奏鸣曲和奏鸣交响套曲等体裁获得了突飞猛进的发展。海顿、莫扎特、贝多芬虽然同属于维也纳古典乐派，在创作上有着明显的师承关系，但他们又各具鲜明的音乐个性和气质。18 世纪末，贝多芬音乐风格的转变、作品语言框架的突破，把音乐引入了一个新的发展方向，预示浪漫主义时代的到来。

(六) 浪漫主义时期(19世纪)

浪漫主义时期可谓是西方传统音乐的黄金时代，在充满着自由与压迫、逻辑与感情、科学与宗教信仰等种种矛盾的社会背景下，音乐在此时期有着复杂的面貌。

1. 钢琴和钢琴音乐

19 世纪初，各国钢琴制造家对现代钢琴做了进一步改进：用于张弦的支架从木质改成铁铸，机件变成复式杠杆装置，琴槌用毡包头，琴弦不仅加长，而且交叉排列，键盘音域扩大到 7 个半八度，能奏出丰满的音响效果和强烈的力度对比以适应各种炫技要求。尤其是踏板能使音延长，并柔和地减弱、消失。这种富于幻想的音响回荡，最符合浪漫主义的音乐理想，因此，钢琴是该时期颇受人欢迎的一种乐器。19 世纪的钢琴音乐仍然采用奏鸣曲、回旋曲、变奏曲、幻想曲、赋格等传统体裁以及舞曲和改编曲，但最具浪漫主义抒情特征的器乐体裁是特性乐曲和标题小曲，舒伯特、门德尔松、肖邦、勃拉姆斯、福莱等都为之做出了贡献。特性乐曲一般规模较小，当然也有篇幅较长的，常见的体裁有前奏曲、夜曲、叙事曲、狂想曲、无词歌、间奏曲等。它们的标题提示了乐曲的基本情绪和气氛，也有的作品与标题并不完全一致，如舒伯特的 8 首即兴曲和 6 首音乐的瞬间都有优美的旋律、丰富的和声及随意抒发的特点，但其中有几首段落清晰、结构工整，并无即兴之感。标题小曲并非此时特有，库普兰的键盘小品就是较早的例子。浪漫主义标题音乐虽也常常由诗歌、绘画或某种事物引发灵感，但主观性更强，很少带有装饰性和娱乐性。舒曼、李斯特、穆索尔斯基等都把一些互相有一定关系的乐曲组合成套，加上标题，如《狂欢节》《旅行年代》《图画展览会》均属浪漫主义标题音乐的美学范畴。另外，由于钢琴音乐在公开音乐会中日益重要的地位，为激起听众强烈反响，以李斯特、鲁宾斯坦等为代表，在创作和演奏中都力图提高钢琴演奏技艺，增强表现力，形成了华丽辉煌的音乐风格。

2. 室内乐

19 世纪的室内乐可以说是最缺乏浪漫主义精神的领域，它继续强调音乐思想的纯净、乐器之间对位化的交谈和主题的逻辑展开。但浪漫主义作曲家对音色变化的兴趣仍有所反映，体现在运用新的、不常见的组合，并常加进钢琴，如勃拉姆斯《降 E 大调三重奏》用的是钢琴、小提琴和无活塞圆号。在演奏技巧不断发展、写作技术不断复杂化的情况下，室内乐越来越多地供专业演奏家们表演，很少供业余爱好者自娱。

3. 管弦乐队和管弦乐

管弦乐队沿用古典时期已经定型的编制，即弦乐、木管、铜管组加上若干打击乐器和色彩性乐器。19 世纪初，木管乐器得到改良，铜管乐器加上活塞系统，从而大大提高了管乐器的技术性能。各乐器组的音域和力度的表现幅度都有所扩展，为提高乐队的表现力提供了物质前提。作曲家们的表现欲望不断增强，促使乐队编制越来越大，普遍引进了木管乐器的各类亲属乐器。到瓦格纳和后浪漫主义作曲家手中，已经常是三管制和四管制了。浪漫主义时期的交响曲是在贝多芬交响曲的基础上发展起来的，有两种类型都属于古典传统的延续：一种是不加任何标题的纯音乐，如舒伯特、勃拉姆斯、弗兰克、柴可夫斯基、西贝柳斯等人的交响曲；另一种虽为乐曲加上标题，但仅提供某种气氛，仍保持了古典交响曲的结构和表现手法，甚至这种小标题并非作者本人所加，如门德尔松的交响曲《苏格兰》《意大利》等。这类交响曲要求听众运用自己的想象力、理解力和音乐文化素养去发现并领悟音乐的内涵，参与对作品的阐释。主张综合艺术的作曲家，以柏辽兹、李斯特为代表，在交响曲创作中引入了音乐以外的因素。他们或以自传性的故事(柏辽兹《幻想交响曲》)，或用文学名著的内容(李斯特《浮士德交响曲》)来构筑自己的音乐。除了加上文字标题和说明外，交响曲的形式结构和创作手法都有较大创新，从诗歌、绘画等其他艺术领域获取灵感并直接影响作品的表现手法，在管弦乐音乐中，较多地体现于音乐会序曲、交响诗和交响组曲。19 世纪的音乐会序曲仍继承了贝多芬的传统，虽有音乐以外因素的影响，但仍保持了单乐章奏鸣曲形式，如门德尔松《芬格尔山洞》。19 世纪中叶，一种新的管弦乐体裁——交响诗产生，李斯特是这一体裁的首创者。交响诗不仅在西欧国家被弗朗克、圣一桑、R. 施特劳斯等所延续，更受民族主义作曲家喜爱。交响组曲为多乐章的大型管弦乐曲，结构较自由，有的与戏剧配乐有关，作曲家把配乐中的精粹按一定逻辑编成组曲，因而总是与特定的情节、场景相联系，当然也有纯音乐的组曲。图 10-12 所示为 19 世纪的交响乐团。

图10-12　19世纪的交响乐团

(七) 20世纪

20 世纪，西方社会思潮出现反传统倾向，19 世纪的音乐首当其冲成为批评对象，西方音乐进入现代音乐时代。反对传统的音乐表现手段和形式，追求表现手段的独特、新颖是 20 世纪器乐音乐的最主要特征。

20 世纪的音乐以第二次世界大战结束为界可以分成两个发展阶段，前期的重要流派有法国印象主义(以法国作曲家德彪西为代表)、德奥表现主义(代表人物为奥地利作曲家勋伯格、韦伯恩)、泛欧洲的新古典主义(以意大利作曲家布索尼和俄国作曲家斯特拉文斯基为代表)和新民族主义(代表人物有巴托克、埃尔加等)。20 世纪 50 年代以后情况比较复杂，一方面，西欧产生的非常激进的先锋派音乐，出现序列音乐、偶然音乐、电子音乐和简约派音乐，这些音乐大多具有很强的试验性特征；另一方面，在英美地区和俄罗斯，音乐相对比较温和地沿着传统的道路向前发展。总体来看，西方现代音乐与传统音乐有很大差别，出现多元化发展的态势。各个派别尽管在思想内容、表现形式及创作手法上存在很大的差异性，但从宏观的历史范畴来看，20 世纪的音乐也形成了区别于历史上任何一个音乐时期的风格特征：首先，受 20 世纪各种哲学、美学、艺术思潮的影响，高举反理性主义的旗帜，努力从人的各种心理和无意识中，从人类生存条件的现实等各个方面揭示人在资本主义社会中的各种异化现象及种种感受，音乐在创作上与这些表现内容相联系；其次，出现了许多反映现代自然科学、大工业生产、科学幻想及抽象概念的作品，如法国作曲家奥涅格的交响乐作品《太平洋 231 号》等。

在现代音乐中，人们习惯的优美的旋律、和谐的和声、稳定的节奏似乎都发生了改变，特别是先锋派音乐，以试验性、探索性为动力，使音乐概念发生了根本变化。值得注意的是，有一些音乐家在作曲生涯的不同时期展现出不同乐派的特征，如美籍俄国作曲家斯特拉文斯基的器乐创作大致可分三个时期：俄罗斯风格时期、新古典主义时期、序列主义时期。总之，20 世纪西方音乐发展历程是一个动荡的发展历程，流派繁多，难以尽述。

第二节　审美特征

音乐是声音的艺术、听觉的艺术，也是时间的艺术。器乐是音乐和人的沟通、互动最为自由、最具精神性的音乐表现形式，是纯粹的、绝对的音乐艺术。从曲名、曲式结构、演奏方式等方面来看，器乐作品基本可分为标题音乐与无标题音乐、室内乐与交响音乐、单声音乐与多声音乐(多声音乐中又可分为主调音乐与复调音乐)、古典音乐与现代音乐等。不同类型的器乐虽然各有各的特点，但从欣赏、审美的角度来看，都具备了旋律美、音色美、结构美、形式美、体裁美、意境美等方面的审美特征。

一、旋律美

音乐的魅力主要来自旋律。旋律是音乐的根本，是塑造音乐形象最主要的手段。音乐的各种要素如音高、节奏、强弱、速度等的有机整合，使器乐旋律呈现出不同的风格与特征，使器乐欣赏者从中感受到各种各样的情绪。器乐作品的旋律美或体现为音调进行的曲折流畅，如民族器乐曲中的线性旋律特色；或体现为旋律的立体、厚重，如西方器乐作品中的和声色彩。

单声音乐指单一曲调所构成的音乐，包括没有伴奏的独唱、独奏，以及曲调作同度或八度重叠的齐唱、齐奏。单声音乐的旋律就是单一的曲调。中国的单声音乐在调式和旋法等方面具有特殊的风格与多样的变化。西洋音乐在早期亦多为单声音乐，如古希腊音乐、格列高利圣咏及吟唱诗人的歌曲等。公元 10 世纪以后，在专业音乐创作中，多声部音乐虽渐占主要地位，但仍有不少单声音乐的作品，在现代音乐诸流派的某些作品中亦有单声音乐的实例。

多声音乐包括主调音乐和复调音乐。主调音乐是以整部作品中某一个声部(多数情况下是高音部)的旋律为主，其他的声部以和声或节奏等手法进行陪衬和伴奏的音乐类型。主调音乐的特点是音乐形象明显，感情表达明确，欣赏者比较容易能够融入其中。感受主调器乐作品的旋律美要抓住主旋律的性格，主旋律指一部音乐作品或一个乐章中的旋律主题，或者在一部音乐作品或一个乐章行进过程中再现或变奏的主要乐句或音型，是音乐的“灵魂”。欧洲音乐进入古典时期的同时，主调音乐也取代了巴洛克音乐中复调音乐的主要地位，成为主要的音乐思维形式。海顿、莫扎特、贝多芬以及所有浪漫派作曲家，总体创作倾向是主调音乐，但复调音乐在他们的作品中仍然占有重要地位。可以说，没有任何一位大作曲家是不掌握复调技术的，直到今天，依然如此。复调音乐和主调音乐经常结合起来运用。

在复调音乐(多声部音乐)中，每一个声部的旋律都有着同等重要的地位，不存在谁为谁伴奏的问题。感受复调器乐作品的旋律美要求耳朵能听到若干(两条或两条以上)个各自具有独立性(或相对独立)的旋律线，它们有机地结合在一起(同时结合或相继结合)出现，协调地流动，造成前呼后应、此起彼落的效果。

二、音色美

器乐作品的音色美是通过各种不同音色的乐器来表现的。

当今世界上应用最广泛的乐器分类体系——霍一萨分类法，按声学振动体的物理特性将乐器分为气鸣、膜鸣、体鸣和弦鸣四大类。中国民族乐器中，常见的气鸣乐器有笛子、箫、笙、管、唢呐、葫芦丝等；膜鸣乐器有各种各样的鼓；体鸣乐器有编钟、钹、木鱼等；弦鸣乐器包括拨弦乐器琵琶、古琴、筝、三弦等和击弦乐器扬琴，以及拉弦乐器二胡、板胡、马头琴等。在西洋乐器中，常见的气鸣乐器有单簧管、双簧管、大管、萨克斯管、小号、圆号、竖笛等等；膜鸣乐器有各种各样的鼓；体鸣乐器有锣、钟、钹镲和木琴等；弦鸣乐器有钢琴、小提琴、中提琴、大提琴、吉他等。

不同乐器的材质、结构和发声原理决定了各自独特的音色。例如音色鲜明而富有个性的民族气鸣乐器，管身多为竹制或木制，根据其发音原理，又分为孔管乐器(笛子、箫等)、簧管乐器(唢呐、管子、葫芦丝等)和嘴管乐器(如筒钦)等。其中，以孔管乐器笛子为例，按风格及应用场合的不同，分为曲笛和梆笛两种。曲笛流行于江、浙、闽、粤等南方地区，音色柔美流畅，常用来为昆曲伴奏；梆笛流行于晋北、陕北、冀西北等北方地区，音色高亢明亮，常用来为梆子戏伴奏。又如西洋乐器家族中音色最为丰富的木管乐器组，包括长笛、短笛、双簧管、单簧管等，音色各异、特色鲜明，从优美亮丽到深沉阴郁，应有尽有。这些木管乐器常被用来表现大自然和乡村生活的情景，善于塑造各种惟妙惟肖的音乐形象，大大丰富了管弦乐的效果。

三、结构美

器乐的结构美既包含了作品的织体美，也包含了曲式美。织体指音乐在空间上的结构，曲式指音乐在时间上的结构。

音乐的空间结构实际上是借用视觉印象中的概念，可以在乐谱上直观地看到。在听觉上，空间结构是指在一段时间内，人们听到的音响有多少个层次，这些层次的关系是怎样的。因此，感受器乐作品的织体美就是通过听觉分辨出作品的音响是单一旋律线条产生的平和的、简单的美，还是在旋律下方添加了和声背景的支撑，或是有好几条不同的旋律交错、重叠产生了空间结构的美。西方器乐作品中，织体思维纵横交错、网状铺叠；而中国器乐作品一般追求自然和个性，作品单线伸展、蜿蜒起伏。

一部器乐作品，无论是鸿篇巨制，如交响曲、交响诗，还是短小的舞曲、组曲，都要在时间的延续中一点一点地铺展，从一个一个的乐音到乐句、乐节，再到乐段，甚至乐章，最后构成一部完整的器乐作品。这种在时间上的延续，正是音乐艺术的一大特点，所以音乐被称为“时间的艺术”。音乐作品的结构框架或者章法(布局)即曲式。

器乐音乐的曲式一般分成小型曲式和大型曲式两大类。小型曲式包括一部曲式、二部曲式、三部曲式、复二部曲式、复三部曲式。大型曲式包括变奏曲式、回旋曲式、奏鸣曲式、套曲曲式、自由曲式。巴洛克时期的器乐审美意念倾向于庄严宏伟的音响，多采用单主题的主、复调复合式的织体和曲式，以“统一”为主要曲式思维；古典主义时期的器乐崇尚理性主义的美学观念，追求曲式结构的严谨和逻辑性，统一与对比紧密相连，音乐美学意念集中地体现在奏鸣曲式的结构中；浪漫主义时期的器乐则冲破了严谨的逻辑，突出个人情感表现，较少用典型的规范化曲式，较多出现中介、边缘、自由曲式。受传统民族文化和审美观念等影响，中国民族器乐曲式有其独特性。例如一些器乐独奏曲结构简练，多采用单一的乐段形式；一些器乐曲在扩大篇幅时，多用反复或变化反复的方式；而有些器乐组合曲则由数十支不同的曲调组成，结构复杂，如民间婚庆活动中使用的民间吹打乐可由百种以上的曲牌组成。

四、形式美

器乐的演奏形式分独奏、伴奏、重奏和合奏。

一人演奏一件乐器称独奏，如小提琴独奏、钢琴独奏等。有时一人独奏，还有另一人伴奏，如二胡独奏，扬琴伴奏；小提琴独奏，钢琴伴奏等。有时一人独奏，乐队伴奏，如二胡独奏，民乐队伴奏等。

器乐伴奏一般指伴随、衬托歌唱的器乐演奏，起到“绿叶扶红花”的作用。精彩的前奏、过门、尾声等纯乐器部分的演奏，增加了器乐伴奏的美。

重奏是一种每个声部均由一人演奏的多声部器乐曲演奏形式。根据乐曲的声部及演奏者的人数，可分为二重奏、三重奏，以至七重奏、八重奏等。根据演奏的乐器不同，又有钢琴三重奏、弦乐四重奏、管乐五重奏等形式。最常见的重奏形式是弦乐器重奏，例如由两把小提琴、一把中提琴和一把大提琴组成的重奏，称为弦乐四重奏。在弦乐重奏中加入其他乐器，例如由一架钢琴和两件弦乐器组成的重奏，称为钢琴三重奏。又如由一支单簧管和四件弦乐器组成的重奏，则称单簧管五重奏。因此，器乐重奏要求演奏者之间相互配合，保持高度的默契。

在器乐的合奏中，根据不同的组合形式，民族合奏乐可大致分成六类：①弦索乐，几件弦鸣乐器合奏，多在室内演奏，音乐风格优雅细腻；②丝竹乐，弦鸣乐器和竹制吹奏乐器的合奏，音乐风格细腻、柔和，多表现轻松、愉悦的情绪；③鼓吹乐，吹奏乐器和打击乐器的合奏，有分别以唢呐、管、笛子为主奏乐器的三种演奏形式；④吹打乐，吹管乐器与打击乐器并重的器乐合奏，其中，粗吹锣鼓以唢呐或管子为主奏乐器，细吹锣鼓以笛子为主奏乐器；⑤锣鼓乐，以锣鼓为主奏的打击乐；⑥民族管弦乐，始现于20世纪20年代，借鉴西方乐队优秀的音乐理念、作曲技法和运营模式，融合本民族的音乐文化，形成了具有中国风味的独特乐队。西方器乐合奏即管弦乐，根据规模和演奏的曲目类型，管弦乐又可以细分为室内乐和交响乐。一般来讲，50人以内，演奏室内乐的管弦乐队叫室内乐团；30～50人，演奏大型的室内乐作品或者交响乐章中的管弦部分的乐队叫小交响乐团；50人以上，一般为70～100人，有时候也可以达到数百人编制的，演奏交响乐、协奏曲、交响诗、狂想曲、变奏曲等的大型乐团叫交响乐团。交响乐队定型于19世纪20年代，并开始在欧洲及全世界流行。交响乐队一般包括5个器乐组，即弦乐组、木管组、铜管组、打击乐组和色彩乐器组。

五、体裁美

器乐的体裁是指器乐曲在音乐风格和性质方面的特征。丰富多彩的器乐体裁都与其各自的应用和表演目的、演出场合、乐曲内容的倾向性、音调和节奏的特色、音乐风格特征等有关。常见的器乐体裁有组曲、序曲、协奏曲、室内乐、幻想曲、随想曲、狂想曲、谐谑曲、进行曲、变奏曲、舞曲、交响曲、交响诗等。其中，交响曲是音乐作品中思想内容最深刻、结构最完美、写作技术最全面而艰深的大型器乐体裁。

交响曲包含多个乐章的大型器乐套曲形式，通过综合运用并挖掘各种乐器的性能及表现力来塑造音乐形象、体现作曲家的内心情感和思想理念。交响曲源于意大利歌剧序曲，至海顿时定型。海顿一生共创作104首交响曲，被誉为“交响曲之父”，确立了四乐章交响曲的典范，这种模式后来成为古典交响曲的标准模式——第一乐章快板，采用奏鸣曲式；第二乐章速度徐缓，采用二部曲式或三部曲式等；第三乐章速度中庸或稍快，为小步舞曲或诙谐曲；第四乐章又称终乐章，急速，采用回旋曲式、奏鸣曲式等。莫扎特的音乐清新流畅、结构别致，以带复调因素的主调和声风格和旋律化的展开手法，丰富了交响乐的表现力。海顿、莫扎特的交响曲被人们视为交响曲中的珍品，而贝多芬的交响曲则饱含法国大革命的激情，他在音乐中运用广阔发展的动机、对比主题和富于动力的和声，以及深刻的哲理思想和战斗热情，把交响乐推向了崇高而辉煌的境界。在他们之后，经浪漫乐派、民族乐派、后期浪漫乐派大师之手，交响曲又有了新的发展。欧洲各国的作曲家纷纷以其独具个性的音乐创作丰富了交响曲的艺术领域。当代的交响曲与19世纪的交响曲有很大的不同，各种现代思潮、新兴的民族文化及新的作曲手法都在交响曲的音响中得到运用，极大丰富了交响曲的表现力。

在我国，有一大批当代音乐家也致力于交响音乐的创作，涌现出不少优秀的交响乐作品，如小提琴协奏曲《梁山伯与祝英台》和钢琴协奏曲《黄河》。这两部作品不仅在中国音乐界反响强烈，而且在世界范围内都具有相当的影响力，其中《梁山伯与祝英台》更被西方人誉为“东方的罗密欧与朱丽叶”。

六、意境美

“意境”一词来源于中国传统文化艺术的美学范畴。意境美是艺术家所创作的作品经过生动、形象的描绘后呈现出的美好氛围和情调。

西方文化奉行写实美学，西方器乐中表现意境美的首推印象主义音乐。法国作曲家德彪西是印象主义音乐的代表人物。他的器乐作品擅长用简短的音乐主题、色彩斑斓的和声、丰富多变的织体和细腻透明的配器来描绘自然景物、生活风俗与神话意境，音乐具有朦胧、飘逸、空幻、幽静的气氛，例如用快速流动性的音乐旋律来体现流淌的河流；用丰富有力的和声效果来表示雷雨交加的天气；用弱奏、速度缓慢的音乐来表达迷茫的心境、朦胧的气氛等。

中国民族器乐则更注重意境美。中国民族器乐有其独特的审美价值，受中国传统音乐哲学思想的影响，显示出寂静、空寥、清幽，天人合一等意境美。在中国器乐中，技法并不纯为技术，而是内心追求的自由与外在技能的统一，这种统一体现在中国器乐的神韵中。天人合一的妙境是中国器乐技艺的旨趣所在。在中国古乐曲中，琴、瑟、筝、筑、琵琶、箜篌、笙、笛、箫、埙、钟、磬等的演奏无不显示出寂静、空寥、清幽的高雅意境。

第三节　名作赏析

聆听器乐作品时，欣赏者对音乐的感知和体验，始终与人的诸种感性体验乃至精神体验处于随时的沟通、互动之中。欣赏者可以从以下几方面赏析经典器乐作品：辨别各种乐器的音色、演奏形式；背记乐曲的主题和旋律；倾听音乐的节奏特点与和声效果；体会音乐作品的基本情绪。让自己的情感与作品发生共鸣，寓美于心灵之中，提高音乐审美能力。

1. 古琴曲《流水》

古琴又称琴或七弦琴，是我国古老的弹拨乐器之一。古琴最初为五弦，至周代增加二弦为七弦，三国时有了徽位，从此古琴七弦、十三徽的形制基本稳定。古琴的演奏有按、散、泛三种技法，变化非常丰富。古琴音域宽广，音色深沉，余音悠远，最适宜表现中国音乐特有的韵味和意境，内涵非常深邃，是中国数千年文人音乐的代表，2003 年被选为世界文化遗产。

《流水》

古琴曲《高山流水》为中华十大名曲之首。“高山流水”的典故首先见载于《列子》与《吕氏春秋》，它们讲了一个相同的故事：伯牙善弹，子期善听。伯牙弹《高山流水》，子期皆能“辄穷其趣”。这个典故形象地描述了二人从音乐上的共感，上升至情感上的共鸣，从而埋下了从知其音到知其心的可能性。《高山流水》原为一曲，自唐代以后，《高山》与《流水》分为两首独立的琴曲。其中《流水》一曲在近代得到更多的发展，曲谱初见于明代《神奇秘谱》(朱权成书于1425年)。1977年，美国向太空发射的寻找外星人的太空船就携带了一张录有管平湖先生演奏的中国古琴曲《流水》制成的金唱片，演奏用琴便是被称为“明代第一琴”的旷世宝琴宁王琴——飞瀑连珠。此曲前半部分清灵的泛音如同小瀑溅滴，有着山间细流清冷的意趣；音乐层层递进，沟壑之泉渐渐有了出山汇流之势。后半部分多是跌宕的散板，与歌唱性的上半部分形成了鲜明的对比。

2. 琵琶曲《十面埋伏》

最早被称为“琵琶”的乐器大约在中国秦朝出现，到隋唐时代已非常流行，外来的曲项琵琶改为直项琵琶，由倒抱、横抱改为竖抱，并用手指弹奏，基本上已经形成了现在的形制。现代的琵琶为木制或竹制，音箱呈半梨形，上装四弦，颈与面板上设用于确定音位的相和品。琵琶音域宽广，音色清脆明亮又不失柔美浑厚，演奏时左右手的技巧都很丰富，能够多弦同时发音，表现力强。

《十面埋伏》

琵琶名曲《十面埋伏》最早见于清代华秋萍所编《琵琶谱》卷中，是传统琵琶武曲中的代表作品之一。传统的琵琶曲从演奏手法和风格上分为文曲、武曲和大曲三类，文曲抒情优美、武曲雄壮豪放、大曲表演上较为自由。琵琶独奏曲《十面埋伏》为叙事性多段体结构，将秦代末期的楚汉战争场面描绘得惟妙惟肖。在刘德海的演奏版本中，全曲由8段组成，分别为列营、擂鼓、走队、排阵、埋伏、小战、呐喊、追击。全曲运用大量的调式交替、节奏重复及大幅度的力度变化来表现音乐的内容。埋伏一段中，递升递降的旋律，加以速度和力度的渐增，表现了楚军被围得水泄不通，伏兵重重的场景；小战一段中，为了表现短兵相接的战斗场景，除了音乐语言，在演奏手法上也是调动了一切可能性，如煞、夹扫、并双弦、推、拉等，此时仔细聆听，隐约传来如怨如慕、如泣如诉的“箫声”，这“箫声”虽然一现即逝，却是匠心独运的神来之笔，起到了画龙点睛的作用。

3. 二胡曲《二泉映月》

《二泉映月》

二胡，始于唐朝，称奚琴，是中国传统拉弦乐器，又名南胡、嗡子，原为戏曲、说唱伴奏及器乐合奏中的一种民间乐器，后经民族音乐家刘天华的改良，成为现代中国独具韵味的独奏乐器。民间二胡演奏家华彦钧(阿炳)是二胡传统的继承者和传播者。脱胎于江南民间音乐的无锡道教音乐是阿炳取之不尽的音乐创作源泉，他一生都在江南生活，精通本土民间音乐，从而使得他的音乐带有纯正的江南民间韵味。《二泉映月》是阿炳的代表作之一，是其一生的写照，也是中国民族音乐文化宝库中一首享誉海内外的优秀作品。

乐曲共有6段，是单一音乐形象的6次变奏。主题旋律由平稳的波浪式进行渐入高把位快速节奏的流动式旋律形态，使欣赏者在富于变化的节奏与迂回往复的旋律中体会作者内心的起伏。乐曲通过对景色的描写，抒发了作者对饱尝人间辛酸的怨恨之情和对生活的无限感慨，道出作者的不幸遭遇和坎坷的一生，以及对美好生活的憧憬。

4. 筝曲《渔舟唱晚》

筝是我国古老的弹拨弦鸣乐器，相传来源于古代乐器瑟，现代普遍使用21弦的筝。筝的演奏技法是用右手的拇、食、中、无名四指拨弦发声，控制节奏和音的强弱变化；用左手控制音高并表现不同的风格韵味。筝的发音浑厚明亮，音韵优美华丽，善于表现行云流水的意境和细腻委婉的情调。

《渔舟唱晚》

据说筝曲《渔舟唱晚》的曲名来自唐代诗人王勃的《滕王阁序》：“落霞与孤鹜齐飞，秋水共长天一色。渔舟唱晚，响穷彭蠡之滨；雁阵惊寒，声断衡阳之浦。”这几句诗描写的美妙意境与《渔舟唱晚》中以歌唱性的旋律描绘夕阳西下、渔人载歌而归的诗情画意十分相似。该曲共分三段：第一段用慢板奏出韵致悠扬而富于歌唱性的旋律，并配合左手揉、吟等装饰手法，抒发了对湖边晚景的赞赏情怀；第二段从第一段上下八度关系的曲调中发展而来，用按、揉两种指法相配合，奏出长音Fa，使得调式有所改变；第三段用快板奏出的一连串模进音型来表现荡桨、摇橹和浪花飞溅。然后乐曲逐渐加快，以各种按、滑迭用的催拍奏法，描绘了渔舟晚归的情景。通过乐曲分析，可以看出作曲家对民族器乐传统的旋律发展手法运用得十分纯熟自如。

5. 笛子独奏曲《姑苏行》

笛子是中国传统乐器中最有民族特色的吹奏乐器，属横吹木管乐器。大部分笛子是竹制的，故称竹笛。中国竹笛一般分为南方的曲笛和北方的梆笛，音域一般能达到两个八度多。几千年的时光流逝，笛的形制却没有大的变化。它是在一根比手指略粗的竹管上开有若干小孔，常见的是6个指孔、1个吹孔、1个膜孔，还有几个出音孔。笛膜一般用嫩芦苇秆中的内膜制成。笛子的表现力十分丰富，可演奏出连音、断音和颤音、滑音等色彩性音符，表达不同的情绪，还擅长模仿大自然中的各种声音，把听众带入鸟语花香或高山流水的意境之中。遗憾的是，历代众多的笛曲却没有乐谱能流传下来，无法使我们窥见古代笛乐的风采。

《姑苏行》

《姑苏行》是笛子演奏家、作曲家江先谓于1962年创作的一首笛子独奏曲，深受广大人民群众喜爱。曲名为游览苏州(古称姑苏)之意，全曲表现了古城苏州的秀丽风光和人们游览时的愉悦心情。乐曲旋律优美亲切，节奏轻松明快，结构简练完整，风格典雅舒泰，是南派曲笛的代表性乐曲之一。

这首乐曲在旋律创作手法上采用了昆曲音调素材和富有民族调式的音阶，而在曲式结构上又吸收了西方音乐的复三部曲式创作方法，这在当时的民族器乐作品中颇具新意。

乐曲共分三部分：在长线条旋律的、宁静诗意的引子后进入第一部分，抒情优美的行板，圆润的笛声，形象地描绘了园林的精巧、细致，游人进入园林后，好似看到了美丽的蝴蝶在万花丛中悠闲地飞来飞去，美景赏心悦目，脚步悠然轻松；第二部分是一个起伏较大的小快板，和前面比较，在节奏和旋律上有了鲜明的对比，旋律轻快流畅，活泼而富有动感；第三部分是第一部分的再现，速度比先前更趋舒缓，好像是人们伴随着夕阳西下，依依不舍地离开了园林，发出了“不到园林，怎知春色如许”的感叹。

6. 协奏曲《黄河钢琴协奏曲》

《黄河船夫曲》

《黄河钢琴协奏曲》是当今世界音乐史上较有影响力的、演奏次数较多的一首中国协奏曲。是根据我国著名音乐家冼星海的不朽名作《黄河大合唱》改编而成的。这部作品始创于1969年年初，作品的问世是艺术家们集体智慧的结晶：钢琴部分由钢琴家殷承宗主要构思，并与作曲家刘庄、储望华联手完成；乐队配器及总谱执笔为中央音乐学院作曲系教授盛礼洪。1970年元旦，由殷承宗担任钢琴独奏，李德伦指挥中央乐团在北京首演，引起了强烈的反响。

《黄河钢琴协奏曲》运用了西洋古典钢琴协奏曲的表现手法，在曲式结构上又融入了中国民间传统音乐元素，以标题性组曲的形式创作而成。全曲分成4个乐章。第一乐章《黄河船夫曲》：小号与小提琴以磅礴的气势奏出号子似的动机，木管乐快速地半音阶上行和下行，刻画了船工们同惊涛骇浪殊死搏斗的情景，接着由钢琴急骤的琶音掀起巨浪，引出了坚定有力的船工号子，表现了船工们的万众一心与顽强拼搏，象征着中华民族不屈不挠的斗争精神。钢琴的华彩乐段描绘了黄河激流的汹涌澎湃。最后，在钢琴有力的刮奏中，音乐再现了激烈的主题音调，全曲回到船工们与惊涛骇浪搏斗的紧张情景之中。第二乐章《黄河颂》：深邃的大提琴奏出缓慢庄严的旋律，引出独奏钢琴的反复陈述，这是对中华民族悠久历史的追溯。钢琴铿锵有力的和弦奏出了乐曲雄伟的结束部分，铜管奏出的义勇军进行曲动机，象征着觉醒的中华民族已屹立在世界东方。第三乐章《黄河愤》：清脆的竹笛声吹出了陕北高原质朴宽阔的引子旋律，独奏钢琴模仿古筝，轻快地奏出民族风格的主题。在乐队明亮宽广的发展后，钢琴深沉压抑的和弦与铜管乐的阻塞音表现了敌寇对祖国河山的践踏，人民在水深火热之中遭受深重苦难。随着音乐情绪的不断高涨，钢琴独奏激动地奏出象征民族悲愤的雄伟音调。最后，乐队以辉煌的气势再现民族风格的主题音调，这是黄河滚滚的怒涛，是中华民族满腔的悲愤。第四乐章《保卫黄河》：引子是铜管乐奏出的号召似的战斗性旋律主题。钢琴的华彩乐句后，出现了《保卫黄河》的旋律主题。音乐情绪此起彼伏，当《东方红》主题出现时，整个乐曲达到最高潮，讴歌毛泽东思想的伟大胜利。最后，乐曲巧妙地把《保卫黄河》《东方红》和《国际歌》结合在一起，表现了中国的抗日战争与世界的反法西斯战争的有机联系，只有中国共产党领导的中国人民才能赢得这场战争的伟大胜利！

7. J. S. 巴赫《勃兰登堡协奏曲第五号》

德国著名作曲家J. S. 巴赫的6首《勃兰登堡协奏曲》展现了绚丽多彩而又富于独创性的对比，华丽而高超的复调手法，活跃而宏伟的旋律，是巴洛克风格的集中体现。这组作品在巴赫一生浩如烟海的作品目录中虽并不醒目，但却是管弦乐作品中的佳作，被瓦格纳称为“一切音乐中最惊人的奇迹”，被后人称为所有合奏协奏曲中最优秀的作品和巴洛克协奏曲的典范，至今仍是世界各大乐团的保留曲目。《勃兰登堡协奏曲第五号》是其中的第五首，也是此作品中最受欢迎的一首。

《勃兰登堡协奏曲第五号》

《勃兰登堡协奏曲第五号》是一首羽管键琴、小提琴和长笛的三重协奏曲，突出的是键盘乐器羽管键琴的效果。此曲共包括三个乐章：第一乐章，快板，以气势宏伟的全奏开头，演奏出欢快的主题。接着是小提琴、长笛、羽管键琴在互相嬉弄的过程中引出各种各样轻巧的乐思。最后是羽管键琴独奏一个宏伟的华彩乐段，这或许正是现代协奏曲中华彩乐段的鼻祖。第二乐章是长笛、小提琴、羽管键琴的三重奏，而羽管键琴左右手又分别构成两件乐器，充分展现巴赫对织体编制的高度技巧。第三乐章，快板，这一乐章是三段体，第一、第三部分是赋格曲风格，中间部分有点像古典派发展部的风格，整个乐章各种技术手法交织，丰富异常。

8. 海顿《惊愕交响曲》

《惊愕交响曲》

海顿的《惊愕交响曲》(G 大调第 94 号交响曲)作于 1791 年，传说当时伦敦的贵族是音乐会的常客，但是他们来听海顿的音乐会只是为了表现自己所谓的高雅品位，在那里附庸风雅，每每在乐队演奏时打瞌睡。海顿知道后非常生气，于是他就写了这部《惊愕交响曲》。

新作品演奏那天，音乐厅座无虚席，大家都想见识一下这是什么音乐。乐曲的第一乐章采用奏鸣曲式，柔板，活泼的、很快的快板，整个乐章妩媚、优雅而不深刻。第二乐章速度变慢，开始部分是弱起，非常轻，没有什么变化，听众十分轻视这种催眠似的音乐，觉得和海顿以往的作品没什么区别；贵族们又在昏昏欲睡，刹那间乐队用最大的音量演奏，爆发出强烈的声音，定音鼓猛烈地敲击，模仿惊雷的声音，狠狠地将打盹的贵族吓了一跳。这一乐章后来成为最受欢迎的乐章，常常被单独演奏。乐曲的第三乐章是小步舞曲，轻快活泼，音乐诙谐富有活力。第四乐章速度变得更快，好像是人们在欢快地舞蹈。乐曲演奏完了，贵族们出了丑，海顿很快活，傻了眼的贵族被惊醒之后也哈哈大笑。此后，人们就把这部作品称为《惊愕交响曲》。

9. 莫扎特《A大调单簧管协奏曲》

奥地利作曲家莫扎特是西方音乐史上公认的希世之才。他短暂的 35 年生涯，为人类留下了极其宝贵而丰富的音乐遗产。莫扎特的音乐作品涉猎类型极广，而且每一种体裁都有杰作。其中，从莫扎特的交响曲、协奏曲和室内乐作品中可以看出他对乐器音色的特殊关注。莫扎特对单簧管的喜爱是他的音乐气质的一个重要体现，单簧管灵敏的力度层次，彩虹般的音色幅度，从近乎小号般灿烂的高音到浓厚的最低音区的音色，使他着迷。

《A大调单簧管协奏曲》

《A 大调单簧管协奏曲》是莫扎特一生中完成的倒数第二部作品，是他最后一首协奏曲，也是他唯一的单簧管协奏曲。该曲的手稿现已丢失，最早的版本是在莫扎特去世后十年，甚至更晚才复印的，而且把全部单簧管独奏声部修改得符合标准的 A 调单簧管的音域。该曲是莫扎特受到了当时维也纳的单簧管大师施塔德勒高超的演奏技巧的刺激而谱写的。当时，这种新乐器尚未成为管弦乐队的编制内乐器，莫扎特凭着自己的先见之明，尽量利用其最低音附近的音区，与高音区对比而产生巧妙的效果。这首协奏曲的一大特点是所有的单簧管独奏乐段都在一个最能表现这种乐器天鹅绒般的，给人美感的音色的力度和音高水平上开始。独奏单簧管接过主部主题时，效果甚至比乐章开始时更柔美。

该曲共分三个乐章：第一乐章，快板，奏鸣曲式(包括呈示部、发展部和再现部三大部分)。这个乐章的长度超过莫扎特大半的协奏曲。弦乐器引出呈示部的主部主题，接着管乐器加入，然后主奏乐器单簧管单独呈示温柔妩媚的主部主题；副部主题单簧管与弦乐密切配合，然后以主部主题的旋律结束了呈示部。紧接着，听到单簧管用忧郁的小调式吹出一个对比旋律，开始了发展部。回转联动后，乐曲很快又回到了再现部。第二乐章，柔板，三部曲式，该乐章曾被用于奥斯卡最佳影片《走出非洲》，广为流传。第三乐章，快板，回旋曲式。这一乐章轻松而有趣，以音域或节奏的对比营造几分幽默的气氛，在表达欢乐光彩的同时又含有一丝淡淡的哀怨。

10. 贝多芬《月光奏鸣曲》

伟大的德国作曲家贝多芬是音乐领域中的米开朗琪罗。他一生虽磨难无尽却坚持创作，为人类带来了很多优秀的音乐作品。他的音乐反映了他的普世个人主义信仰——突破传统、强调个体的表达。这对世界音乐的发展(从古典主义到浪漫主义)起到了举足轻重的作用，为浪漫主义音乐开辟了道路。

《月光奏鸣曲》

《月光奏鸣曲》是贝多芬《升 C 小调第十四钢琴奏鸣曲》的别名。“月光”这一名字的由来众说纷纭，但较多的人认为源于德国诗人路德维希·雷尔施塔布形容这首乐曲的第一乐章为“如在瑞士琉森湖那月光闪耀的湖面上一只摇荡的小舟一样”，贝多芬自己称这部作品为“好像一首幻想曲一样的”。这部作品作于 1801 年，贝多芬这一时期的钢琴奏鸣曲充满了尝试性的做法。传统奏鸣曲式往往只出现在一个乐章里，而且通常在第一乐章，但贝多芬打破了这种模式。“月光”从一个“柔板”乐章缓缓地开始，不断流出的三连音构造了无边的幻想，初听这个乐章似乎一直很平静，没什么情感起伏，因为它的伴奏音型始终保持着，几乎没有一点变化。但如果听得仔细，会感受到在平静的旋律和“涟漪”下面有着深沉的情感与力量。音乐从开始的沉静逐渐变得激动起来，最后又回归为一片宁静，其中的憧憬、渴望和忧伤，主要是通过和声、调性色彩的明暗变化表达的。第二乐章是小快板，短小的三部曲式，它以迥然不同的轻快表情将第一乐章的沉思冥想和第三乐章的紧张气氛衔接地非常完美。这个乐章好像是瞬息间留下的温存的微笑。第三乐章是“激动的急板”，奏鸣曲式。这里乐思喷涌而出，情绪非常激动，甚至有点狂躁，主题是从下而上的分解琶音加上强奏的和弦。乐章的副题是一条稍稍舒展的旋律，但伴奏声部的快速音型使它也具有一种向前奔涌的动力。除了这两个主要的材料以外，呈示部里还有一个短促的音符，给人以紧迫感的结束部材料。经过短短的展开部后，内心的激动表现得更为强烈。在尾声中，沸腾的热情达到顶点时，突然沉寂下来，但汹涌澎湃的心情并没有就此平静，临近结束时出现了一个略带幻想性的、节奏松散的片段，而这也只是为了最后的冲刺所做的铺垫，全曲结束在急速的浪涛中。

11. 肖邦《夜曲op.9no.2》

《夜曲op.9no.2》

《夜曲 op.9no.2》是“钢琴诗人”肖邦创作的 21 首夜曲中最著名的作品之一。肖邦是历史上最具影响力和最受欢迎的钢琴作曲家之一，是波兰音乐史上最重要的人物之一，是欧洲 19 世纪浪漫主义音乐的代表人物。

夜曲这一体裁一般认为由英国作曲家菲尔德首创。夜曲与向情人表示爱慕的小夜曲不同，多为作曲家在夜深人静时用音乐写下的内心独白。夜曲在肖邦的创作中占有重要地位。肖邦夜曲具有典型的抒情诗风格，在伴奏声部衬托下的旋律总是那样流丽如歌而充满诗情。

《夜曲 op.9no.2》有 3 个主题素材，按 a、 a1、||:b、 a2:||、c、c1 的方式组成。第一主题以行板的速度奏出恬适华美的旋律，这一主题在全曲中反复了 3 次，情绪连贯，但旋律的装饰性变化很大，具有较强的即兴色彩。这种即兴特点在第二主题中有所减弱，但速度变化却增多了。第三主题重复一遍后，出现了富于热情的华彩段落。最后，乐曲在宁静的气氛中结束。

12. 柴可夫斯基《如歌的行板》

《如歌的行板》

柴可夫斯基是俄罗斯最伟大的作曲家、音乐教育家，他的音乐作品被称为“俄罗斯之魂”。

据说，1869 年，29 岁的柴可夫斯基住在乌克兰首都基辅附近他妹妹的庄园里。一天，他正在写歌剧《女妖》的管弦乐总谱，忽然听到窗外粉刷墙壁的泥水匠哼唱着一支民歌，那悠长缓慢、淳朴美丽又婉转凄恻的歌声深深地吸引了他。第二天，柴可夫斯基找到唱歌的匠人，把民歌的曲调和歌词记录了下来，回去后配上和声，收进了他在这年编成的《俄罗斯民歌五十首》之中。两年以后，他在创作《D 大调弦乐四重奏》时，将这首民歌作为第二乐章的主题，它就是《如歌的行板》。这一乐章是这部作品中最动人的一章，后来，人们常常把这一乐章作为单独的作品来演奏和欣赏，甚至“如歌的行板”成为柴可夫斯基的代名词。《如歌的行板》由两个主题交替反复而成。第一主题就是前述的那首优雅的民歌曲调，虽由二拍子与三拍子混合作成，但毫无雕琢的痕迹。在幽静的切分音过门后，引出第二主题，这一曲调的感情较为激昂。接着回到高八度的第一主题，后来又反复第二主题，但存在变化。乐曲的结尾是第一主题的片断，有如痛苦的啜泣。

这首曲子常用于弦乐合奏或小提琴独奏。比较著名的演奏版本为马友友在 2012 坦格伍德音乐节 75 周年庆典音乐会上的演绎。马友友是一位美籍华裔大提琴演奏家，致力于艺术、文化和教育活动，希望通过把全世界的艺术家和观众聚集，打破地域隔阂。奥巴马曾评价马友友是全球最伟大的古典音乐演奏家之一，也是最有创造力、最多元化的音乐家之一。谭盾也说过：“他的琴声总让人流泪，眼睛湿润，心里充满着爱和无边的思想，友友的音乐让世界连在了一起。”

生命如歌。语言的尽头是音乐！让我们在迷人的音乐中慢慢感受器乐之美、享受生命之美！

思考练习

1. (　　)是我国最古老的、最充满文化内涵的、最受文人喜爱的乐器。

A. 古筝　　B. 古琴　　C. 笛子　　D. 琵琶

2. (　　)属于弦鸣乐器，被众多的音乐家们誉为“乐器之王”。

A. 二胡　　B. 小提琴　　C. 大提琴　　D. 钢琴

3. “音色各异、特色鲜明，善于塑造各种音乐形象，包括长笛、短笛、双簧管、单簧管等”这句话描述的是西洋乐器家族中的(　　)。

A. 弦乐组　　B. 铜管乐器组　　C. 木管乐器组　　D. 打击乐组

4. 在民族合奏乐中，多用于表现轻松、愉悦情绪，用弦鸣乐器和竹制吹奏乐器合奏的形式称作(　　)。

A. 丝竹乐　　B. 鼓吹乐　　C. 弦索乐　　D. 吹打乐

5. 古典主义时期的音乐美学意念集中体现在(　　)结构中。

A. 自由曲式　　B. 复二部曲式　　C. 奏鸣曲式　　D. 回旋曲式

6. (　　)是音乐作品中思想内容最深刻、结构最完美、写作技术最全面的大型音乐体裁。

A. 组曲　　B. 交响曲　　C. 奏鸣曲　　D. 变奏曲

7. 《拉德斯基进行曲》是每年的维也纳新年音乐会必演的曲目，它是作曲家(　　)的作品。

A. 贝多芬　　B. 柴可夫斯基

C. 约翰•施特劳斯　　D. 老约翰•施特劳斯

8. 在西方音乐史上的(　　)，器乐音乐开始从声乐曲中独立出来，作为一种独立的音乐形式。

A. 中世纪时期　　B. 文艺复兴时期　　C. 巴洛克时期　　D. 古典主义时期

9. 《黄河钢琴协奏曲》中的(　　)把《保卫黄河》《东方红》和《国际歌》的主题结合在一起。

A. 第一乐章　　B. 第二乐章　　C. 第三乐章　　D. 第四乐章

10. “音调曲折流畅、节奏时而舒展时而紧凑”这句话是对器乐审美中的(　　)进行评价的。

A. 旋律之美　　B. 结构之美　　C. 意境之美　　D. 形式之美

第十一章　舞蹈之美

没有人在乎你跳得好不好。只要跳起来就行！伟大的舞者并不因为技术而伟大，是因为激情而伟大！

——马莎•格雷厄姆

【学习目标】

1. 了解舞蹈的基本分类，体会不同舞种的魅力；
2. 掌握舞蹈艺术的审美特征与欣赏方法；
3. 尝试学跳某种风格的舞蹈作品。

【人文艺术主题：幸福】

“积极心理学之父”马丁•塞利格曼把“幸福”划分为三个维度——快乐、投入、意义。每个维度的幸福都是好的，但是将浅层次的快乐转化为深远的满足感和持久的幸福感是一件更有益处的事情。

获得中国舞蹈“荷花奖”且于 2020 年入选“首届中国舞蹈优秀作品集萃”的舞蹈作品《幸福小院》(见图 11-1)正是现实生活中的生动写照。整台表演展现了 14 位发如银丝的老人，有人腰形佝偻，有人拄着拐杖，甚至有人牙齿都掉了几颗。老人们互相打趣，有看电视的，有看报纸的，也有掰着手指等待亲人探望的，这是一幅敬老院的生活画面。

图11-1　舞蹈《幸福小院》

随着舞蹈中一位“女主角”的加入——她为了不给自己家孩子增加负担，选择到敬老院生活，舞者将空巢老人们在相互守望中挣扎着寻找那一份亲情的内心状态表现出来，7 分钟的舞蹈表演营造出一个“幸福小院”。

主演彭剑峰在公园观察老人日常的一举一动，包括一个缓慢的动作、一个神态，把这些都变成了他的舞蹈样本，通过肢体展示到观众的眼前。众所周知，舞蹈就是通过不同的肢体语言向观众传达不同角色的内心情感，老人的体态可以通过不断练习来模仿，但他们内心最真实的想法、心理变化却难以捉摸。舞蹈演员们不仅需要在平时的生活中观察老人的举动，还要与自己的外公外婆、爷爷奶奶多聊天，了解老人们内心最真实的感受和诉求。

目前，我国已经进入老龄化社会，很多老人选择进入社会机构养老。老人们进入养老机构后，虽然过着衣食无忧的生活，但也需要亲人的关爱。《幸福小院》展现了空巢老人情感深处的守望与挣扎，通过艺术手法，利用舞蹈肢体语言表现一种平凡而伟大的真爱情怀，引导全社会关注、关心、关爱老人，弘扬中华民族家庭美德。

第一节　发展历程

虽然舞蹈在世界各国的发展情况不同，但有一点是共通的：它们是随着人类的共同需求和时代的社会风尚而不断发展变化的，并以满足人们的审美理想、娱乐愿望或思想教化为目的。

关于舞蹈的起源众说纷纭，总体来说有以下几个观点。

(1) 跟信仰有关的神授说。古希腊和古中国的神话传说中存在大量关于神的记录，其中就有人类舞蹈是得到神的启发才产生的说法。

(2) 宗教巫术说。人类早期的巫术祭祀舞、图腾拜舞均属于典型的巫舞，这类活动多采用舞蹈形式，因而不少学者认为舞蹈也起源于宗教巫术。

(3) 繁衍说。原始社会的人们对生存非常重视，把繁衍后代也当成头等大事，因为择偶、求爱时多采用舞蹈这一表现形式，所以部分学者也认为人类对繁衍的重视促进了舞蹈的出现。

(4) 模仿说。人们通过观察、模仿动物的行为和自然景观，将这些展现在舞蹈艺术上，在一定程度上促进了舞蹈这一艺术形式的诞生。

(5) 游戏说。这里所说的游戏，指的是人类的审美需求，即以假想为快乐，比如人类之所以模仿动物行为，目的是通过此种游戏方式来表达自身情感。

(6) 劳动说。劳动具有健美形体的功能，人类生产劳动的过程也促进了舞蹈的诞生，为舞蹈艺术的出现奠定了基础。例如人类追赶野兽时敲打、呼喊等声音，伴随有规律的肢体动作形成了最初的舞蹈。

一、中国舞蹈的发展

(一) 原始社会时期

原始歌舞是原始人进行集体活动的一种表现形式，原始人发现，在敲击石片的同一节奏声中，大家在一起手舞足蹈，虽然不能直接产生任何物质产品，却可以从中得到某种精神上的满足，感受到集体的力量，以及彼此交流感情、抒发欢愉、倾诉郁闷等。同时，人们相信，通过舞蹈可以得到丰收，猎获更多的鸟兽；可以使氏族兴旺，增添人口；可战胜敌人，驱赶疾病等。于是舞蹈就作为人类社会生活中的一个组成部分，被长期保存下来了，不断地流传、发展着，并融入人们生活的各个领域。中西方的原始岩画均有原始歌舞的形态表现(见图 11-2)。

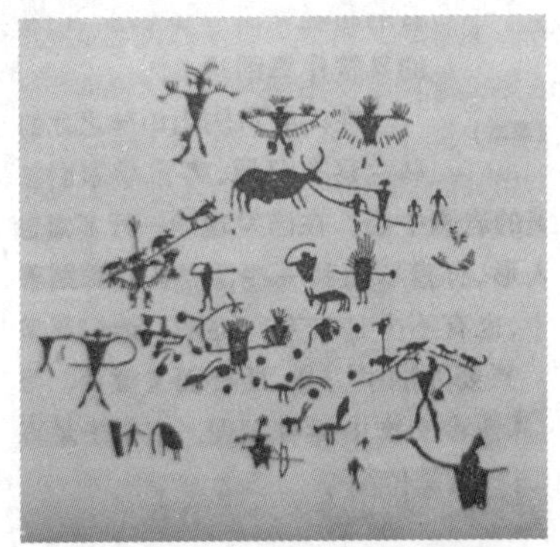

图11-2 云南沧源岩画羽帔舞人

(二) 夏商周时期

夏商时期，舞蹈随着社会生活的需要，向两个不同的方向发展：一是舞蹈从自娱性活动向表演艺术的方向发展(部分群众自娱性舞蹈仍广泛流传民间)；二是舞蹈从巫术活动向宗教祭祀舞蹈的方向发展。商代的甲骨文和金文中出现了记录舞蹈活动最早的文字。

周代开始逐渐从奴隶社会进入封建社会。周人虽迷信鬼神，如旱灾时要举行“舞雩”的祭祀活动，但与夏商时期不同的是周代强化了乐舞的教化作用，周代制定的礼乐制度，对后世影响深远，被历代封建王朝奉为神圣的“先王之乐”。战国宴乐渔猎攻战纹壶展示图如图 11-3 所示。

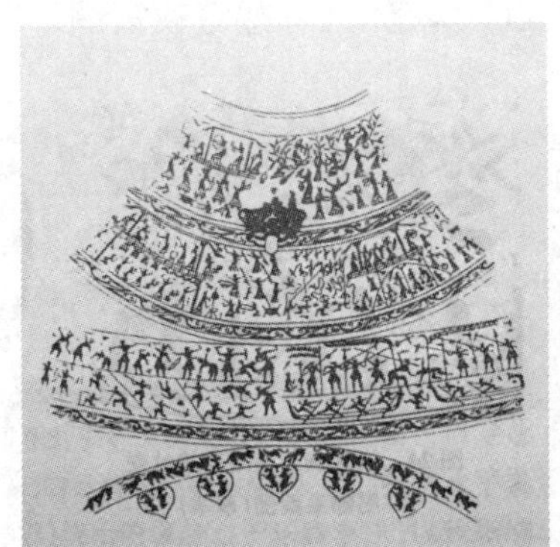

图11-3 战国宴乐渔猎攻战纹壶展示图

(三) 秦汉时期

秦始皇完成统一大业之后，多姿多彩的七国乐舞文化及其他表演艺术也随之汇集京都。这种汇集，加强了乐舞艺术的交流与发展，对汉代乐舞文化产生了重要影响。

汉代时期，随着国家综合实力的强大，舞蹈频繁出现于社会生活的各种场合，作为宴会助兴所用。这时，不仅专门设置了乐舞机构，还诞生了我国历史上第一本舞蹈美学著作《舞赋》。汉代是我国舞蹈艺术发展中第一个重要的朝代。在这个时期，舞蹈活动普遍兴盛，乐舞百戏等表演艺术水平大幅度提高，出现一些著名的舞蹈和舞人。图 11-4 所示汉代黄釉浮雕陶樽纹饰就有表现舞蹈的场景，与此同时，西域乐舞杂技幻术和边疆少数民族舞蹈也开始传入中原。

图11-4　汉代黄釉浮雕陶樽纹饰图(摹本局部)

即兴舞蹈是汉代宴会中常见的一种舞蹈形式。这种舞蹈表演往往是以抒发舞者内心感情或以达到某种目的而进行的。最著名的事例就是鸿门宴中“项庄舞剑”的故事：两支抗秦军队的领袖项羽和刘邦在鸿门举行的宴会中，项庄借口军中没有什么娱乐，请求表演剑舞，想乘机杀死刘邦。项伯事先知道内情，也随之拔剑起舞，以保护刘邦。

(四) 魏晋南北朝时期

在魏晋南北朝的民族交融时期，舞蹈艺术逐渐形成供人欣赏、娱乐的表演性舞蹈，这个时期的舞蹈艺术广泛吸收中原传统乐舞和江南等地民间歌舞，把一些艺术性较强和欣赏价值较高的内容加工、编制进音乐舞蹈作品，如《清商乐》(或称《清乐》)。魏晋之际，继承了汉代上层社会时兴的“以舞相属”的礼节性舞蹈，这是宴会中贵族、文人自己跳的古代“交谊舞”，有时宾主还在席间即兴起舞，“以舞相属”这个礼节性舞蹈一直延续到唐代筵宴。

(五) 隋唐时期

中国古代舞蹈艺术在唐代达到了顶峰时代，它以其宏大的演出规模、千姿百态的表演形式，以及雅俗共赏的姿态赢得了世人喜爱，《韩熙载夜宴图》就形象地展示了当时六幺舞的场景(见图 11-5)。

图11-5　《韩熙载夜宴图》中六幺舞场景

隋唐时期，舞蹈是人们乐于欣赏的表演艺术，也是人们用于自娱的极好方式。因此，皇室贵族祭祀天地祖先、朝会大典、宴请百僚及域外来宾都有舞蹈活动。佛寺神庙宣传宗教、招揽信徒、礼佛敬神，也有舞蹈活动；民间巫觋通神娱神，也要借助舞蹈；酒肆、广场、街头，有乐舞艺人献艺谋生。载歌载舞的艺术形式，已经成为人们生活中不可缺少的组成部分。

隋唐时期群众性舞蹈活动尤为普遍(见图 11-6)，丰富的表演节目、各族乐舞百戏杂陈，更证实在隋朝统一的局面下，风格不同的各族民间乐舞百戏共同汇集中原的历史事实。

图11-6 唐代乐舞(摹本)

(六) 宋辽金西夏时期

在辽国，统治者根据不同民族的生产、生活习惯，采用不同的治理方法，即所谓“以国制治契丹，以汉制待汉人”。在尊重各民族风俗习惯的同时，也保存了各民族的文化传统(其中包括民族的舞蹈、传统)。制度、宫廷礼仪方面，多模仿中原汉制，同时对本民族的乐舞也给予一定的重视和提倡。

河北宣化出土的天庆六年(1116 年)辽墓壁画“散乐图”(见图 11-7)中表现了一支由 12 人组成的乐队，中间有一身材矮小的舞人，戴幞头，身穿袍，脚穿靴，脚跟着地，脚尖离地跷起，腰束带，双臂斜抱肘于胸前；上身右倾，向左侧腰，正翩翩起舞。

图11-7 辽墓壁画“散乐图”

宋代的舞蹈独辟蹊径，创造了具有程式特征和划时代意义的舞蹈形式。

宋代的国势虽不如唐朝强盛，但与人们生活息息相关的舞蹈并未从此衰落，而是在新的政治、经济、文化环境下曲折地发展、演变着，成为中华古代舞蹈史上盛衰兼具的时期。该时期舞蹈艺术的主要特征有：民间歌舞盛况空前，舞蹈中戏剧性因素增强，促进了大曲等艺术形式的发展。前代许多表演性舞蹈作品失传，大量传统的舞蹈技术、技巧为新兴的南戏杂剧艺术所吸收和发扬，融入戏曲中的舞蹈继续向前发展。

在乐舞方面，金代也特别重视学习汉族的礼乐制度，并直接吸收宋代的乐舞文化。西夏人则多信奉佛教，在敦煌、安西榆林及河西走廊一带的石窟中留下了许多历史遗迹，包括一些西夏时期绘制的天国舞蹈形象，这是中国舞蹈史上十分珍贵的资料。

(七) 元明清时期

进入封建社会后期的元、明、清三个朝代，这三个朝代的舞蹈艺术发展是一脉相承的，发展趋势也大致相同。

一是各代宫廷宴乐都在极力突出具有本民族特色的乐舞。

二是民间舞蹈由于与人民的风俗习惯、宗教信仰等紧密结合，其活动方式又是业余或半业余性质的。从元代到清代的六百余年间，民间舞虽时盛时衰，时倡时禁，但无论政权如何更替，统治者的族属有何不同，人民群众仍顽强地用自己的身体和智慧在继承、发展、变革各民族的舞蹈。

三是在戏曲艺术迅速高度发展的同时，专业戏曲艺人向前代传统舞蹈和当时的民间舞蹈汲取营养，充分运用舞蹈手段表现人物情感，从而提高了舞蹈的表现力，同时也大大地提高了戏曲的欣赏价值和审美价值，因此争取了更多的观众。

(八) 近现代

近现代，中国舞蹈发展生机勃勃，先后出现了裕容龄、黎锦晖、吴晓邦、戴爱莲、贾作光等一批舞蹈家和一系列的舞蹈精品。20 世纪 50 年代和 80 年代又分别系统地引进了西方芭蕾舞蹈和现代舞。1950 年 9 月，我国创作了新中国成立后第一部自己的芭蕾舞剧《和平鸽》。20 世纪 50 年代初期，北京舞蹈学校开办了芭蕾舞专业教育。1964 年、1965 年、1976 年又相继创作了反映中国革命斗争的芭蕾舞《红色娘子军》《白毛女》和《草原女民兵》。

改革开放后，中国芭蕾舞艺术迅速发展，创作和演出活动非常活跃，题材范围扩大，并在芭蕾舞民族化方面做了大胆尝试，出现了《祝福》《雷雨》《林黛玉》《梁祝》《魂》《黄河》等一批受到中国观众欢迎的舞蹈作品。

二、外国舞蹈的发展历程

(一) 原始社会时期

数万年前，原始人类在现今法国境内所创作的岩洞壁画，是我们认识及掌握早期舞蹈史中较为直观的信息来源。原始社会时期的舞蹈大致分为祭祀与娱乐两大类，从出土的情况看，原始社会舞蹈大多有转圈、托举、跳跃等动作，并伴有模拟动物的舞姿形式。

(二) 古代埃及时期

在古埃及，无论哪个社会阶层的人都喜爱舞蹈。古埃及的文化善于运用神奇的音乐和舞蹈来鼓舞整个社会，从现存的埃及壁画中得知，古埃及已经拥有专业的舞蹈队，表演者们经常被雇佣在宴会、神庙中进行表演。古埃及舞蹈一直被认为是具有浓厚的东方色彩的舞蹈(见图 11-8)，我国古代龟兹地区(今新疆中西部)乐舞也可以说间接地受到了古埃及舞蹈艺术的影响。

图11-8　保存在大英博物馆里的关于古埃及舞蹈古墓壁画的照片

(三) 古代印度时期

古印度是世界四大文明古国之一，早在公元前 1500 年时，印度舞蹈就已形成，其特色是舞蹈与宗教文化、神话、诗歌、戏剧紧密结合。有关印度舞蹈的形式及美学风格，早在公元 2 世纪婆罗多牟尼在其编著的《乐舞论》中就有了详细阐述。舞蹈在印度被认为是充满宗教神话色彩的艺术，是神的创造物，人们跳舞的最大目的是取悦神、让神高兴，祈祷神给人类赐福。

(四) 古代希腊时期

古希腊作为西方文化的源头，他们的舞蹈文化从一开始就与宗教结合在一起，但它与古埃及不同，古埃及的舞蹈带有浓重的宗教图腾色彩， 而古希腊的舞蹈是在欢乐的宗教祭祀舞也蹈活动中寻找的一种精神寄托，是探讨人与宇宙之间关系的途径。古希腊的舞蹈在哲学、美学、文学等影响下，显示出独特的风格(见图 11-9)。古希腊舞蹈与古希腊神话、哲学思想紧密地结合在一起，分为荷马式、斯巴达式、雅典式三类。

图11-9　古希腊人的骑士舞(保存在柏林博物馆的瓶画)

(五) 古代罗马时期

古罗马时期的舞蹈文化几乎都是从古希腊传来的。比起古希腊，古罗马人更为注重物质享受，因此，舞蹈在公共和私人生活中也变得越来越重要。尽管古罗马人对高雅艺术没有太多追求，但他们在塑造形体美方面确实有超常的建树。古罗马时期的舞蹈种类繁多，包含了宗教舞蹈、兵器舞蹈、体育舞蹈及哑剧舞蹈等。

(六) 中世纪时期

欧洲中世纪是封建制度产生、发展和衰落的时期。欧洲中世纪早期舞蹈文化最大的影响因素就是基督教文化。舞蹈在中世纪封建社会向两个方向发展：一是宗教性舞蹈；二是民间舞蹈。早期基督教也将基督教舞蹈作为传播教义的重要手段。

(七) 文艺复兴时期

文艺复兴时期的人文主义思潮对欧洲的舞蹈艺术产生了巨大的影响。文艺复兴时期的主要舞蹈类型是贵族舞蹈与民间舞蹈。文艺复兴时期的人认为，身体的美丑可以折射出心灵的善恶，优雅庄严的身体动作和行为举止能够反映出一个人的心灵是否同样优雅高贵。因此，在人文主义的语境之下，文艺复兴时期的舞蹈体现了优雅适度的感觉，著名的芭蕾舞就是诞生于文艺复兴时期。

(八) 17—18世纪

17 世纪的文艺发展尽管存在着古典艺术和非古典艺术两极之间摇摆不定的情况，但是从另一个角度来说，这个世纪是属于新潮艺术的世纪。芭蕾舞在这个时期有了新的发展，处于萌芽状态的芭蕾舞表演从舞会搬上舞台，宫廷中将节日表演节目单公诸于世的方式也促使宫廷芭蕾舞和帝王芭蕾舞发展成为一种可以购票观赏的大众舞蹈。

1661 年，芭蕾舞被正式列为新创办的皇家音乐与舞蹈学院的专业课程，芭蕾舞也开始成为舞蹈家进行艺术创作的一种重要表现形式。

(九) 19世纪

18 世纪末 19 世纪初，受浪漫主义思潮的影响，欧洲兴起了浪漫主义芭蕾，是芭蕾舞艺术发展史上的一个“黄金时期”，包括欧洲的文学、绘画、音乐、舞蹈在内的艺术都出现了与旧式古典主义风格不同的面貌，开始追求各种不同的浪漫主义情调。

19 世纪最具代表性的舞蹈是华尔兹(见图 11-10)，华尔兹是一种雅俗共赏的社交舞蹈，除了自身发展外，它也伴随着这个时期各大音乐家对音乐的创新发展而日趋完善。

图11-10　19世纪的华尔兹

(十) 20世纪

20 世纪的舞蹈重新发掘了人体的艺术价值，表演性、模仿性的舞蹈在沉睡了两千多年后又重新复兴。20 世纪初由舞蹈家伊莎多拉·邓肯创立的现代舞，以合乎自然运动的法则的动作，自由抒发人的真实情感，强调艺术要反映现代生活。此外，20 世纪也是探戈舞的时代，在 20 世纪初探戈已普遍为大众所接受，40 年代迎来了它的黄金时代，涌现出一大批词曲作家、歌唱家和舞蹈家。

第二节　审美特征

舞蹈作为一门大众化的艺术形式，主要通过肢体语言和音乐节奏的变化来完成美的绽放，具体而言，舞蹈艺术的审美特征主要有以下几点。

一、动作美

舞是人体动作的艺术，律动为舞之魂，也是舞蹈语言的核心元素，它最能直接地表现舞者的气质、情绪和思想。舞者的身躯、四肢、眼神、动作和姿态等是舞蹈艺术的基本表现手段。舞蹈艺术通过人的形体和姿态来表现，以创造特定的审美意象和审美意蕴，并伴随音乐与节奏传达人的思想、情感，塑造艺术形象。

二、抒情美

舞蹈最善于表现人类的情感，舞蹈的美感不仅仅是因为动作外形所具有的造型美，很重要的因素在于抒发内心的情感。没有抒情性就没有诗情画意的舞剧作品，婀娜多姿的《孔雀舞》、秀美纯净的《水》、典雅高洁的《敦煌彩塑》、炽热诚挚的《再会吧，妈妈》，如一首首抒情诗，尽情抒发着人们的审美情感。

三、节奏美

节奏是舞蹈的基本要素。没有一种舞蹈能离开节奏，最简单的舞蹈伴奏是打击乐，即使没有打击乐的伴奏，人们的呼喊也是一种节奏。“节奏”这个词是希腊人在几千年前创造的，当时的含义是“程度”“程序”“匀称活动”。其实节奏本身就是自然界中各种现象和生物机体功能反应的均匀性变化与表现，节奏的千变万化使人类舞蹈丰富多彩，与动作节奏的无尽变化相关，相同的动作由于节奏的变化、速度的增减等，可以表现出不同的情绪和情感，同时也可以体现不同的风格特色。

四、虚拟美

舞蹈是夸张的艺术，虚拟性是舞蹈的主要表现手法，是以生活为基础，依据舞蹈的特有长度来形象、概括地反映生活的本质，如骑马、划船、坐轿、扬鞭等动作都是虚拟性的。

五、造型美

舞蹈的造型性就是让舞蹈动作在连续流动的过程中给人以明晰的美的感受，并且在片刻的静止时呈现出舞蹈内在的含义和韵味。通过头、眼、颈、手、腕、肘、臂、肩、腰、胯、膝、足等部位的协调活动，构成具有节奏感的舞蹈动作、姿态和造型，来表达人的内心活动和反映社会生活。

第三节　名作赏析

1. 《春江花月夜》

《春江花月夜》

《春江花月夜》由栗承廉编导，陈爱莲领舞。该作品首演于 1957 年，《春江花月夜》(见图 11-11)不仅在中国获得了广泛好评，也在 1961 年芬兰举办的第八届世界青年学生和平与友谊联欢节上获得金奖。该作品的舞蹈动作语汇全部采用中国古典舞蹈风格的动作、姿态和造型，通过“闻花”“照影”“听鸟鸣”“学鸟飞翔”等情节，表现出特定的环境和人物的思想感情。

图11-11　舞蹈《春江花月夜》

2. 《洗衣歌》

《洗衣歌》

舞蹈作品《洗衣歌》在 1964 年荣获了第三届全军文艺会演优秀编导奖、表演奖、作曲奖、舞美奖。编导李俊琛长期在西藏工作，深深懂得珍惜汉、藏民族团结和军民团结的重大意义。一次他偶然在报纸上看到，春节期间有五六位藏族姑娘到军营帮战士洗衣服，由此产生了创作灵感。作品的内容是表现了一群藏族姑娘去河边挑水，偶然发现班长在帮战友洗衣服，于是让小姑娘乔装扭了脚而合伙骗走班长，然后兴高采烈地帮他洗起衣服来。班长回来才知道上了当，于是帮姑娘们把水挑回家。揭示出军民之间，汉、藏民族之间血脉相连、亲密无间的鱼水深情。

3.《草原女民兵》

《草原女民兵》

女子群舞《草原女民兵》由中国人民解放军北京部队宣传队于 1971 年首演，《草原女民兵》(见图 11-12)大量运用了蒙古族舞蹈、芭蕾舞、古典舞的动作元素，还借用了艺术体操、杂技中的一些高难度技巧。舞蹈以战斗演练为纽带，表现了内蒙古草原女民兵容光焕发、气度不凡的精神风貌，塑造了英姿飒爽的蒙古族女民兵形象。该作品是 20 世纪 70 年代解放军舞蹈的主要代表作之一。

图11-12 舞蹈《草原女民兵》

4. 《千手观音》

《千手观音》

舞蹈作品《千手观音》由张继钢编导，中国残疾人艺术团的聋哑舞蹈演员演出(见图 11-13)。在 2005 年中央电视台春节联欢晚会中，21 位聋哑演员将舞蹈《千手观音》演绎得天衣无缝、美轮美奂。舞动时，犹如千手观音降临人世，营造出层出不穷、千变万化的视觉冲击力。

图11-13 舞蹈《千手观音》

《爱莲说》

5. 《爱莲说》

舞蹈作品《爱莲说》(见图 11-14)由赵小刚编导，创作思路来源于宋代诗人周敦颐的《爱莲说》。舞蹈中，根据散文诗对荷花形态与气质的描述，用古典舞的动作语言对民间舞的基本特点做出新的诠释。

图11-14　舞蹈《爱莲说》

6. 《敦煌飞天》

《敦煌飞天》

由中央芭蕾舞团创作的《敦煌飞天》(见图 11-15)，别出心裁地把丝路文化与芭蕾艺术相结合，以敦煌壁画形象衍化而来的芭蕾动作，不仅独具舞韵，更让观众看到了历史文化的传承之美。作品将飞天的形象表现得淋漓尽致，灵动的肢体、飘飞的衣带、蘸着宝石的颜色自如地流转，展现了千年文明与戈壁大漠所孕育出的“敦煌映象”。

图11-15　舞蹈《敦煌飞天》

《只此青绿》

7. 《只此青绿》

《只此青绿》首演于 2021 年 8 月，并在 2022 年中央电视台的春节联欢晚会中收获广泛赞誉(见图 11-16)。该舞蹈由周莉亚、韩真担任总编导。这部舞蹈诗剧是以抽象写意的手法来“舞绘”青绿山水画的巅峰之作《千里江山图》，该舞蹈以宋代绘画中内敛、内收的基调，巧妙设计了“静待”“望月”“落云”“垂思”“独步”“险峰”“卧石”等一系列造型动作，展示出唯美的舞蹈意境，将中国古典舞蹈之美推向到了极致。

图11-16 舞蹈《只此青绿》

8. 《天鹅湖》

《天鹅湖》

1895 年，刘•伊凡诺夫与马利乌斯•皮提帕将柴可夫斯基创作的《天鹅湖》重新编导(见图 11-17)，获得了巨大的成功，至今仍被看作古典芭蕾不可超越的丰碑。《天鹅湖》沿用芭蕾舞剧中最钟爱的善与恶的矛盾，表达正义战胜邪恶的主题思想。该版本问世的百余年来，无论是在审美观上还是在艺术性上都达到了古典芭蕾的极致，“天鹅”的经典形象也已成为芭蕾艺术的象征。

图11-17 舞蹈《天鹅湖》

9. 《大河之舞》

《大河之舞》

爱尔兰踢踏舞形成于 18 世纪 20 年代，舞风自由，节奏明快。《大河之舞》(见图 11- 18)场面宏大、气势恢宏，是爱尔兰踢踏舞的典型代表。整部《大河之舞》将爱尔兰的踢踏舞、西班牙的弗拉明戈舞、俄罗斯的芭蕾舞，爵士风格的踢踏舞完美地融合到了一起，既欢快奔放，又整齐划一，给予观众带来震撼的感觉。

图11-18 踢踏舞《大河之舞》

10. 《吉赛尔》

《吉赛尔》选段

法国芭蕾舞剧《吉赛尔》(见图 11-19)是早期浪漫主义芭蕾舞代表作品，由简·克拉里和朱尔·佩罗共同创作，泰奥菲勒·戈蒂埃等编剧，甘道夫·亚当作曲，1841 年首演于巴黎。 舞剧所表达的故事来源于欧洲莱茵河畔的民间传说，描写美丽单纯的农村少女吉赛尔爱上乔装农民的贵族，后来发现心爱之人竟是别人的未婚夫，吉赛尔气急攻心，瞬间倒地而亡。吉赛尔死后化为幽灵，但她仍不顾一切拯救爱人于危难之际，最终灰飞烟灭的故事。该剧刻画了一个纯真、笃信命运的少女形象，富有浪漫主义的抒情色彩。

图11-19 芭蕾舞《吉赛尔》

11. 埃及肚皮舞

埃及肚皮舞

埃及肚皮舞(见图 11-20)作为一种优美的身体艺术，主要通过骨盆、臀部、胸部和手臂的旋转，以及令人眼花缭乱的胯部摇摆动作，塑造优雅、性感、柔美的舞蹈语言，充分展现女性身体的阴柔之美。肚皮舞是一种有阿拉伯风情的舞蹈形式，起源于中东地区，并在中东和巴基斯坦、印度、伊朗等其他受阿拉伯文化影响的地区获得长足发展。19 世纪末传入欧美地区，至今已遍布世界各地成为一种较为知名的国际性舞蹈。

12. 巴西桑巴舞

巴西桑巴舞

桑巴舞(见图 11-21)是巴西的国舞。桑巴舞是一种轻快、愉悦的舞蹈，舞步适合各个阶层的舞者。桑巴舞被视为巴西狂欢节的灵魂，为了将桑巴舞的特点表现出来，舞者必须欢快、煽情、激昂地进行表演，节奏强烈、富有激情的桑巴舞展示出巴西和南美文化的独特魅力。

图11-20　埃及肚皮舞

图11-21　巴西桑巴舞

思考练习

1. 下列属于中国古代交谊舞的是(　　)。
   A. 打令　B. 华尔兹　C. 盘鼓舞　D. 柘枝舞
2. 我国古代的“六大舞”是(　　)时期整理、编排的。
   A. 周代　B. 汉代　C. 唐代　D. 清代
3. 近代中国舞蹈史中，(　　)最早学习欧美舞蹈。
   A. 白淑湘　B. 戴爱莲　C. 裕容龄　D. 刀美兰
4. 新中国成立后，创作演出的第一部大型民族舞剧是(　　)。
   A. 《鱼美人》　B. 《大梦敦煌》　C. 《宝莲灯》　D. 《白毛女》
5. 舞蹈作品《黄土黄》的编导是(　　)。
   A. 陈维亚　B. 张继钢　C. 丁伟　D. 周莉亚
6. 以下(　　)不是傣族民间舞蹈。
   A. 安代　B. 嘎光　C. 孔雀舞　D. 象脚鼓舞
7. 芭蕾舞起源于(　　)。
   A. 法国　B. 意大利　C. 英国　D. 美国
8. 浪漫芭蕾舞的处女作是指舞剧(　　)。
   A. 《天鹅湖》　B. 《仙女》　C. 《海盗》　D. 《鱼美人》

9. 创立“人体动律学”的是(　　)。

A. 鲁道夫·拉班　　B. 伊莎多拉·邓肯

C. 马里于斯·佩蒂帕　　D. 玛莎·格莱姆

10. 伊莎多拉·邓肯最重要的代表作是(　　)。

A. 《春之歌》　B. 《光环》　C. 《海燕》　D. 《马赛曲》

第十二章　戏剧之美

每一个剧种都有它独特的风格，我们所期望的是每一个剧种都从原有基础上发扬光大，不要在吸取别人的东西的同时，丢掉了自己传统的风格。

——梅兰芳

【学习目标】

1. 了解中国戏曲及西方歌剧的发展历程；
2. 掌握中国戏曲的审美特征及欣赏方法；
3. 学会欣赏中西方戏剧代表作品。

【人文艺术主题：家国情怀】

曾子云：“可以托六尺之孤，可以寄百里之命，临大节而不可夺也。君子人与？君子人也！”曾子眼中的君子是能够在国家岌岌可危的生死关头将大事托付之人。古之名士伊尹、吕望、管仲、乐毅、诸葛孔明等无不是如此。古往今来，无数的仁人志士为国为民前赴后继，他们用自己的实际行动诠释了中国人的家国情怀。

豫剧《穆桂英挂帅》(见图 12-1)由徐苏灵导演，崔嵬编剧，马金凤、丁桂云主演，于 1958 年上映。该剧讲述了北宋年间名将杨继业之妻佘太君归郡数载，思念朝阁大事，命曾孙杨文广、杨金花兄妹进汴京探事，适遇辽东安王打来战表，宋王率众文武校场比武选帅。眼看帅印落入兵部尚书王强之子王伦之手，杨文广兄妹不服，下场比武，刀劈王伦于马下。寇准保奏，宋王盘问其身世，方知两兄妹为杨门之后，遂赐帅印，命回郡点兵。穆桂英久离戎马，不愿出征，受佘太君激励安慰后，方接帅印，五十三岁挂帅出征之事。

整部戏曲共八十分钟，情节紧凑、结构严谨，念白和唱词朗朗上口、优美流利。全剧共分“厅议”“校场”“捧印”“点将”“拔营”五个场景。在人物性格表现上，利用唱腔、伴奏、动作等将每个角色描绘得惟妙惟肖，比如穆桂英不得已接过帅印的桥段，在伴奏锣鼓声的配合下，脍炙人口的唱段“辕门外三声炮如同雷震，天波府里走出来我保国臣。头戴金冠压双鬓，当年的铁甲我又披上了身”，将穆桂英从普通的家庭妇女的大青衣到威风凛凛的刀马旦大元帅转变时的心理变化描绘得十分生动。此外在佘太君见印时，将“杨家代代掌帅印，如今见印不见人”的复杂心理表现得恰如其分。

豫剧《穆桂英挂帅》之所以能够红遍祖国大江南北，除了豫剧风格朴实、豪迈激越、慷慨激昂的唱腔感染观众以外，更重要的是剧目本身展现了其中角色精忠报国、舍生忘死的民族大义，观众观后无不被杨家将及其后人的忠义精神所感动，这也是中国人世代所坚守的最高人生价值。

图12-1 豫剧《穆桂英挂帅》剧照

第一节 发展历程

从世界文化艺术发展的进程来看，中国戏曲与古希腊罗马戏剧、印度梵剧并称世界三大古老戏剧。

中国戏曲是中国文化重要的表现形式，在漫长的历史发展和艺术积淀过程中，戏曲建立起一套比较严格、完整的表演程式体系。欣赏戏曲，不仅能够得到现实的审美愉悦，而且能感受中国文化的醇厚韵味。

源于古希腊的西方戏剧可以按时间划分为古希腊罗马戏剧、中世纪戏剧、文艺复兴时期戏剧、古典主义时期戏剧、启蒙运动时期戏剧、19 世纪戏剧、现代戏剧和当代戏剧。在某些历史时期，按照不同的风格类型，又可以将西方戏剧划分为诸多流派。

一、中国戏曲的发展历程

戏曲是一种集文学、音乐、舞蹈、戏剧表演等多种艺术形式为一体的中国传统综合艺术。中国戏曲历史悠久，其渊源可追溯到原始时期的歌舞，先秦的乐舞、俳优，汉代的百戏一直到隋唐时期产生的具有一定故事情节的歌舞， 如《代面》《拨头》《踏摇娘》等都可被看作戏曲的雏形。丰富多彩的民间音乐及参军戏等也给戏曲的形成打下了重要的基础。完全意义上的戏曲形成于宋代，从宋代南戏发展到元代杂剧，再从元代杂剧发展到明代传奇，戏曲艺术已遍布中国大江南北，涌现出诸如昆山腔、弋阳腔、海盐腔、余姚腔等著名声腔。到了清代，诸多声腔纷繁争艳，梆子腔、皮黄腔兴起后，逐渐奠定了我国戏曲音乐中四大声腔体系称雄的局面。从宋至清末民国初年，历经 800 多年，在全国范围内形成了 400 多个剧种。

(一) 原始社会时期

原始社会的歌舞本质上是先民们的一种宗教活动形式，主要表现为图腾、巫术和祭礼。在当时，宗教对人们的思想意识和日常生活影响颇深，如图腾的“百兽率舞”、祭典的“八阙”之歌等。《尚书 • 舜典》说：“予击石拊石，百兽率舞。”意思是一群猎人以敲石为节奏，披着兽皮而舞蹈，石器既是劳动工具，也是舞蹈道具，猎人们“击石拊石”的舞蹈显然是表达狩猎带来的巨大满足和胜利。可见，古代歌舞对生活的再现是歌唱、音乐、舞蹈的结合，是具有一定观赏性的表演活动。原始社会的歌舞虽具有模仿性质，但它的宗教性质却决定了它并非审美静观之物，不是纯粹的表演，所以还不能称为“戏曲”，不过丰富多彩的中国戏曲就酝酿于这种原始社会的歌舞中，原始社会的表演艺术已经具备了鲜明的戏剧因子。

(二) 宋元时期

南戏是我国成熟最早的戏曲艺术，据明朝徐渭《南词叙录》记载，“南词始于宋光宗朝……号曰 • 水嘉杂剧”；明朝祝允明《猥谈》中记载，“南戏出于宣和之后，南渡之际谓之温州杂剧”；贾仲明《录鬼簿续编》中记载，“武林书会展雄才，医业传家号复斋，戏文南曲方脉”。根据以上史料可知，南戏产生于 12 世纪，称之为戏文，又有温州杂剧、永嘉杂剧、鹘伶声嗽、南曲戏文等名称，明清间亦称为传奇。南戏音乐风格清丽婉转，柔美细腻，主要采用五声音阶，旋律以级进为主，节奏舒缓。演唱形式为清唱，以板点拍。南戏的音乐较为自由，较少受宫调限制，具有丰富的演唱形式，如独唱、对唱、合唱等，且每个角色都可参与其中。南戏代表作有《白兔记》《拜月亭》《荆钗记》《杀狗记》《张协状元》等。

元杂剧产生于 13 世纪中后期，又称北杂剧、北曲、元曲，元杂剧的形成是中国戏曲艺术发展到成熟阶段的重要标志。元杂剧在发展的过程中吸收了汉魏角抵百戏、唐宋歌舞戏、参军戏、宋金杂剧及各种民间说唱音乐的因素，形成集音乐、舞蹈、诗歌为一体的新的艺术形式。元杂剧最大的特点是剧本结构为“一楔四折”：每个剧本由四折戏组成，有时加一个楔子。四折可分为开端、发展、高潮、结尾四个阶段，而楔子起到承前启后的作用。在演唱上，元杂剧一般由一个主角演唱全剧，其他演员只“白”不唱。元杂剧所用曲调以北方音乐为主，采用北曲联套的形式，每一折用一个套曲，每一个套曲由同一宫调的若干支曲牌构成。

元代杂剧作品几乎都透露着悲剧性元素。元朝是由蒙古族建立并统治的封建王朝，是我国历史上阶级矛盾和民族矛盾较为突出的朝代之一。很多元代戏剧作家目睹了辽、金、宋数个政权的兴亡，身受阶级斗争和民族斗争之害，因此，元杂剧作家将自己对现实的不满和愤慨及对美好未来的憧憬，通过杂剧这一艺术形式来抒发和体现。在众多杂剧作家中，成就最高、影响最大的数关汉卿、白朴、马致远、郑光祖四大家，他们的代表作分别是《窦娥冤》《梧桐雨》《汉宫秋》《倩女离魂》等。

(三) 明清时期

明朝时期，北曲的文学作品因受历史条件所限，在思想内容上逐渐丧失其原有的进步性，北曲的艺术形式也日渐僵化，如“四折一楔子”“主角一唱到底”等。而南曲则在生气勃勃地发展，不仅吸收了北曲的部分主流音乐，而且很快流传至各地，与当地语言和音乐相融合，形成戏曲史上著名的海盐腔、余姚腔、弋阳腔、昆山腔四大声腔。

海盐腔流行于浙江海盐一带，故此得名。明朝嘉靖、隆庆年间，海盐腔在温州、南京、嘉兴、江西等地盛行一时。海盐腔演唱时用锣、鼓、板等打击乐器伴奏，不用丝竹乐器，声腔委婉。

余姚腔因产生于浙江余姚而得名。宋元时期，余姚腔就已流传于当地大街小巷，为广大民众所接受。至明朝，余姚腔更遍及长江南北，闻名遐迩。余姚腔的声腔一方面源于地方曲调、谣曲，另一方面吸收了北方音乐和法曲曲调。余姚腔在发展的过程中逐渐形成了以滚唱为核心，以叙事为主线，节奏明快且通俗易懂的艺术形式。

弋阳腔诞生于江西弋阳，有徒歌、帮腔、滚调等演唱形式，以打击乐和丝、竹、弦、管等乐器伴奏，气氛热烈、粗犷豪放、激越明快。弋阳腔既具南方温柔敦厚之雅韵，又兼北方慷慨激昂之气质，深受广大观众的喜爱。

昆山腔(又名昆曲)诞生于江苏昆山一带，最初由隐居文人顾坚草创。曾经多年维持坐唱状态，以笛、箫、笙、小三弦、提琴、琵琶等伴奏，加以怀鼓、檀板击节，故不及其他声腔繁荣。相传明朝嘉靖年间，魏良辅对旧腔进行改良加工，吸收了海盐腔、弋阳腔等的长处，固定北曲音乐结构，创造了一种细腻优雅、集南北曲优点于一体的“水磨调”——昆山腔。昆曲行腔优美，以缠绵婉转、柔曼悠远见长，在演唱技巧上注重声音的控制和节奏速度的顿挫疾徐，讲究咬字吐音，场面伴奏乐器齐全。昆曲发展至戏曲艺术顶峰，不仅在唱腔上有所突破，梁辰鱼、汤显祖、沈璟、洪昇、孔尚任等一批剧作家还毕其一生之力创作了大量经典之作，如《浣纱记》《牡丹亭》《义侠记》《长生殿》《桃花扇》等。昆曲传奇的创作由于有文人、士大夫参与，使昆曲向越来越雅的方向发展。昆曲的雅主要体现在：剧本文学之雅——追求文辞优雅，融古文诗词一体；演唱格律之雅——极其讲究吐字发音，一唱三叹；演出场所之雅——厅堂庭院或清幽园林是昆曲的演唱舞台，在这种天人合一的环境中演唱，昆曲更显精致优雅。昆曲的“雅”导致其远离普通百姓，受众范围急剧缩减，仅局限于文人士大夫阶层。

清代以来，白话小说的兴起使地方戏曲剧本更为直白，各地不同声腔呈现出繁荣发展之势。清朝雍正初年，官方废止了乐籍制度，为地方戏曲声腔的发展提供了有力的契机。乾隆年间，秦腔、梆子、二黄等在民间广为流传，四大徽班进京演出，丰富了京城戏曲文化。至此，形成了清代四大声腔：昆山腔、高腔、梆子腔、皮黄腔。这些地方声腔传入宫廷后，为区别昆曲“雅部”被称为“花部”，至此便开始了“花雅之争”的局面。秦腔又称“乱弹”，属于梆子腔系，流行于我国西北地区，其表演粗犷豪放，唱腔音乐丰富多彩，分为欢音(表现欢快、喜悦情绪)、苦音(抒发悲愤、凄凉情感)两种。《白蛇传》是秦腔剧团经常上演的剧目，《断桥》为其中一折，讲述了白素贞与许仙重逢的故事。其中“西湖山水还依旧”唱段抒发了白素贞旧地重游，回忆起往事倍感凄凉的心境。

清末，在梆子、乱弹、皮黄等声腔系统剧种传播、发展的同时，地方性小剧种如雨后春笋般涌现。这些小剧种大多只有旦、丑或旦、生两个角色，部分有旦、生、丑三个角色，故被称为“两小戏”或“三小戏”。民间小戏以民间传说故事为主要内容，具有浓郁的乡土气息。

(四) 近现代时期

一些民间小戏在近代发展和改革过程中，不断吸收其他剧种的优秀成果，逐渐成为具有影响力的剧种。中华人民共和国成立后，我国戏曲艺术空前繁盛，开创了百花争艳的新局面，安徽黄梅戏、浙江越剧、湖南花鼓戏、河北评剧等各放异彩。如湖南花鼓戏，它是湖南各地地方小戏花鼓、灯戏的总称，源自湘南民歌，角色从一旦一丑发展到“三小”(一旦、一生、一丑)，音乐风格粗犷爽朗，地方色彩浓郁。代表性剧目《补锅》于1965年上映，由钟宜淳、李谷一、彭复光主演，“手拉风箱”是其著名唱段之一。

二、外国歌剧的发展历程

歌剧是综合音乐(声乐与器乐)、戏剧(剧本与表演)、文学(诗歌)、舞蹈(民间舞与芭蕾)、舞台美术等艺术形式于一体的综合艺术。

歌剧在音乐种类上很丰富，它包含了器乐、声乐两部分，声乐中又包含了独唱、重唱、合唱等形式。西方歌剧独唱的最大特点是它分为朗诵化的宣叙调和歌唱化的咏叹调，这两种形式是歌剧歌唱的两种主要形式，各具特色：宣叙调用来叙述事件、对话，用于发展剧情；而咏叹调一般旋律优美，主要用于抒发主人公的内心感情，它可以在剧情发展过程中暂时从故事中游离，专门展示音乐的巨大表情能量，通过音乐使戏剧内涵得到进一步的升华。

(一) 16世纪之前

歌剧的渊源可追溯到古希腊的悲剧，中世纪的仪式剧、神秘剧、奇迹剧，民间戏剧中幕间配乐的节目，以及情节性的牧歌剧。

在文艺复兴时期的意大利，在曼托瓦的府邸以及威尼斯和维津查等地，都有上演过“田园剧”与“幕间剧”的记录。影响较大的是佛罗伦萨贵族巴尔第和贾科波·科尔西府邸的聚会，这种聚会被称作“卡梅拉塔”。它里面聚集了一批人文主义艺术家，其中有著名的诗人奥塔维奥·里努契尼、歌唱家佩里、著名音乐理论家文森佐·伽利略。他们在聚会中对音乐的讨论很大程度上受到一位研究古希腊著作的学者吉罗拉莫·梅伊的影响。梅伊认为古希腊音乐之所以感人，是由于它以单音旋律为基础，这种旋律特别能够通过人声的自然表现而传达歌词中的情感。在文艺复兴理想的支配下，他们尝试复活古希腊悲剧，但古希腊悲剧到底是什么形式无人知晓。于是他们按照自己的想法，给古老的希腊故事谱曲，并由合唱队穿上戏装把整个故事演唱出来，创造了集戏剧台本、舞台表演和音乐于一身的综合艺术，这就是歌剧的雏形。

(二) 16世纪

学界一般认为欧洲歌剧发源于意大利的佛罗伦萨，是16世纪末随着文艺复兴时期音乐文化的世俗化而产生的。最早的歌剧是以古希腊神话传说故事为题材，在表现形式上比较简单。当时的歌剧还只是用简单的旋律与和声写成。一些受文艺复兴思想影响的知识分子，如诗人里努契尼、音乐家佩里和卡契尼等人注重音乐与文字的结合，强调音乐的表情作用，尝试着结合音乐和戏剧的特点，创造出一种主调风格的艺术形式，其剧本以历史题材和神话为主要内容。1594年，佩里根据里努契尼的剧本完成第一部作品《达芙妮》。1600年，佩里与卡契尼合作，为庆祝亨利四世的婚礼而写成的《尤丽迪茜》被认为是最早的欧洲歌剧。

意大利著名作曲家蒙特威尔第和斯卡拉蒂对早期歌剧的形成和完善起了重要的作用，他们使歌剧的旋律更富有表情，使和声更丰满，使乐队更充实。蒙特威尔第将歌剧音乐戏剧化，斯卡拉蒂则发展了歌剧音乐的抒情性，由于他们的努力，意大利歌剧写法得以定型，形成了最早的歌剧体裁——正歌剧。

意大利歌剧诞生后，很快传至欧洲各地，在法国、英国、德国等各国渐次出现了具有本民族特点的歌剧。法国歌剧作曲家吕利首次在法国歌剧中插入了宫廷芭蕾舞。

欧洲歌剧在长期的发展过程中，由于地区和时代不同，而形成各种不同的类型，如正歌剧、喜歌剧、大歌剧、小歌剧等。

(三) 17—18世纪

正歌剧最早出现于 17—18 世纪的意大利，以希腊神话和古代英雄传奇故事为题材，A. 斯卡拉蒂的拿坡里歌剧乐派代表着这一时期歌剧的最高成就。正歌剧无论是在戏剧题材还是在形式上均有一些比较固定的程式，如一般分为三幕，采用美声唱法和“快—慢—快”结构的意大利式序曲，音乐包括序曲、咏叹调、宣叙调(亦称朗诵调)等，注重华丽的演唱技巧，强调歌唱性。

喜歌剧在欧洲各国有各自不同的特色。意大利喜歌剧产生于 18 世纪的那不勒斯，由正歌剧中的幕间剧发展而成，以社会生活为主要题材，剧情风趣幽默，音乐生动活泼，19 世纪盛行于欧洲各国。著名的喜歌剧作品有莫扎特的《费加罗的婚礼》、罗西尼的《塞尔维亚的理发师》。

(四) 18—19世纪

法国喜歌剧是于 18 世纪初在民间闹剧和滑稽歌舞剧的基础上发展而成的，题材较为轻松，以喜剧性内容为主，有的也具悲剧性质，如法国作曲家比才的喜歌剧《卡门》的结尾部分就极具悲剧性。法国喜歌剧的对白采用生活语言，音乐具有民间特色，剧中有芭蕾场面。大歌剧和轻歌剧是产生于 19 世纪的两种新的歌剧体裁。

大歌剧多以历史故事为题材，全剧由独唱、重唱、合唱、管弦乐以及精致的芭蕾舞组成，场面富丽堂皇，配乐灿烂辉煌，规模宏大，且不采用说白，如罗西尼的《威廉•退尔》、威尔第的《阿依达》等都可归入此类。轻歌剧(亦称小歌剧)短小轻快，通常为独幕，题材轻松，主要取自日常生活，音乐较为通俗，内容抒情，除独唱、重唱、合唱、舞蹈外，还用说白。德国作曲家索贝、法国作曲家奥芬巴赫是这一体裁的确立者。

18 世纪以来，各个国家不断涌现出许多歌剧作曲家和优秀歌剧作品，如 18 世纪奥地利作曲家莫扎特的《后宫诱逃》《费加罗的婚礼》《魔笛》，德国作曲家格鲁克的《奥菲欧与尤丽迪茜》。歌剧成果最丰硕的时代是 19 世纪，当今歌剧舞台上的名剧大多出现于这一时期，19 世纪初期至上半叶意大利作曲家罗西尼的《塞尔维亚的理发师》，德国作曲家韦伯的《自由射手》和《奥伯龙》，意大利作曲家威尔第的《弄臣》《游吟诗人》《茶花女》《阿依达》《奥赛罗》；19 世纪后半叶法国作曲家比才的《卡门》，意大利作曲家普契尼的《波希米亚人》《蝴蝶夫人》，捷克作曲家斯美塔那的《被出卖的新嫁娘》，俄罗斯作曲家格林卡的《伊凡•苏萨宁》《鲁斯兰与柳德米拉》等。这一时期的歌剧也分化出许多新的形式，如法国大歌剧、抒情歌剧、谐趣歌剧、德国的乐剧，以及意大利的真实主义歌剧等。

第二节　审美特征

一、中国戏曲的审美特征

任何艺术都有自己的形式。王国维说："一切之美，皆形式之美也。"中国的戏曲艺术在数百年的发展历程中，经过无数艺人的艰辛尝试与探索，形成了具有特色、富于鲜明民族特点的戏曲形式之美。中国戏曲侧重于抒情写意，因而更为讲究音乐、唱腔、动作等舞台表演的完美，赏心悦目的形式因素在戏曲的创造与鉴赏中占有突出地位。观众对戏曲舞台形象的欣赏与认同，在某种程度上说，正是对演员的唱腔、舞蹈、仪容、服饰等形式之美的欣赏与认同。总而言之，戏曲的审美特点由韵白、唱腔、音乐和视觉四部分组成。

(一) 韵白美

韵白是用中州韵语音念的说白，在昆剧和京剧中表演难度最大，是京剧在成型期创造出来的与京白不同的舞台道白。京白和韵白使用的都是汉语。现代韵白的"韵"，不仅仅指的是文字之"声韵"，还指经由文字来创生的一个含蕴不尽的审美空间的"韵味"。由声韵到韵味，事实上也就是由一种有形的、实质的，达到一种无形的、形而上的体验过程。现代韵白是指经由现代白话文所建构的一种指向"韵外之致"的审美文学语言。

(二) 唱腔美

唱腔是戏曲音乐表现的主要手段，具有抒情性、叙述性、戏剧性三方面特性，能够表现复杂的戏剧场面和情节，刻画人物形象及其细致的心理活动、思想感情。唱腔是决定一个剧种风格特点的主要因素。

戏曲唱腔的演唱有行当的划分。不同的剧种对不同的行当在音乐的基本表现上有不同的要求，如京剧的行当有生(老生、武生、小生、娃娃生)、旦(青衣、花旦、刀马旦、武旦、老旦等)、净(铜锤花脸、架子花脸、武净)、丑(方巾丑、文丑、武丑)之分。这些行当的划分是以其角色的性别、社会身份、性格等为依据的，在演唱特征上皆有不同的表现。

(三) 音乐美

戏曲的伴奏音乐分为文场和武场两种。文场以丝竹乐为主，伴奏乐器因乐种而异，如昆腔以曲笛为主，梆子戏以板胡为主，京剧以京胡为主；武场以打击乐为主，主要用于舞蹈、武打或技巧性场面，也用以烘托情绪、渲染气氛，制造戏剧效果。戏曲的锣鼓具有统一全剧表演节奏的功能。

国人习惯称看戏为听戏。在唱、念、做、打等戏曲的各种表现手段中，唱又属于首位，可见"唱"的艺术在戏曲审美中的主导地位。人物感情的表露、戏曲时空的转化均可以用唱词表现出来，甚至人物的道白都具有强烈的音乐感与节奏感。戏曲的念白分为散白、韵白两种形式，无论哪种念白都具有很强的韵律与节奏感。这种念白形式就是语言同音乐结合而形成的。

(四) 视觉美

戏曲的演唱体现了音乐美，而演员的舞台表演中别有一格、虚拟写意的程式化动作，也常常使得戏迷们如痴如醉、击节称赞。所谓程式化，首先是指规范化。戏曲的动作源于生活，但又不是对生活的简单模仿，它比生活更夸张，更美，更富于艺术气息。例如大家较为熟悉的京剧中的“起霸”，这套程式动作通过连续的舞蹈动作表现古代武将整盔束甲，准备上阵的情形，用以烘托舞台上的战斗气氛，这一特定的动作，由于规范美化的作用，逐渐成为后来武将临战前夕整装待发的通用格式。程式化的另一层含义是动作的舞蹈化，举凡武打的各种套路，喜怒哀乐等情感的表达，做工的各种身段、工架，无不可以舞蹈化的形式体现出来。例如描写古代武将整盔束甲、孔武有力的英雄气概，就是通过“出场亮相”“抬脚亮靴底”“云手”“踢腿”“跨腿”“整袖”“正冠”“紧甲”“扎带”“骑马”等一系列程式组合的“另起霸”来表现的。这种表演出神入化，具有很强的艺术感染力，往往能够呈现出很好的艺术效果。

除了舞台动作表演的程式化外，演员的脸谱也是程式化的表现之一。生、旦、净、丑、忠、孝、奸、诈，各有不同的脸谱表现。刚直不阿的黑脸包公、忠勇大义的红脸关公、奸诈狡黠的白脸曹操等，这些花脸一直流传在民间，深得百姓的喜爱与认同。

把听觉形象音乐化，把视觉形象舞蹈化，使歌舞结合，曲白相生，发可甩，须可舞，道白有韵律，说话即歌唱，戏曲的这种独特形式鲜明地体现了其写意性特征。

二、外国歌剧的审美特征

(一) 音乐美

歌剧以音乐为主要表现手段，其中，音乐以声乐演唱为主。歌剧演员必须具备歌唱与表演的艺术才能，根据剧本与作曲家所谱写的唱段来塑造特定的人物形象。器乐除担负声乐伴奏的作用外，还起着刻画人物性格、烘托环境气氛、揭示剧情发展和戏剧矛盾冲突的重要作用。器乐部分由管弦乐队演奏。歌剧中的音乐布局因不同的时代、民族、体裁、样式、作曲家创作个性和创作方法而异。声乐部分一般包括独唱、重唱、合唱等演唱形式。器乐部分，在全剧开幕时有序曲，幕间有幕间曲。歌剧的音乐结构方法多样，可以由相对独立的音乐片断连接而成，也可以是连续不断、统一发展的整体结构。

(二) 声乐样式美

歌剧中的重要声乐样式主要有四个：一为咏叹调，它是歌剧的重要组成部分，用以抒发人物内心的思想感情，旋律性强，优美动听，强调声乐演唱技巧，常安排在剧情发展的关键时刻；二为宣叙调，亦称朗诵调，是一种速度自由、伴奏简单，建立在语言音调基础上的吟诵性独唱曲，用以代替对白；三为重唱，常出现于叙事或具有强烈矛盾冲突的情景之中，用以刻画人的共同或不同的心理状态；四为合唱，一般是剧中群众角色所唱的声乐曲，用于表现群众场面。

(三) 剧情美

剧本是文学，加上舞台美术、化妆、服装、道具、音乐音响、舞蹈等，可以使歌剧演出变得丰富多彩。歌剧创作应该是按照艺术的规律并结合具体题材的情况，运用适当的情节结构方法组织事件、构建情境、构造场面、运用细节、安排冲突、刻画人物等。情节以提升剧情的戏剧性并最终服从人物刻画的需要为原则，按照相关的生活与人物性格逻辑，对一切与重构生活和刻画人物有关的有形元素，如事件、细节、场面、矛盾、冲突等，按特定的时空结构进行有机整合。意大利作曲家威尔第善于运用音乐细腻地刻画人物性格特征和心理状态，音乐布局结构灵活，富有动力，其创作的歌剧作品以丰富的旋律性和强烈的戏剧性相结合，塑造出鲜明、生动的艺术形象和感人的故事情节。

第三节 名作赏析

1. 昆曲《长生殿》《牡丹亭》

《长生殿》是清代剧作家洪昇的代表作，描写唐玄宗宠幸贵妃杨玉环，终日不理朝政，穷奢极侈，导致安禄山造反，唐玄宗与随行官员逃离长安。途中，在将士强烈要求下，唐玄宗无奈下令处死杨玉环。回长安后，唐玄宗日夜思念杨玉环，最终感动了神仙，让两人在月宫中团圆。

《长生殿》(见图 12-2)作为北昆经典代表剧目之一，共 50 出，现常演的有《定情》《惊变》《埋玉》《哭灵》等曲目。其中《惊变》是各昆曲表演艺术家在荧屏上最常上演的一出折子戏。剧中“天淡云闲列长空”是一首典型的北曲，使用七声音阶，节奏紧凑，字多腔少，描写了在安禄山兵变之前唐明皇与杨贵妃两人在花园中游园的情景。

《牡丹亭》是明代剧作家汤显祖的代表作，是一部经典的爱情剧。少女杜丽娘长期深居闺阁，因在梦中与书生柳梦梅幽会，醒后思念柳君而一病不起，弥留之际，吩咐丫鬟春香将其画像藏于太湖石底。三年后柳梦梅赴京应试，借宿梅花庵观中，在太湖石底拾得画像。杜丽娘魂游后园，与柳梦梅再度相会。柳梦梅掘墓开棺，杜丽娘死而复活，二人最终结为夫妻。

昆曲《牡丹亭·还魂》选段

《牡丹亭》(见图 12-3)剧目共 55 出，常演的有《闹堂》《游园》《惊梦》《寻梦》《离魂》《还魂》等。

图12-2 昆曲《长生殿》剧照

图12-3 昆曲《牡丹亭》剧照

2. 京剧《霸王别姬》

京剧《霸王别姬》选段

《霸王别姬》(见图 12-4)是京剧艺术大师梅兰芳与杨小楼的经典剧目之一，故事描写一段英雄末路的历史故事。秦末楚汉争霸，项羽中计被困于垓下，楚兵听到四面楚歌，纷纷离去。此时，项羽在营中与虞姬饮酒消愁，虞姬恐误军情，舞剑自刎。项羽杀出重围至乌江，自觉无颜面对江东父老，遂自刎江边。

剧中虞姬共六个唱段，其中较为著名的有“看大王在帐中和衣睡稳”“劝君王饮酒听虞歌”等。

3. 川剧《秋江》

川剧《秋江》选段

川剧《秋江》(见图 12-5)是根据明传奇《玉簪记》中《追别》一折的情节创作而成，是川剧高腔著名的传统折子戏，又名《陈姑赶潘》。

《秋江》讲述的是书生潘必正科举时因病落第后，寄居于姑母任住持的女贞观中继续攻读诗书，准备来年再参加科考求取功名。其间，他与道姑陈妙常互生爱意，被潘的姑母察觉。姑母遂逼必正立即去临安赴考，以断绝他们之间的来往。潘必正被逼无奈，只得乘舟而去；妙常得知消息，连忙追赶必正至秋江河边，遇一老艄翁，便求他驾舟追赶潘必正。老艄翁热心善良、风趣幽默，见陈妙常一个青年道姑在追赶年轻书生，便友好地和她开起了玩笑。此剧载歌载舞，剧中唱词和道白将四川方言特有的风趣和幽默感很好地发挥了出来，妙趣横生，喜剧效果强烈，生活气息浓郁，极富地方特点和风味。

其中这段【二流】板式唱词通俗，颇有诗意，曲调多在高音区，大跳音程很多，节奏富于变化。这段独唱尽抒衷肠，最后以帮腔作为结尾。这就是川剧与众不同的地方特色，即帮腔的多功能性。此外，锣鼓在其中也起着举足轻重的作用，在戏中除了为唱腔伴奏，还直接表现着剧中人物的思想感情等。常用的小鼓、堂鼓、大锣、大钹、小锣(兼铰子)统称五方，加上弦乐、唢呐为六方，由小鼓指挥。演唱时，由于锣鼓贯穿其间，使唱、做、念、打几方面能有机地结合在一起，形成川剧艺术特有的风格。锣鼓还可以营造出许多音响效果，如《秋江》中行船时双桨划动的声音、潺潺的流水声、风声和雨声，以及搬动重物时的撞击声等，都能比较逼真、生动地表现出来。

图12-4　京剧《霸王别姬》剧照

图12-5　川剧《秋江》剧照

4. 秦腔《三滴血》

《三滴血》(见图 12-6)这部秦腔传统戏是陕西著名秦腔剧作家范紫东先生的一部优秀剧作。

图12-6 秦腔《三滴血》剧照

秦腔《三滴血》选段

本剧描写了山西五台县人周仁瑞在陕西韩城县经商，娶妻何氏，一胞生下两男。何氏产后身亡，留下两个孩子无人照管，周仁瑞迫不得已，留下一个孩子请邻居王妈妈抚养，取名周天佑，另一个孩子卖给韩城李三娘为养子，改名李遇春。仁瑞弟欲独占家产，诬天佑不是仁瑞亲子。哥弟二人上告公堂，以获取公正。县官晋信书用“滴血认亲”的办法断案，以两人血不相溶为由，判天佑不是仁瑞亲子。李遇春成人后，李三娘拟将亲女晚春许配，有人以姐弟不能婚配为由，告之县衙，晋信书亦用滴血法，以两人血相溶而断为同胞姐弟。仁瑞不服，晋信书命仁祥与其亲子当堂滴血相溶，以证其断案正确，结果亲子之血也不相溶。故事以喜剧结束，周天佑和李遇春在困境中相遇，并双双取得仕途的成功，糊涂县官晋信书被革职，周天佑和李遇春彼此相认并与各自的意中人结为良缘。

《三滴血》是古老秦腔的一出好戏，长演不衰，1960 年还被西安电影制片厂拍成电影上映，受到了较多的国内外观众的喜爱和欢迎。不仅如此，不少剧种都曾移植演出过《三滴血》。

5. 豫剧《花木兰》

《花木兰》(见图 12-7)是当代豫剧名家常香玉的代表作之一，于 1956 年拍成戏曲电影片。

图12-7 豫剧《花木兰》剧照

豫剧《花木兰》选段

本剧描写了北朝时期番邦犯境，边关告急。花木兰父亲被征兵，花木兰虑及父亲年老体弱，决定女扮男装、替父从军。两军交战之际，花木兰一马当先，杀退敌人，立下汗马功劳，被晋升为将军。战争结束后，花木兰回乡探亲，脱去战袍，换回女儿装。朝廷册封木兰为尚书郎元帅率领众将，抬着礼物，亲临花家。木兰以女儿装相见，并向元帅禀明缘由。元帅听后，对花木兰赞叹不已。

经典唱段有“刘大哥讲话理太偏”“花木兰羞答答施礼拜上”等。

6. 越剧《碧玉簪》

《碧玉簪》(见图 12-8)由海燕电影制片厂、香港大鹏影业公司于 1962 年联合摄制，金采风饰李秀英，周宝奎饰婆婆，陈少春饰王玉林。

越剧《碧玉簪》选段

图12-8　越剧《碧玉簪》剧照

故事讲述明朝吏部尚书李延甫将女儿秀英许配给翰林王裕之的儿子玉林，秀英表兄顾文友因求婚不成，买通媒婆向秀英借得一支玉簪并伪造情书一封，于秀英新婚之夜放置其房门口。玉林果然中计，对秀英百般羞辱，李父听闻消息，赶往王府责问，最终真相大白。后玉林向秀英赔罪，然秀英不受，经婆婆再三劝阻，秀英才原谅玉林，夫妻俩重归于好。

其中“手心手背都是肉”就是婆婆劝慰媳妇李秀英原谅儿子王玉林过错的一段著名老旦唱腔。

7. 粤剧《关汉卿》

粤剧《窦娥冤》选段

《关汉卿》(见图 12-9)是粤剧表演大师马师曾、红线女的代表剧目，创作于 1956 年，并由上海电影制片厂于 1960 年拍摄成彩色故事片。全剧根据田汉先生的 12 场话剧改编而成，故事以元代剧作家关汉卿写作和上演杂剧《窦娥冤》的过程为主线，通过表现关汉卿以及饰演窦娥的朱帘秀与权臣阿合马的斗争，来表达他们不畏权贵的反抗精神和刚毅不屈的性格。该剧经由马师曾、红线女演出后，引起了强烈的反响，二人还受邀进京演出，受到毛泽东、周恩来等国家领导人的接见。

图12-9　粤剧《关汉卿》剧照

马师曾在《关汉卿》中塑造了关汉卿风流潇洒、热情奔放、愤世嫉俗的光辉形象，这也是他一生中最后的一件佳作。红线女所扮朱帘秀在狱中高歌的《蝶双飞》，则被称为“田词红腔，一曲难忘”。

“蝶双飞”是《关汉卿》中朱帘秀的一段经典唱腔。关汉卿、朱帘秀被权臣阿合马诬陷押入死牢后，关汉卿在牢中做了“蝶双飞”词送给朱帘秀，表达了他斗争到底的决心和对朱帘秀的爱情。两人在狱中相会，朱帘秀许下了与关汉卿双飞之愿。为了更好地表现这一内容，作曲者没有沿用粤剧的传统板腔，而是采用了在不脱离粤剧整体风格的基础上创作的新腔。红线女在演唱“蝶双飞”时，以缠绵激昂的唱腔、妩媚多姿的舞蹈，配以充满诗情的唱词，表现了朱帘秀坚持正义的决心以及要与关汉卿生死同心、彩蝶双飞的柔情，令人慨叹万千，取得了很好的效果。马师曾和红线女在这场戏里，用诗歌、舞蹈高度结合的艺术手段，把关汉卿和朱帘秀爱憎分明的生活态度、誓同生死的战斗情谊、坚信正义终要战胜邪恶的乐观主义精神，表现得淋漓尽致。整部戏曲的造型、身段、歌唱都给人一种美的享受，成为粤剧舞台艺术的珍品。当年曾流传着这样两句话：“满城争说关汉卿，一曲难忘蝶双飞。”田汉也挥笔称赞：“马红妙技真奇绝，恼人一曲蝶双飞。”该剧公演后引起了强烈的反响，马、红二人还受邀进京，受到毛泽东、周恩来等国家领导人的接见。

8. 黄梅戏《女驸马》

《女驸马》(见图 12-10)是黄梅戏经典剧目，由严凤英主演，上海海燕电影制片厂、安徽电影制片厂出品，于 1958 年首映。故事讲述女主人翁冯素珍与男主人翁李兆廷自幼情投意合，两人早有婚约，不料李家遭遇变故，冯家父母嫌贫爱富执意悔婚。素珍仍深爱着李兆廷并约他晚上小花园相见，私赠白银助其上京赶考，谁料冯后母以此为借口，诬陷李兆廷为盗贼，将其扭送官府，并将素珍另许他人。匆忙之间，冯素珍女扮男装逃离家中，进京寻找哥哥，并考中状元。冯素珍本想以此救心上人一命，谁知皇上却将其招为东床驸马。洞房之夜，秘密被揭露，幸得公主明理，并助其救出李兆廷，两人最终喜结良缘。身为素珍长兄的前科状元也与公主结为夫妻。唱段“为救李郎离家园”“民女名叫冯素珍”久盛不衰，至今为大家所传唱。

黄梅戏《女驸马》选段

图12-10　黄梅戏《女驸马》剧照

9. 吕剧《李二嫂改嫁》

吕剧《李二嫂改嫁》选段

吕剧《李二嫂改嫁》(见图 12-11)创作于 1951 年，是山东省吕剧院的经典作品。1954 年，刘梅村、刘奇英、靳惠新、王昭声、张斌将其改编成剧作，同年由山东省吕剧团演出。剧本收入《中国地方戏曲集成 • 山东卷》(1959)。《李二嫂改嫁》讲述了 1947 年鲁中南解放区某村年轻寡妇改嫁的故事。年轻寡妇李二嫂爱上了本村农民张小六，但受到封建势力和婆婆的阻挠。经妇女会主任等人的帮助，李二嫂冲破封建势力的阻挠，决心改嫁，与张小六结为终身伴侣。全剧以李二嫂改嫁事件为中心，描写了李二嫂备受折磨、孤苦伶仃的守寡生活，以及她为摆脱这种生活所作的斗争，深刻地揭示出旧社会强加给妇女的精神枷锁和新社会激发起年轻寡妇对美好生活的向往。剧本以朴素的语言刻画了李二嫂的精神世界：“打场”一场，李二嫂感叹自己的身世；“定情”一场，李二嫂对张小六表达爱情，都写出了这个女主人公深沉而热烈的内心感情。

图12-11　吕剧《李二嫂改嫁》剧照

1954 年，该剧参加在上海举办的华东地区戏曲会演时，因其浓郁的生活气息、朴素的艺术风格、完整统一的舞台形象及优美动听的音乐旋律脱颖而出，获得了编、导、音、美、演等多项一等奖。1957 年，《李二嫂改嫁》由长春电影制片厂拍成戏曲艺术片，获得我国电影界最高奖项——百花奖，郎咸芬塑造的“李二嫂”因此红遍了大江南北。该剧有许多脍炙人口的唱腔，“打场”“孤灯”“做鞋”几场戏的唱段流传至今。

10. 西方歌剧《卡门》

乔治•比才(1838—1875)，法国作曲家，生于巴黎。1857 年其作品获罗马作曲大奖，1863 年写成第一部重要的歌剧作品《采珠人》。比才的歌剧着重以现实主义手法表现社会底层的平民阶层，揭示不平等的社会现象，其作品具有浓郁的民族色彩、鲜明的音乐语言、强烈的戏剧冲突和富有表现力的整体构思。

《卡门》选段

比才的歌剧着重以现实主义手法去表现社会底层的平民阶层，揭示不平等的社会现象，其作品具有浓郁的民族色彩、个性鲜明的音乐语言、强烈的戏剧矛盾冲突和富有表现力的整体交响构思。

歌剧《卡门》(见图 12-12)创作于 1873—1874 年，是他创作生涯顶峰的代表作，根据 19 世纪法国批判现实主义作家梅里美的同名小说改编而成。剧情故事发生在 1800 年的西班牙，烟草女工卡门是一个漂亮、热情、直率、放荡不羁的吉卜赛姑娘，她爱上了龙骑兵霍塞，用魅力使霍塞坠入情网。霍塞为卡门而舍弃了原来的情人米卡埃拉，又因放走了与人打架的卡门被捕入狱，获释后又和长官发生冲突而不得不离开军队，参加了卡门所在的走私犯行列，从一名军官沦落为走私犯。然而，此时的卡门早已爱上了斗牛士埃斯卡米洛，导致了霍塞与斗牛士的决斗。在决斗中，卡门袒护斗牛士，使霍塞痛苦不堪。正当卡门为在斗牛场上获得胜利的斗牛士欢呼时，霍塞再次找到卡门，卡门依然拒绝了他，霍塞在绝望盛怒之下用剑杀死了卡门。

图12-12　西方歌剧《卡门》剧照

这部歌剧以社会最底层人物——烟草女工和士兵为主角，表现了人物强烈、率直的感情。全剧音乐由独立的分曲组成，运用了西班牙民歌的曲调，具有浓郁的西班牙风格。所有的分曲通过严谨的戏剧逻辑组合为一体，紧凑而简练，丰富而充满个性的旋律在剧情发展中充分体现出戏剧性对比，生动地刻画出不同的人物形象。这部歌剧成为法国现实主义歌剧诞生的标志。

11. 西方歌剧《茶花女》

《茶花女》选段

威尔第(1813—1901 年)是 19 世纪意大利作曲家。威尔第一生致力于意大利民族现实主义歌剧事业，一生共创作了 26 部歌剧，取得辉煌成就。他的作品大多揭露了残暴的封建统治者、伪君子及阴谋家残暴、狡猾、奸险的丑恶面目，表现了对被统治者、被欺压者的深切同情，反映了强烈的民主愿望。作者善于直观、细腻地描写和刻画人物性格特征与心理状态，音乐布局使作品结构灵活，富于动力，以丰富的旋律性和强烈的戏剧性相结合，塑造出鲜明生动的艺术形象。

歌剧《茶花女》(见图 12-13)写于 1853 年，是威尔第创作成熟时期的代表作，剧本由意大利作家皮亚威根据法国小说家、戏剧家小仲马的同名悲剧小说改编而成，于 1853 年 3 月 6 日首演于维也纳。全剧分三幕，剧情大概如下。

图12-13　西方歌剧《茶花女》剧照

薇奥莱塔原是周旋于巴黎上流社会的一位年轻貌美的名妓。在豪华的交际生活中，她与一位名叫阿尔弗雷多的青年一见钟情，并为阿尔弗雷多的真挚爱情所感，决心放弃纸醉金迷的浮华生活，同阿尔弗雷多一起去巴黎近郊共享甜蜜生活。但是，好景不长，阿尔弗雷多的父亲乔尔吉奥反对他们来往，强求薇奥莱塔为了顾全阿尔弗雷多的家庭名誉和他妹妹的幸福，同他儿子永远断绝来往。薇奥莱塔忍受极大的内心痛苦，牺牲了自己的爱情，重返巴黎风月场。阿尔弗雷多不明真情，误认为薇奥莱塔变了心，气愤和失望之极，在公开场合当众羞辱了她。薇奥莱塔为了信守自己对他父亲的诺言，未吐真情，但早已染上肺病的身体却无法承受这一致命打击，就此卧床不起，病情严重。后来，乔尔吉奥良心发现，出于忏悔，将实情告诉儿子。阿尔弗雷多急忙赶回薇奥莱塔身边，两人心中重燃昔日爱情的火焰。但是，一切为时已晚，薇奥莱塔生命垂危，在疾病和不公正社会的压迫下，悲惨地离开人世。威尔第在剧中以细微的心理描写，展现了特定时代人们的心理状态。音乐采用意大利风格的曲调，旋律诚挚优美，明快流畅，在布局上以音乐主题的统一以及贯穿于场、段之间的强烈色彩对比为特点，体现出感人肺腑的悲剧力量。

12. 西方歌剧《费加罗的婚礼》

《费加罗的婚礼》(见图 12-14)由莫扎特作曲，是四幕喜歌剧。剧情取自法国剧作家博马舍的同名剧，由作家达彭特撰写脚本。莫扎特所创的音乐旋律大多优美动人、感情丰富、活泼乐观，织体清晰、透明、别致，和声风格清新而有力，易为人们所接受和理解。歌剧，是莫扎特整个音乐创作生涯中，非常重要的体裁之一。

《费加罗的婚礼》选段

图12-14 西方歌剧《费加罗的婚礼》剧照

《费加罗的婚礼》的剧情大致是：在阿玛维瓦伯爵的宅第中，伯爵的仆人费加罗就要结婚了，新娘子是伯爵夫人的侍女苏珊娜。喜新厌旧的伯爵正在暗中追求苏珊娜，因此他千方百计地阻止他们的婚姻。费加罗和苏珊娜为了保护自己的婚姻，在伯爵夫人的帮助下，设下种种圈套，决定由苏珊娜写信约伯爵夜晚到后花园私会，届时由伯爵夫人假扮苏珊娜前去赴约，当面揭穿伯爵的丑行。费加罗对此一无所知，因此而引发了一系列误会，本剧亦生动地呈现了一些紧张而热闹的场面。最终，伯爵在众人面前出了丑不得不跪下来向夫人赔罪，费加罗与苏珊娜终于喜结良缘。剧中还穿插了医生巴尔特洛和管家玛塞琳娜对费加罗逼债以及伯爵的侍童凯鲁比诺盲目追求爱情等情节，使剧情更为曲折、起伏，充满喜剧的意味。《费加罗的婚礼》据说是应奥地利皇帝约瑟夫二世之命写作的，但剧中无情地揭露和讽刺了以阿玛维瓦伯爵为代表的贵族阶级的无能、腐败和道德堕落，热情地歌颂了第三等级——被压迫的阶级、被压迫的人民日益觉醒，并展现出机智、勇敢而正直的品格，全剧闪耀着反封建民主主义的思想光芒。

思考练习

1. 我国戏曲从宋至清末民初，历经 800 多年，在全国范围内形成了(　　)多个剧种。

A. 200　　B. 400　　C. 600　　D. 800

2. 一般认为，欧洲歌剧发源于意大利的佛罗伦萨，是在( )随着文艺复兴时期音乐文化的世俗化而产生的。

A. 15世纪末　B. 16世纪末　C. 17世纪末　D. 18世纪末

3. 元杂剧产生于( )中后期，又称北杂剧、北曲、元曲。

A. 11世纪　B. 12世纪　C. 13世纪　D.14世纪

4. 《长生殿》是清朝剧作家( )的代表作之一。

A. 洪昇　B. 汤显祖　C. 沈璟　D. 孔尚任

5. ( )在历史上曾有“皮黄”“京戏”之说，被称为中国的“国粹”，是皮黄声腔系统中最具有代表性和影响力的剧种。

A. 昆曲　B. 评剧　C. 京剧　D. 黄梅戏

6. 《你再不要去做情郎》是( )歌剧里面的咏叹调。

A. 《卡门》　B. 《费加罗的婚礼》

C. 《茶花女》　D. 《魔笛》

7. 黄梅戏的音乐结构以板腔体为主，( )为主奏乐器。

A. 京胡　B. 板胡　C. 笛子　D. 二胡

8. 歌剧《卡门》的作者是( )。

A. 比才　B. 莫扎特　C. 贝多芬　D. 威尔第

9. 《李二嫂改嫁》创作于 1951 年，是( )的经典作品。

A. 粤剧　B. 豫剧　C. 吕剧　D. 越剧

10. 豫剧是( )的地方大戏，以激情奔放、质朴自然、乡土气息浓郁等特色享誉全国。

A. 广东省　B. 河南省　C. 湖北省　D. 山东省

第十三章　影视之美

电影艺术深刻地影响和改变了世界各地人们的生活方式、审美方式、思想方式，它使地球上的人类第一次有可能向着一体化、向着世界大同的方向迈进。

——贝拉•巴拉兹

【学习目标】

1. 认识和了解影视艺术的产生与发展；
2. 了解和掌握影视艺术的审美特征；
3. 学会鉴赏影视作品，尝试对优秀的影视作品进行评论。

【人文艺术主题：救赎】

“强者救赎自己，圣人普度他人”，这句话出自《肖申克的救赎》(见图 13-1)这部影片。影片改编于斯蒂夫•金的小说《四季奇谭》，讲述了 1947 年，银行家安迪被指控杀了妻子及其情人，被判无期徒刑关进肖申克监狱。安迪看起来弱不禁风，在进入监狱后很长一段时间内不和任何人交流，只是悠闲地在院子里散步，他的从容淡定使监狱中的“权威人物”瑞德对他刮目相看并与其成为好友。一天，安迪请瑞德帮他弄来一把小鹰嘴锤，并且承诺不会被监狱警察检查出来，只是为了雕刻小东西消磨时光。一次偶然的机会，安迪开始帮监狱官合法减免税金，并为十几个狱友争取修理屋顶的机会，换来了啤酒作为报酬，夕阳下在屋顶喝着啤酒，让狱友们感到了难得的自由。安迪利用所掌握的财务知识，开始为越来越多的狱警处理税务问题，逐步成为监狱长洗黑钱的工具；期间，安迪不断写信给州长，申请到一小笔钱，投入监狱图书馆的建设，监狱内的生活枯燥乏味，安迪为

图13-1　弗兰克•德拉邦特执导的《肖申克的救赎》

很多狱友带来了慰藉，甚至弄来了口琴送给瑞德，夜里悠长轻微的琴声，抚慰人心。

一天，一个新来的年轻犯人打破了这份平静，这个犯人在之前的监狱听说过安迪的案子，他知道安迪是清白的，当安迪向监狱长提出洗清冤屈的想法时，监狱长由于害怕安迪告发自己，拒绝对安迪提供帮助，不仅将知情人杀死，而且把安迪关入单人监狱两个月。面对监狱长故意施加的打压，安迪变得越来越消沉。一天，他对瑞德说“如果有一天你获得了假释，你一定要去那个地方，在那里的大树底下挖出一个盒子，到时你就知道是什么了。”就在当天晚上，雷雨交加，安迪消失了，原来这20年里，安迪每天都用鹰嘴锤挖洞，利用海报遮挡，逃出生天，他还取走了监狱长的黑钱，告发了监狱长，获得了真正的自由。几年后，瑞德获得了假释，由于监狱生活太久，完全不能适应社会生活准备轻生，他突然想到了和安迪的约定，找到了铁盒，里面是安迪给他的路费和地址，最后他们终于在太平洋海滨重逢。

片中主角安迪在足够摧毁人心的狱中保持清醒，靠着自己对自由的向往，通过个人的坚持换来书籍，保持与外界联系，并且利用自己的能力帮助狱友考取证书，为狱友带来一些温暖和慰藉。最后，他利用一把小锤子让自己重新获得了自由，拯救了想要自杀的老友。这条长达20年的自我救赎和拯救他人的道路，让所有观众对主角的信念深感佩服和震撼。影片给人带来的勇气、忍耐、信念和希望，使观众在平凡、枯燥的生活中受到鼓舞，为自己的理想和目标而行动。

第一节　发展历程

影视是现代科学技术和艺术相结合的产物，利用胶片、磁带、储存器等载体，通过声音、画面、故事和剪辑组合传达与表现。影视主要包括电影和电视两大艺术门类。

一、电影的产生和发展

电影产生于19世纪，它是根据视觉暂留原理，运用摄影和录音等手段，把外界事物的影像及声音摄录在胶片上(数字电影除外)，通过放映及还原技术，在银幕上形成能表达一定内容的活动影像和声音的技术。电影艺术是集合了文学、戏剧、音乐、美术、舞蹈等多种艺术形式的综合艺术。

电影的拍摄首先要建立在摄影技术的基础之上，1824年约翰•A. 帕瑞思发明了“幻盘”(两面画着图画的硬纸盘快速旋转，通过视觉滞留原理，两个画片仿佛结合在一起，从而形成连续的画面)，1827年尼埃普斯拍摄和记录下历史上第一幅摄影作品，1832年约瑟夫•普拉托发明了“诡盘”(见图13-2，在镜子里观看锯齿形的硬纸盘，通过旋转运动形成变幻的画面)，都为电影的放映与展示奠定了基础。

1834年，英国人威廉姆•乔治•霍尔纳发明了“走马灯”(见图13-3，在圆筒状设备的内壁上画出一连串骑马动作的分解图像，设备旋转时可以从缝隙中看到连续活动的图像)，这个发明被视为影片的雏形，预示着电影制作即将拉开帷幕。

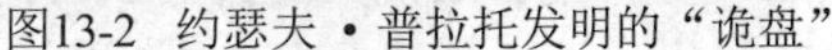

图13-2 约瑟夫·普拉托发明的“诡盘”

图13-3 威廉姆·乔治·霍尔纳发明的“走马灯”

1853 年，奥地利的冯·乌却梯奥斯运用幻灯，放映了原始的动画片。1888 年，马莱成功发明了“摄影枪”。同年，雷诺在前人基础上创造了“光学影戏机”，第一次把图像投影在幕布上。1894 年，爱迪生在留声机的基础上发明了“电影视镜”(见图 13-4，形状类似大柜子，上面装有放大镜，可以容纳 50 英寸的凿孔影片，实现了单人观看电影)，1895 年，路易·卢米埃尔兄弟在巴黎开始用“活动电影机”放映电影，开创了电影艺术的先河。

图13-4 爱迪生发明的“电影视镜”

早期的影片均为黑白片。1900 年，电影人开始请专门的工人为影片上色，这些染色方法极大提高了早期电影作品的艺术表现力。

世界上第一部影片是 1888 年拍摄的《郎德海花园场景》，由法国人路易斯·李·普林斯执导，虽然只有短短的两秒，却是人类历史上公认的第一部影片，影片记录了一群人在花园里进行滑稽的动作表演。

卢米埃尔兄弟(见图 13-5)执导的第一部影片《工厂大门》(见图 13-6)，以普通的劳动者为拍摄对象，记录了一群头戴羽帽、腰系围裙的女工和推着自行车的男工从工厂走出的场景，真实地记录了当时人们的生活场景。

图13-5　路易•卢米埃尔兄弟

图13-6　路易•卢米埃尔兄弟执导的《工厂大门》

此外，卢米埃尔兄弟拍摄的影片《火车到站》，采用了现代电影的镜头连接方法，利用一个很大的“景深”镜头，拍摄火车由远到近的“视点”变化，作品主要表现了火车进站后旅客下车后的各种神态。卢米埃尔兄弟为特技摄影和移动摄影做出了重大贡献，被后人称为“现代电影之父”。

乔治•梅里爱于1896年开始涉足电影，将许多优秀戏剧搬上了银幕，并创造了慢动作、快动作、倒拍、多次曝光、叠化等一系列特技手法，被誉为“戏剧电影之父”，其代表作有《仙女国》《太空旅行记》(道具复原品见图 13-7)、《北极征服记》等。

图13-7　陈列于法国电影资料馆的乔治•梅里爱电影《太空旅行记》道具复原品

电影发展的早期，英国出现了布莱顿学派，这是世界电影史上第一个有据可考的学术流派，主要代表人物有威廉•保罗、G. A. 史密斯、詹姆斯•威廉逊、埃斯美•柯林斯和希赛尔•海普华斯。布莱顿学派对摄影技巧做了诸多有意义的尝试，如探索了近景、特写、蒙太奇等手法，对电影语言的运用产生了积极影响，为电影带来了富有创意的拍摄方法。后来，电影进入工业化时期，电影事业也逐步走向成熟。

(一) 中国电影艺术的发展历程

1905年，由任庆泰创办的丰泰照相馆拍摄了我国第一部国产纪录片《定军山》(见图 13-8)，该影片选取了戏曲中请缨、舞刀、交锋三个片段。该影片一经问世便具有鲜明的民族特色，在中国电影史上具有重要的地位。

图13-8　任庆泰执导的《定军山》剧照

1913 年，中国第一代电影艺术家郑正秋拍摄了中国第一部故事片《难夫难妻》，他认为电影应该具有一定的教育寓意，传递正确的价值观。1923 年，王汉伦主演了《孤儿救祖记》中的女主人公，成为中国第一位职业电影明星。据《中国电影发展史》记载，1921—1931 年，中国各影片公司拍摄了 650 多部故事片，其中绝大多数都是鸳鸯蝴蝶派文人创作的剧本，这对中国早期电影的发展起到了积极的作用。

1946 年，东北电影制片厂在黑龙江兴山正式宣布成立，这是中国共产党领导下的第一个大型电影制片厂。中华人民共和国成立后，中国电影事业发展迅速，优秀影片越来越多。比如表现革命战争题材的有《钢铁战士》《南征北战》《英雄儿女》(见图 13-9)，表现阶级斗争题材的有《白毛女》《暴风骤雨》，表现爱情题材的有《早春二月》《柳堡的故事》，表现农业题材的有《葡萄熟了的时候》《丰收》《闽江橘子红》，表现工业题材的有《桥》《走向新中国》《六号门》《伟大的起点》，表现少数民族题材的有《五朵金花》《刘三姐》《阿诗玛》，这些作品反映了中国电影的全面进步，中国电影走出了一条极具特色的历史演进之路。

图13-9　武兆堤执导的《英雄儿女》剧照

改革开放后，中国电影的风格与题材更加多样化，产生了《归心似箭》《开国大典》《焦裕禄》《大决战：淮海战役》《霸王别姬》《一个都不能少》《横空出世》《太行山上》《集结号》《中国合伙人》《湄公河行动》《红海行动》等优秀影片，其中很多作品带有浓厚的现实主义人文色彩。党的十八大以后，国内外的形势发生了巨大而深刻的变化，我国迅速成为世界电影大国。目前，中国国产电影表现出强大的艺术创造热情与活力，并不断创新，讲好中国故事，拍出更多能在国内以至全球引发好评的影片。

(二) 外国电影艺术的发展历程

电影自从1895年诞生后，进入的第一个时期为默片时期，涌现出一大批闻名于世的电影艺术家，如美国的埃德温·鲍特、大卫·格里菲斯、查理·卓别林和苏联的爱森斯坦。

1902年，埃德温·鲍特导演的《一名美国消防员的生活》是第一部应用平行转场技巧的电影，影片讲述的是一位消防员救出自己妻儿的故事。平行转场技巧将不同时间、空间的事件连接起来，有效地推动了影片的叙事效果。埃德温·鲍特还是第一位实现镜头移动的人，他将镜头固定在三脚架上，水平转左或转右和上下摇动，其中《火车大劫案》(见图13-10)就运用了这一叙事手法，成为默片时期具有代表性的作品之一。

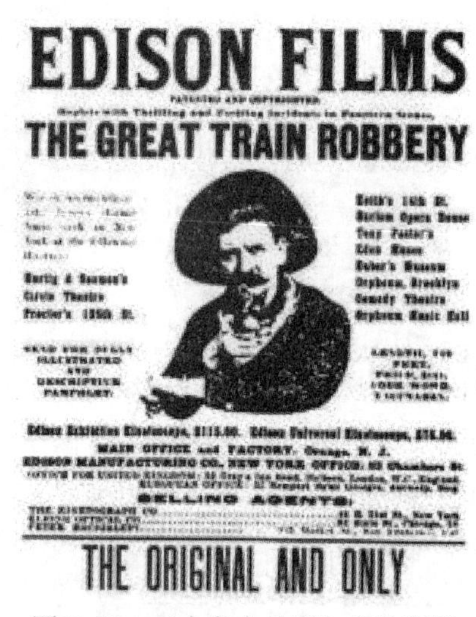

图13-10 《火车大劫案》宣传海报

大卫·格里菲斯被称为“美国电影之父”，他最大的贡献是推动了电影演出技术的发展，是第一位运用特写镜头的导演，其代表作有《一个国家的诞生》《党同伐异》等。

喜剧电影大师查理·卓别林是好莱坞第一位独立制片的艺术家，对表演艺术发展做出了极大的贡献。卓别林的影片具有鲜明的时代感、尖锐的讽刺性，以及雅俗共赏的大众化特色，其代表作有《淘金记》(见图13-11)、《城市之光》《摩登时代》《大独裁者》等。

蒙太奇学派出现在20世纪20年代中期的苏联，以爱森斯坦、库里肖夫、普多夫金为代表，他们将蒙太奇手法系统化、理论化，发展了电影艺术对时间和空间的控制。通过对不同的镜头进行剪接拉长现实时间，突出导演要表达的内容。俄国革命后，俄国开始崇尚共产主义电影，例如1935年发行的电影《马克辛的青年时代》便是采用平缓的剪辑风格完成的。苏联蒙太奇学派发明的电影剪辑技术，至今仍然影响着电影行业。

图13-11 《淘金记》宣传海报

1927年有声影片《爵士歌王》的诞生，标志着电影从单纯的视觉艺术变成了视听结合的银幕艺术，实现了电影史上的一次重大革命。

1935年，罗本•马莫利安摄制了世界上第一部彩色故事片《浮华世界》。彩色胶片的问世，大大增强了电影的真实性，也标志着电影艺术走向成熟。

1975年，乔治•卢卡斯拍摄电影《星球大战》，成立了“工业光魔”电影特效制作公司，开创了电影特效行业。《星球大战》也成为红极一时的热门影片。

2009年，詹姆斯•卡梅隆执导的《阿凡达》，采用了3D虚拟影像摄影系统、面部捕捉头像设备与面部表演捕捉还原系统等新技术，电影艺术产业拥有越来越多的创新与突破。

二、电视的产生和发展

电视是社会发展、科技进步的产物，诞生于20世纪20年代中期。摄影技术与电影技术的发展是电视艺术形成的基础条件。电视艺术是通过无线电波或导线传送声音、影像的大众传播媒介，是当今人类进行信息交流的重要中介物，以节目为表现形式。

(一) 电视技术的诞生

1925年，英国科学家约翰•洛吉•贝尔德发明了第一台机械电视机(见图13-12)，成功实现播放和接收画面的实验。1928年，约翰•洛吉•贝尔德用太平洋的汽船作为中继站，将图片成功发送到纽约，虽然图像模糊、噪声大，但机械电视机的分解像素、顺序扫描、逐步传送、收发同步的工作程序，为现代电视技术奠定了基础。

图13-12 约翰•洛吉•贝尔德发明的机械电视机

1927年，美国发明家费罗•T.法恩斯沃思发明了图像分解仪，以每秒30帧图像的速度成功把图像从摄像机传输到接收器上，并于1930年获得发明专利，此后发明了100多种电视传输设备，为现代电视做出了巨大贡献。1936年，英国广播公司建立了世界上第一座电视台，并于11月2日第一次播送了电视节目，标志着世界电视事业正式开始。

法国、美国、苏联于20世纪30年代末创办了电视台。1954年，美国全国广播公司(NBC)、哥伦比亚广播公司(CBS)采用了 NTSC 制式首次播出彩色电视节目。早期的电视节目主要通过直播方式进行播放，没有记录设备，节目也不能进行剪辑。直到 1958 年，日本安培公司推出了一款录像带剪接机，专业的磁带编辑(线性编辑)由此诞生。20 世纪 80 年代末，随着数字技术发展，以数字方式记录信号的磁带录像机诞生，基于数字媒体技术的计算机非线性编辑开始被广泛运用，衍生出后期制作专门技术，使文艺电视节目成为一种独立的艺术形式，广播电视艺术成为独立的学科。

(二) 中国电视的发展进程

1958 年 5 月 1 日，中国建立了第一座电视台——北京电视台(现中央电视台)，实验播出了黑白电视节目。1958 年 10 月 1 日上海电视台创办成功，代表中国第一个地方电视台成立。电视史学者郭镇之教授认为，中国电视拓荒是在“简陋的客观条件与高涨的革命热情的巨大反差中开始了艰辛而曲折的创业道路”。1972 年，中国开始从国外引入先进的彩色电视技术和设备。1973 年 5 月 1 日，北京电视台试播彩色电视节目，次年 10 月 1 日，正式播出彩色电视节目。

改革开放以后，我国电视事业迎来了快速发展时期，形成了电视新闻、电视专题、电视文艺节目等主要节目类型。此外，还产生了成熟的评奖机制，如“飞天奖”“金鹰奖”“星光奖”等评奖活动，有效地推动了影视作品质量和数量的提升。

第二节　审美特征

电影和电视艺术的综合性决定了影视作品独特的艺术审美，在其画声同步的叙事过程中，通过视觉、听觉的持续作用，来完成对人的情感价值和审美境界的提升。

一、电影艺术的审美特征

电影是以现代科学技术为基础的综合性艺术文化产业，是人类文明史上一次重要的创造。电影艺术具有独特且多元的表达形式，其带来的冲击力和渗透力都深刻地影响着人们的生活，都展现出无限的活力。

(一) 综合美

电影艺术集合文学、戏剧、绘画、音乐、舞蹈、建筑、摄影等多种艺术形式于一体。电影技术的面世实现了时空的融合，既可以表现时间流动的过程，又可以通过不断变化的空间环境扩大叙事容量。电影的表现层次非常丰富，可以给观众带来较多的冲击力和感染力。电影的综合美还表现在技巧和风格的互相融合上，体现了导演、演员、摄影师、美工等各自的艺术特性。

(二) 艺术美

艺术美是电影的根本属性，电影与其他艺术形式一样具备满足精神交流和审美需求的艺术功能。随着电影的发展，其美学意义也得到人们的广泛认同。电影的商业性也为电影的艺术性服务，商业性是电影的手段，而艺术性才是电影的目的。

(三) 科学美

电影技术是由摄影技术、影像合成技术、声控技术、光学技术、数字技术、动漫技术、3D技术、蒙太奇手法和现代电影技术共同推动的，其必然随着科技的进步而不断发展，同时也推动着其他各类技术的发展。

二、电视艺术的审美特征

电视艺术是新兴的艺术门类，被称为第九艺术，与电影艺术一样融入了多种综合性元素，是各种艺术的集大成者。电视艺术有以下审美特征。

(一) 时空美

电视艺术受屏幕状态、播放时间的影响，具有时空特性。电视节目耗时短，耗资少，录制完即可剪辑播放，反映人们关注的热点问题和真实生活，观众可以根据喜好选择电视节目，具有很强的选择性。电视艺术通过剪辑，把时间进行推移、回溯、压缩、延伸、虚拟、空间转换等艺术化处理，也可以把表达的空间进行分割、调整、组合、重构、再现，对现实空间进行艺术化处理，有着超强表现能力。

(二) 综合美

电视艺术是最具综合性的一门艺术，不仅可以表现各种艺术信息，也能表现各种非艺术信息。它集合了文学艺术、图像艺术、听觉艺术、影像艺术、表演艺术、网络艺术等元素，并将这些元素通过现代高新电子媒介融为一体。电视艺术因为这一综合特性而受到大众的青睐，各类人群几乎都能在电视艺术中找到自己感兴趣的作品。

(三) 通俗美

比起电影艺术，电视艺术的受众面更广，传播方式更加多样，受时间、地点、环境等约束较小。人们观看电视时，观众可以根据自己的审美喜好进行选择，因此，电视艺术更具包容性与通俗性。

(四) 科学美

电视从被发明创造出来起，就是随着科技不断发展的。传输系统、接收机、拍摄和制作器材、创作手法、观众的审美都在不断进步，从而不断促进电视艺术表现手法的创新。手机电视和移动电视的出现，极大地方便了人们在任何时间、地点通过手机或者移动电视收看节目，欣赏电视艺术。由于电视艺术与科学技术发展有着不可分割的关系，因此电视艺术呈现出科学美的特征。

第三节　名作赏析

1.《难夫难妻》

1913年，张石川、郑正秋共同导演的《难夫难妻》(见图13-13)，是中国电影第一部故事短片，总共拍摄了4卷胶片，时长40分钟。影片具有完整的故事情节，尽管拍摄制作技巧过于简单，却是中国现代影片的开山之作。影片主要讲述一对年轻男女在封建社会包办婚姻制度下不幸的命运，抨击了这种不合理的社会现象。导演张石川、郑正秋是第一代电影导演的中坚力量，他们还共同拍摄了中国电影第一部长故事片《孤儿救祖记》，成为中国早期电影事业的垦荒者。

图13-13　《难夫难妻》宣传招贴

2.《林家铺子》

水华导演的《林家铺子》(见图13-14)描写了20世纪30年代的商铺老板，在国民党反动政权、帝国主义和高利贷三方压制下，苦苦经营依旧无法避免最终破产的故事。影片塑造了林老板一家鲜明的性格，剧情跌宕起伏，以小商户反映旧社会劳苦大众的生活，揭露了当时社会的黑暗。该影片呈现出严谨而流畅的现实主义风格，具有很高的认识价值和审美价值。

图13-14　《林家铺子》宣传海报

3. 《丝绸之路》

《丝绸之路》(见图 13-15)是中央电视台摄制的第一部系列纪录片。该纪录片在 1980 年 5 月开始播出，前期拍摄由中央电视台和日本广播协会联合采访团共同进行，后期分别制成中国版(15 集)和日本版(14 集)。该片由孔令铎、戴维宇等人担任编导。

图13-15 《丝绸之路》剧照

《丝绸之路》(中国版)15 集的片名分别是《飞翔在丝绸之路上》《古都长安》《跨越黄河》《祁连山下》《莫高窟的生命(上、下)》《神秘的黑城》《到楼兰去(上、下)》《流沙古道(上、下)》《美丽的和田》《火焰山下》《穿越天山》《龟兹幻想曲》《沿天山西行》《天马的故乡》《葱岭古道》。《丝绸之路》的价值体现在对中国古代文明与人文历史的发掘与留恋，一经播放，令不少当时的海外华人对祖国的美丽山川产生直观的感情。

4. 《西游记》

《西游记》(见图 13-16)是由中国电视剧制作中心和中央电视台联合摄制的 25 集电视连续剧。该电视剧根据吴承恩的同名神话小说改编，于 1986 年首播。《西游记》讲述了唐僧师徒一行四人前往西天取经，历经八十一难，终成正果的故事。剧中的孙悟空出世、大闹天宫、高老庄收猪八戒、三打白骨精、真假美猴王等情节生动地表现了各人物的性格特征。该剧重在表现顽强不屈、一往无前的英雄主义精神。《西游记》播出后深受群众喜爱，是中国电视史上重播次数最多的电视剧之一。

图13-16 《西游记》宣传海报

5. 《国家宝藏》

《国家宝藏》是中央电视台于 2017 年推出的一档大型文化类综艺节目，由中央电视台与故宫博物院、上海博物馆、南京博物院、湖南省博物馆、河南博物院、陕西历史博物馆、湖北省博物馆、浙江省博物馆、辽宁省博物馆等多家博物馆合作完成，立足于中华文化宝库资源，通过对一件件文物的梳理与总结，演绎文物背后的故事。该节目邀请有影响力的公众人物作为每件国宝的“国宝守护人”，现场讲解国宝背后的“前世传奇”和“今生故事”，让文物“活”了起来，让更多人感受到中华优秀传统文化的魅力。

6.《建国大业》

《建国大业》(见图 13-17)是一部中国历史电影，是庆祝中华人民共和国成立 60 周年的献礼作品，讲述了从 1945 年抗日战争结束到 1949 年新中国成立前夕发生的一系列故事，以第一届中国人民政治协商会议的筹备为主线，突出了当时中国共产党领导的多党合作和政治协商制度的形成过程。影片演员阵容强大，导演以多种叙事手法相互映衬，形成了起承转合的叙事节奏，巧妙地衬托出影片的表现主题。

图13-17 《建国大业》宣传海报

7.《我和我的祖国》

《我和我的祖国》是庆祝中华人民共和国成立 70 周年的献礼作品。影片由陈凯歌担任总导演，7 位导演联合执导，包含 7 个章节，分别讲述新中国成立 70 年中的 7 个重要历史时刻。而与以往宏大主题的主旋律电影不同的是，《我和我的祖国》并没有聚焦于伟人，而是从普通人的角度讲述他们的人生与祖国的发展是怎样紧密联系在一起的。影片展现了人性的光辉，引发了观众的强烈共鸣。

8.《月球旅行记》

乔治•梅里爱拍摄的《月球旅行记》(见图 13-18)被称为“电影史上第一部科幻片”，影片于 1902 年发行了黑白版和手绘彩版，全长约 14 分钟。影片剧情取材于儒勒•凡尔纳的小说《从地球到月球》和威尔斯的小说《最早登上月球的人》，讲述了天文学院里一群天文学家制造炮弹登上月球，与月球人发生争斗，危急关头乘坐炮弹掉落到地球海底，最后凯旋的故事。该影片凭借天马行空的故事情节和超越时代的视觉表达，成为科幻电影发展史的一座里程碑。

9.《火车大劫案》

1903 年上映的《火车大劫案》(见图 13-19)由埃德温•鲍特执导。影片根据 1900 年在美国发生的真实案件改编，讲述了两名强盗闯进火车站电报室内，迫使电报员给火车发出信号，随后强盗们逼停火车，实施抢劫，得手后逃到草原上分赃。与此同时，一位小女孩救下了电报员，电报员随即赶到警察局报案。一批警察开始追击强盗，双方在草原上展开了火拼，最后警察把强盗都击毙了。影片虽然只有短短的 11 分钟，但是已经具备了警匪片的特点。影片利用蒙太奇的手法来组接镜头，使电影叙事更具流畅性和连贯性。电影上映后受到很多观众喜爱，上映时间长达 10 年，被誉为美国西部片的开山之作。

图13-18　《月球旅行记》宣传海报

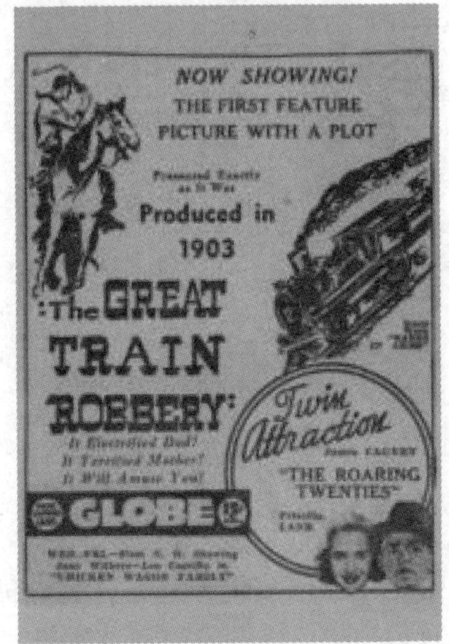

图13-19　《火车大劫案》宣传海报

10.《摩登时代》

1936 年上映的《摩登时代》(见图 13-20)的导演及主演均为查理•卓别林，他是好莱坞喜剧电影的先驱之一。该影片将喜剧和悲剧完美融合，以独有的幽默方式展现当时人民被欺压的真实场景。《摩登时代》表现了美国经济萧条时期，工厂对工人的残酷剥削。单调而又疯狂的机械劳动使得工人查理精神失常，被送进医院。出院后，失业的查理阴差阳错地被当成罢工首领抓进了监狱。出狱后，查理在一家造船厂找到了工作，可是由于出现纰漏，不久又被辞退了。他路遇一个流浪女，从此患难与共。查理先后在百货公司守夜，在钢厂做工，在酒馆当侍者兼歌手，最后为了救流浪女，两人再次流落街头。可是如此境遇的查理仍然信心十足，并鼓励流浪女勇敢面对人生。影片主要反映当时经济危机对人们的影响，从而引发人们对底层工人的同情并揭露资产阶级的丑恶面目。该影片被评为电影史上最经典的作品之一。

11.《罗马假日》

1953 年上映的《罗马假日》(见图 13-21)由威廉•惠勒导演，影片讲述了不谙世事的公主不满繁文缛节的约束，大胆逃出宫殿开启了她的民间一日游。女主角与男主角 24 小时的相处让两人之间有了珍贵的爱情，但身份的差距注定他们不能走到一起。最终，公主回到王宫承担起自己的责任，这份短暂的美好时光永远珍藏在两人心中。《罗马假日》剧情简单，处处蕴含人性之美，尽管影片中没有大制作的场面，却是好莱坞经久不衰的爱情喜剧之一。

图13-20 《摩登时代》宣传海报

图13-21 《罗马假日》宣传海报

12.《泰坦尼克号》

1997 年，加拿大籍好莱坞著名导演詹姆斯•卡梅隆执导的《泰坦尼克号》(见图 13-22) 上映。影片以 1912 年泰坦尼克号豪华客轮在首次航行过程中不幸触礁冰山而沉没的历史事件为背景，讲述了泰坦尼克号游轮上的一段爱情故事。身为富家女的女主角露丝厌倦了上流社会虚伪的生活，不愿嫁给卡尔，打算投海自尽，被穷画家杰克救起。短短几天，处于不同社会阶层的两个人抛弃世俗的偏见快速坠入爱河，美丽活泼的露丝与英俊开朗的杰克相爱，游轮沉没时，两人经历生死的考验，最终杰克把生还的机会让给了露丝。1998 年，詹姆斯•卡梅隆凭借《泰坦尼克号》获得第 70 届奥斯卡最佳导演奖。

图13-22 《泰坦尼克号》宣传海报

13.《千与千寻》

《千与千寻》(见图 13-23)是由日本动画大师宫崎骏执导，吉卜力工作室制作的动画电影，于 2001 年上映。影片讲述了 10 岁小女孩千寻和父母误入神灵世界，父母因为偷吃变成了两只猪，而千寻为了拯救父母经历了一系列奇妙情节的故事。影片画面精美，富有故事性，表达了对真善美的赞扬与对贪婪、虚伪、自私的批判，传递了正能量的价值观。

图13-23 《千与千寻》宣传海报

思考练习

1. (　　)年，卢米埃尔兄弟在巴黎开始用“活动电影机”放映电影，开创了电影艺术的先河。

A. 1891　　B. 1895　　C. 1965　　D. 1995

2. 无论是电影创作还是电影理论，(　　)都堪称世界电影史上一位里程碑式的人物。
   A. 库里肖夫　B. 普多夫金　C. 爱森斯坦　D. 梅里埃
3. 蒙太奇学派出现在 20 世纪 20 年代中期的(　　)。
   A. 苏联　B. 美国　C. 日本　D. 英国
4. 电视和电影最大的区别是(　　)。
   A. 制作者　B. 目标受众　C. 传播内容　D. 媒介特征
5. 电影中不属于文学性的是(　　)。
   A. 人物关系设计　B. 对话设计　C. 舞蹈设计　D. 故事设计
6. 第一部有声电影是(　　)。
   A. 《浮华世界》　B. 《红色沙漠》　C. 《绝世歌王》　D. 《摩登时代》
7. 卢米埃尔兄弟奠定了(　　)的电影美学功绩。
   A. 戏剧主义美学　B. 纪实主义美学　C. 再现主义美学　D. 表现主义美学
8. 以下电影中，(　　)不是查理·卓别林主演的电影。
   A. 《寻子遇仙记》　B. 《淘金记》　C. 《城市之光》　D. 《绝世歌王》
9. 影片《我和我的祖国》是庆祝中华人民共和国成立(　　)周年的献礼作品。
   A. 40　B. 50　C. 60　D. 70
10. 中国电影第一部故事短片是(　　)。
   A. 《林家铺子》　B. 《难夫难妻》　C. 《英雄儿女》　D. 《孤儿救祖记》

参考文献

[1] 杜卫. 美育论[M]. 北京：教育科学出版社，2000.

[2] 易中天. 美学讲稿[M]. 上海：上海文艺出版社，2019.

[3] 曾繁仁. 美育十五讲[M]. 北京：北京大学出版社，2012.

[4] 王国维. 姚淦铭，编. 王国维文集[M]. 北京：中国文史出版社，1997.

[5] 汉宝德. 如何培养美感[M]. 北京：生活·读书·新知三联书店，2016.

[6] 张建. 大学美育[M]. 北京：高等教育出版社，2017.

[7] 冯婷. 审美教育与大学生的全面发展[D]. 陕西师范大学，2015.

[8] 黄卫星，张玉能. “美”字的文化阐释[J]. 美与时代，2017(02).

[9] 叶朗. 关于中国美学史的几个问题——《中国美学史大纲》绪论[J]. 学术月刊，1985(08).

[10] 王明居. 唐代美学简论[J]. 安徽师范大学学报(人文社会科学版)，2001(03).

[11] 彭吉象. 新时期中国美育与艺术教育的发展[J]. 艺术教育，2017(14).

[12] 袁行霈，等. 中国文学史[M]. 北京：高等教育出版社，1999.

[13] 李泽厚. 美的历程[M]. 天津：天津社会科学院出版社，2001.

[14] 王立新. 外国文学史(西方卷)[M]. 北京：高等教育出版社，2013.

[15] 周汝昌，等. 唐宋词鉴赏辞典(唐·五代·北宋卷)[M]. 上海：上海辞书出版社，1988(4)：611-614.

[16] 杨开浪. “无人不冤，有情皆孽”——论《天龙八部》的悲剧意识[J]. 课程教育研究，2015(8).

[17] 李公明. 中国美术史纲[M]. 长沙：湖南美术出版社，2004.

[18] 李远行. 西方美术史纲[M]. 长沙：湖南美术出版社，2002.

[19] 李春. 西方美术史教程[M]. 西安：陕西人民美术出版社，2002.

[20] 潜堂. 中国山水名画[M]. 北京：印刷工业出版社，2012.

[21] 王次炤. 艺术学基础知识[M]. 北京：中央音乐学院出版社，2006.

[22] 丛文俊，等. 中国书法史(七卷本)[M]. 南京：江苏教育出版社，2009.

[23] 历代书法论文选[M]. 上海：上海书画出版社，2014.

[24] 崔尔平. 历代书法论文选续编[M]. 上海：上海书画出版社，2015.

[25] 曹建. 晚晴帖学研究[M]. 天津：天津人民美术出版社，2005.

[26] 崔树强. 中国书法通识丛书(四卷本)[M]. 南昌：江西美术出版社，2017.

[27] 华旭，谢佳华. 反思中国书法[M]. 厦门：厦门大学出版社，2016.
[28] 王志军，黄林纳，等. 80 件最有意思的中国陶瓷[M]. 北京：文物出版社，2012.
[29] 任会斌. 80 件最有意思的中国青铜器[M]. 北京：文物出版社，2012.
[30] 张夫也. 外国工艺美术史[M]. 北京：高等教育出版社，2014.
[31] 田自秉. 中国工艺美术史[M]. 上海：东方出版中心，2008.
[32] 熊寥. 陶瓷美学与中国陶瓷审美的民族特征[M]. 杭州：浙江美术学院出版社，1991.
[33] 尹颖慧. 论中国古代陶瓷设计之美[D]. 长春：吉林大学，2009.
[34] 徐希景.大学摄影[M]. 北京：高等教育出版社，2009.
[35] 约翰 • 恩格迪沃. 国际摄影艺术教程[M]. 北京：中国青年电子出版社，2008.
[36] 刘德祖，周国泉，倪涌舟，等. 新编大学摄影[M]. 北京：中国美术学院出版社，2007.
[37] 王受之. 世界现代设计史[M]. 北京：中国青年出版社，2002.
[38] 原研哉. 设计中的设计[M]. 朱锷，等译.济南：山东人民出版社，2010.
[39] 唐纳德 诺曼 A. 设计心理学 3：情感设计[M]. 何笑梅，等译. 北京：中信出版社，2012.
[40] 原研哉. SENSEWARE 引人兴趣的媒介[M]. 张朵朵，等译. 桂林：广西师范大学出版社，2011.
[41] Robin Williams. 写给大家看的设计书[M]. 苏金国，等译. 北京：人民邮电出版社，2016.
[42] 黄虹，颜勇. 西方设计史[M]. 北京：北京大学出版社，2016.
[43] 张朝阳，郑军. 中外服装史[M]. 北京：化学工业出版社，2009.
[44] 余强. 服装设计概论[M]. 北京：中国纺织出版社，2016.
[45] 华梅. 服装美学[M]. 北京：中国纺织出版社，2010.
[46] 高春明. 中国历代服饰艺术[M]. 北京：中国青年出版社，2009.
[47] 程蔚. 中国民族声乐多维探究[M]. 北京：中国书籍出版社，2013.
[48] 邢璐，焦艳. 声乐演唱艺术与民族声乐之微探[M]. 北京：中国纺织出版社，2016.
[49] 王志丽，刘斌. 民族唱法与美声唱法的演绎与融合[M]. 北京：中国纺织出版社，2018.
[50] 张春博，郑德芳. 声乐演唱艺术理论与舞台表演实践探索[M]. 北京：中国纺织出版社，2018.
[51] 史君良. 唱片里的声乐艺术[M]. 北京：人民音乐出版社，2004.
[52] 韩万斋. 中国音乐名作快读[M]. 成都：四川文艺出版社，2004.
[53] 于润洋. 西方音乐通史[M]. 上海：上海音乐出版社，2002.
[54] 梁茂春，陈秉义. 中国音乐通史[M]. 北京：中央音乐学院出版社，2005.
[55] 刘再生. 中国古代音乐史简述[M]. 北京：人民音乐出版社，1989.
[56] 杨荫柳. 中国古代音乐史稿[M]. 北京：人民音乐出版社，1981.
[57] 罗传开. 外国名曲欣赏辞典[M]. 上海：上海音乐出版社，2003.
[58] 中国音乐学院附中. 民族器乐[M]. 上海：上海音乐出版社，2012.
[59] 王建欣. 音乐欣赏(修订版)[M]. 北京：高等教育出版社，2009.
[60] 王克芬. 中国舞蹈发展史.[M]. 上海：上海人民出版社，2004.

[61] 索雷尔. 西方舞蹈文化史[M]. 欧建平，译. 北京：中国人民大学出版社，1996.

[62] 库尔特·萨克斯. 世界舞蹈史[M]. 郭明达，译. 上海：上海音乐出版社，2014.

[63] 沈诚，中国音乐学院附中. 戏曲音乐[M]. 上海：上海音乐出版社，2012.

[64] 周世斌. 音乐欣赏[M]. 重庆：西南师范大学出版社，2006.

[65] 刘祯. 戏曲鉴赏[M]. 上海：上海音乐出版社，2011.

[66] 程芸，等. 中国戏曲[M]. 武汉：湖北美术出版社，2005.

[67] 郭克俭. 戏曲鉴赏[M]. 上海：上海音乐出版社，2011.

[68] 教育部体育卫生与艺术教育司. 音乐欣赏[M]. 上海：上海音乐出版社，2001.

[69] 叶松荣. 西方音乐史[M]. 北京：高等教育出版社，2002.

[70] 大卫·波德维尔. 电影艺术：形式与风格[M]. 曾伟祯，译. 北京：世界图书出版社，2008.

[71] 路易斯·贾内梯. 认识电影[M]. 焦雄屏，译. 北京：世界图书出版社，2007.

[72] 苏牧. 荣誉[M]. 北京：人民文学出版社，2007.

[73] 程季华. 中国电影发展史[M]. 北京：中国电影出版社，1963.

[74] 郭镇之. 中国电视史[M]. 北京：文化艺术出版社，1997.

[75] 丁亚平. 电影 70 年：当下性、艺术呈现与当代精神史构造[N]. 中国艺术报，2019-09-30.